2025年度版

神奈川県・横浜市・川崎市・相模原市の論作文・面接

過去問

協同教育研究会 編

協同出版

はじめに～「過去問」シリーズ利用に際して～

教育を取り巻く環境は変化しつつあり，日本の公教育そのものも，教員免許更新制の廃止やGIGAスクール構想の実現などの改革が進められています。また，現行の学習指導要領では「主体的・対話的で深い学び」を実現するため，指導方法や指導体制の工夫改善により，「個に応じた指導」の充実を図るとともに，コンピュータや情報通信ネットワーク等の情報手段を活用するために必要な環境を整えることが示されています。

一方で，いじめや体罰，不登校，暴力行為など，教育現場の問題もあいかわらず取り沙汰されており，教員に求められるスキルは，今後さらに高いものになっていくことが予想されます。

本書の基本構成としては，論作文・面接試験の概要，過去数年間の論作文の過去問題及びテーマと分析と論点，面接試験の内容を掲載しています。各自治体や教科によって掲載年数をはじめ，論作文の書き方や面接試験対策を掲載するなど，内容が異なります。

また原則的には一般受験を対象としております。特別選考等については対応していない場合があります。なお，実際に出題された順番や構成を，編集の都合上，変更している場合があります。あらかじめご了承ください。

みなさまが，この書籍を徹底的に活用し，教員採用試験の合格を勝ち取って，教壇に立っていただければ，それはわたくしたちにとって最上の喜びです。

協同教育研究会

CONTENTS

第１部

論作文・面接試験の概要

論作文試験の概要

論作文試験の意義

近年の論作文では，受験者の知識や技術はもちろんのこと，より人物重視の傾向が強くなってきている。それを見る上で，各教育委員会で論作文と面接型の試験を重視しているのである。論作文では，受験者の教職への熱意や教育問題に対する理解や思考力，そして教育実践力や国語力など，教員として必要な様々な資質を見ることができる。あなたの書いた論作文には，あなたという人物が反映されるのである。その意味で論作文は，記述式の面接試験とは言え，合否を左右する重みを持つことが理解できるだろう。

論作文には，教職教養や専門教養の試験と違い，完全な正答というものは存在しない。読み手は，表現された内容を通して，受験者の教職の知識・指導力・適性などを判定すると同時に，人間性や人柄を推しはかる。論作文の文章表現から，教師という専門職にふさわしい熱意と資質を有しているかを判断しているのである。

論作文を書き手，つまり受験者の側から見れば，論作文は自己アピールの場となる。そのように位置付ければ，書くべき方向が見えてくるはずである。自己アピール文に，教育評論や批判，ましてやエッセイを書かないであろう。論作文は，読み手に自分の教育観や教育への熱意を伝え，自分を知ってもらうチャンスに他ならないのである

以上のように論作文試験は，読み手(採用側)と書き手(受験者)の双方を直接的につなぐ役割を持っているのである。まずはこのことを肝に銘じておこう。

論作文試験とは

文章を書くということが少なくなった現在でも，小中学校では作文，

大学では論文が活用されている。また社会人になっても，企業では企画書が業務の基礎になっている。では，論作文の論作文とは具体的にはどのようなものなのだろうか。簡単に表現してしまえば，作文と論文と企画書の要素を足したものと言える。

小学校時代から慣れ親しんだ作文は，自分の経験や思い出などを，自由な表現で綴ったものである。例としては，遠足の作文や読書感想文などがあげられる。遠足はクラス全員が同じ行動をするが，作文となると同じではない。異なる視点から題材を構成し，各々が自分らしさを表現したいはずである。作文には，自分が感じたことや体験したことを自由に率直に表現でき，書き手の人柄や個性がにじみ出るという特質がある。

一方，作文に対して論文は，与えられた条件や現状を把握し，論理的な思考や実証的なデータなどを駆使して結論を導くものである。この際に求められるのは，正確な知識と分析力，そして総合的な判断力と言える。そのため，教育に関する論文を書くには，現在の教育課題や教育動向を注視し，絶えず教育関連の流れを意識しておくことが条件になる。勉強不足の領域での論文は，十分な根拠を示すことができずに，説得力を持たないものになってしまうからである。

企画書は，現状の分析や把握を踏まえ，実現可能な分野での実務や計画を提案する文書である。新しい物事を提案し認めてもらうには，他人を納得させるだけの裏付けや意義を説明し，企画に対する段取りや影響も予測する必要がある。何事においても，当事者の熱意や積極性が欠けていては，構想すら不可能である。このように企画書からは，書き手の物事への取り組む姿勢や，将来性が見えてくると言える。

論作文には，作文の経験を加味した独自の部分と，論文の知識と思考による説得力を持つ部分と，企画書の将来性と熱意を表現する部分を加味させる。実際の論作文試験では，自分が過去にどのような経験をしたのか，現在の教育課題をどのように把握しているのか，どんな理念を持ち実践を試みようと思っているのか，などが問われる。このことを念頭に置いた上で，論作文対策に取り組みたい。

面接試験の概要

面接試験の意義

論作文における筆記試験では，教員として必要とされる一般教養，教職教養，専門教養などの知識やその理解の程度を評価している。また，論作文では，教師としての資質や表現力，実践力，意欲や教育観などをその内容から判断し評価している。それに対し，面接試験は，教師としての適性や使命感，実践的指導能力や職務遂行能力などを総合し，個人の人格とともに人物評価を行おうとするものである。

教員という職業は，児童・生徒の前に立ち，模範となったり，指導したりする立場にある。そのため，教師自身の人間性は，児童・生徒の人間形成に大きな影響を与えるものである。そのため，特に教員採用においては，面接における人物評価は重視されるべき内容であり，最近ではより面接が重視されるようになってきている。

面接試験とは

面接試験は，すべての自治体の教員採用選考試験において実施されている。最近では，教育の在り方や教師の役割が厳しく見直され，教員採用の選考においても教育者としての資質や人柄，実践的指導力や社会的能力などを見るため，面接を重視するようになってきている。特に近年では，1次選考で面接試験を実施したり，1次，2次選考の両方で実施するところも多くなっている。

面接の内容も，個人面接，集団面接，集団討議(グループ・ディスカッション)，模擬授業，場面指導といったように多様な方法で複数の面接試験を行い，受験者の能力，適性，人柄などを多面的に判断するようになってきている。

最近では，全国的に集団討議(グループ・ディスカッション)や模擬授業を実施するところが多くなり，人柄や態度だけでなく，教員としての社会的な能力の側面や実践的な指導能力についての評価を選考基準として重視するようになっている。内容も各自治体でそれぞれに工夫されていて，板書をさせたり，号令をかけさせたりと様々である。

このように面接が重視されてきているにもかかわらず，筆記試験への対策には，十分な時間をかけていても，面接試験の準備となると数回の模擬面接を受ける程度の場合がまだ多いようである。

面接で必要とされる知識は，十分な理解とともに，あらゆる現実場面において，その知識を活用できるようになっていることが要求される。知っているだけでなく，その知っていることを学校教育の現実場面において，どのようにして実践していけるのか，また，実際に言葉や行動で表現することができるのか，といったことが問われている。つまり，知識だけではなく，智恵と実践力が求められていると言える。

なぜそのような傾向へと移ってきているのだろうか。それは，いまだ改善されない知識偏重の受験競争をはじめとして，不登校，校内暴力だけでなく，大麻，MDMA，覚醒剤等のドラッグや援助交際などの青少年非行の増加・悪質化に伴って，教育の重要性，教員の指導力・資質の向上が重大な関心となっているからである。

今，教育現場には，頭でっかちのひ弱な教員は必要ない。このような複雑・多様化した困難な教育状況の中でも，情熱と信念を持ち，人間的な触れ合いと実践的な指導力によって，改善へと積極的に努力する教員が特に必要とされているのである。

面接試験のねらい

面接試験のねらいは，筆記試験ではわかりにくい人格的な側面を評価することにある。面接試験を実施する上で，特に重視される視点としては次のような項目が挙げられる。

① 人物の総合的評価　面接官が実際に受験者と対面することで，容姿，態度，言葉遣いなどをまとめて観察し，人物を総合的に評価することができる。これは面接官の直感や印象によるところが大きい

が，教師は児童・生徒や保護者と全人的に接することから，相手に好印象を与えることは好ましい人間関係を築くために必要な能力と言える。

② 性格・適性の判断　面接官は，受験者の表情や応答態度などの観察から性格や教師としての適性を判断しようとする。実際には，短時間での面接のため，社会的に，また，人生の上でも豊かな経験を持った学校長や教育委員会の担当者などが面接官となっている。

③ 志望動機・教職への意欲などの確認　志望動機や教職への意欲などについては，論作文でも判断することもできるが，面接では質問による応答経過の観察によって，より明確に動機や熱意を知ろうとしている。

④ コミュニケーション能力の観察　応答の中で，相手の意思の理解と自分の意思の伝達といったコミュニケーション能力の程度を観察する。中でも，質問への理解力，判断力，言語表現能力などは，教師として教育活動に不可欠な特性と言える。

⑤ 協調性・指導性などの社会的能力(ソーシャル・スキル)の観察　ソーシャル・スキルは，教師集団や地域社会との関わりや個別・集団の生徒指導において，教員として必要とされる特性の一つである。これらは，面接試験の中でも特に集団討議(グループ・ディスカッション)などによって観察・評価されている。

⑥ 知識・教養の程度や教職レディネスを知る　筆記試験において基本的な知識・教養については評価されているが，面接試験においては，さらに質問を加えることによって受験者の知識・教養の程度を正確に知ろうとしている。また，具体的な教育課題への対策などから，教職への準備の程度としての教職レディネス(準備性)を知る。

第2部

神奈川県・横浜市・川崎市・相模原市の論作文・面接実施問題

2024年度　論作文実施問題

※相模原市の論作文試験は行われませんでした。

神奈川県

【小，中，高等学校，2次試験(1次試験で実施)】　60分

●テーマ

神奈川県では，個性や文化の違い，障がいの有無にかかわらず，多様な教育的ニーズに応え，児童一人ひとりを大切に育む教育を推進しています。
このような教育を推進するために，あなたはどのような姿勢や意識をもつことが大切だと考えますか。また，そのことを踏まえ，どのような教育活動に取り組みますか。あなたの考えを600字以上825字以下で具体的に述べなさい。

●方針と分析

(方針)

「個性や文化の違い，障がいの有無にかかわらず，多様な教育的ニーズに応え，児童生徒を一人ひとりを大切に育む教育」を推進するためにどのような姿勢・意識を持つべきかにつき述べた後，そのことを踏まえてどのような教育活動に取り組むかにつき具体的に論述する。

(分析)

神奈川県教育委員会は，すべての子どもたち一人ひとりが持つ自らの力では解決できないそれぞれの課題を「教育的ニーズ」としてとらえ，その教育的ニーズに適切に対応していく「支援教育」を推進している(「かながわ特別支援教育推進指針」「1指針策定の背景及び趣旨」

の冒頭部分等参照)。そのことは，神奈川県の教育振興基本計画の一部をなす「かながわ教育ビジョン」にも反映されている。その「第1章教育ビジョン策定の背景」「2 教育をめぐる現状と課題」で，様々なニーズへの対応が求められる学校において，「社会状況の変化や，子どもたちの様々な育ちを背景に，一人ひとりの個性や教育的ニーズに応じた適切な指導・支援を行うとともに，家庭や地域からの多様化するニーズに迅速かつ的確に応えていく必要があります」「そのため，教職員には，これまで以上に高い自覚と責任，専門性などが求められています」と指摘されている。その上で，「第3章人づくりの視点」において「2自分らしさを探求する段階(児童青年期)」における各主体のそれぞれの役割と具体的な取り組みにつき，学校は「一人ひとりの教育的ニーズに応じた支援教育に取り組む」旨が，一方県は「個性や文化の違い，障がいの有無にかかわらず，多様な教育的ニーズに応じた支援体制の構築と人材の育成に努め，一人ひとりを大切にはぐくむ教育を推進する」旨が示されている。このように神奈川県は，一人ひとりの教育的ニーズに応じた教育に力を入れており，こうしたことが本問出題に繋がったと思われる。

本問はこのような教育を推進するために，教員がどのような姿勢や意識を持つことが大切かについて問われているが，このことについて参考になるのが，神奈川県教育委員会が策定した「校長及び教員の資質向上に関する指標」である。これには，「課題解決力 子どもや社会の変化による課題の把握と解決」が資質のひとつとして掲げられており，「新たな課題や教育的ニーズを多面的・多角的に分析・把握するとともに，神奈川の支援教育やインクルーシブ教育等についても理解し，推進している」旨が説明されている。そして課題解決力のひとつとして，「子どもをよく理解し，多様な教育的ニーズに対して適切に対処・指導できる」が示されており，特に養成期においては「子どもの発達の段階とその特徴や，カウンセリングマインドについて理解している」旨が説明されている。こうした記述を踏まえ，自分自身が特に大切だと思う意識を示し，それを踏まえてどのような取り組みを行うかについて具体的に論述したい。

●作成のポイント

序論・本論・結論の3段落構成でまとめるのがよいであろう。序論では，多様な教育的ニーズに応え，児童生徒一人ひとりを大切に育む教育を推進するための，大切な姿勢や意識を350字程度で説明したい。

本論では，その記述を踏まえ，どのような教育活動に取り組むかについて，具体的なニーズのある児童生徒を具体的に取り上げ(たとえば障害をもつ児童生徒，不登校傾向にある児童生徒など)，350字程度で論述していく。

結論では，教職についたならばその記述したことを必ず実践するなどを100字程度で記述してまとめとしたい。

【特別支援学校，2次試験(1次試験で実施)】　60分

●テーマ

神奈川県では，児童・生徒等一人ひとりの発達の段階等を十分に考慮した，きめ細やかな指導・支援の充実をめざしています。 このような指導・支援を実践するために，あなたはどのような姿勢や意識をもつことが大切だと考えますか。また，そのことを踏まえ，どのような教育活動に取り組みますか。あなたの考えを600字以上825字以下で具体的に述べなさい。

●方針と分析

(方針)

「児童・生徒一人ひとりの発達の段階等を十分に考慮したきめ細やかな指導・支援」を推進するためにどのような姿勢・意識を持つべきかについて述べた後，そのことを踏まえてどのような教育活動に取り組むか具体的に論述する。

(分析)

本問は特別支援学校教諭志望者向けの問題であり,「児童・生徒一人ひとりの発達の段階等を十分に考慮したきめ細やかな指導・支援の充実」に関する問題である。ただ,小中高を含めてすべての子どもたち一人ひとりが持つ自らの力では解決できないそれぞれの課題を「教育的ニーズ」としてとらえ,その教育的ニーズに適切に対応していく「支援教育」を神奈川県教育委員会は推進している。その上で,その児童生徒の中でも障がいのある児童生徒に対する教育を,「特別支援教育」に位置づけている。ということは,神奈川県教育委員会はすべての児童生徒について,きめ細やかな指導・支援することを重視していることになる。そして,本問で考察することは,本年の小中高教諭に対する問題とほぼ一緒であると思われる。したがって,まずはその解説を参照されたい。ただ,「かながわ特別支援教育推進指針」は,「障がいのある子どもたち一人ひとりに応じた指導・支援を行う特別支援教育については,対象となる子どもたちの増加や,障がいの重度・重複化,多様化という状況を踏まえ,引き続き充実していく必要がある」という特別支援教育に特化した旨も指摘しているので,この「障がいの重度・重複化,多様化」にどのように対応するかについて,本問では特に考察したい。

●作成のポイント

序論・本論・結論の3段落構成でまとめるのがよいであろう。序論では,「児童・生徒一人ひとりの発達の段階等を十分に考慮したきめ細やかな指導・支援」を推進するための,大切な姿勢や意識を350字程度で説明したい。

本論では,その記述を踏まえ,どのような教育活動に取り組むかについて,特別支援学校に在籍する児童生徒の重度化・重複化などをふまえて,350字程度で具体的に論述していく。

結論では,教職についたならばその記述したことをかならず実践するなどの決意を100字程度で記述してまとめとする。

【養護教諭，2次試験(1次試験で実施)】　60分

●テーマ

養護教諭は，児童・生徒等の身体的不調の背景にいじめや不登校，虐待などの問題がかかわっていること等のサインにいち早く気付くことができる立場であることから，児童・生徒等の健康相談において重要な役割を担っています。そのことを踏まえ，養護教諭として，児童・生徒のSOSのサインに気付くためには，どのような姿勢や意識を持つことが大切だと考えますか。また，サインに気付いた後には，組織の一員として，どのように取り組みますか。あなたの考えを600字以上825字以下で具体的に述べなさい。

●方針と分析

(方針)

養護教諭として，健康相談による児童・生徒等のSOSのサインに気付くことの重要性を述べるとともに，気付くための姿勢や意識の持ち方についての受験者の考えを述べる。次に，サインに気付いた後，組織の一員としての取り組みを具体的に述べる。

(分析)

養護教諭の取り組み(指導・支援)として，児童生徒の心身の健康に関する専門家としての役割は，児童生徒の身体的不調の背景に，いじめや不登校，虐待などの問題にかかわっていること等のSOSのサインにいち早く気付くことができる立場にあることから，児童生徒の「健康に関する実態把握」や「個別の健康相談」が重視されなければならない。もちろん，懸念される内容に応じて「個別や集団に対する健康指導」は行われなければならない。

養護教諭として，児童生徒のSOSのサインに気付くために留意すべきことは，①児童生徒が相談しやすい環境づくりが大切であり，日常的に声掛けをしたりする中で信頼関係を構築することや何でも話すこ

とができる保健室づくりが求められる。②児童生徒が，学校生活アンケートなど各種アンケート等によるどんなことでも表現できる機会を多くする。③児童生徒自身に他の人に自己の悩みや心配事の援助や支援を希求する能力を育成しておくことも重要である。

また，児童生徒のSOSのサインは，悩みやストレスが大きくなって行く中で，家庭や学校生活の中で様々である。例えば，①朝，起きられない。眠れない。睡眠のリズムが崩れている。②食欲がない。過食。急に痩せる。③顔色が悪い。身体がだるそう。④不登校傾向。無口に。ぼんやりしている。すぐ怒る等のサインが見受けられる。

このような児童生徒のSOSのサインには，いち早く気付くことができる専門家として養護教諭の役割は大きいが，「どうも普段と様子が違う」「今まで，こんなことはなかった」などいつもと違ったことへの気付きは，養護教諭だけでなく学級担任，学年主任，部活動顧問，多くの教科担当教員及び保護者なども同様である。このため，学校という組織体制で情報共有・連携体制の確立も重要である。当然，保護者との情報共有・連携は言うまでもない。

児童生徒のSOSのサインに気付いた後の養護教諭の職務は，内容や程度に応じ，「個別の健康指導」と「集団指導」，さらにコーディネーターとして，専門機関の紹介，保護者との情報共有・連携などを行うことが求められる。また，校内では，校長以下，学級担任・学年主任・生徒指導主任・教育相談担当・養護教諭等による組織をもとに，対応を協議し，内容によって，学校医や校長と協議し学校保健委員会を開催するなど組織的な対応を継続的に行うことが重要である。

●作成のポイント

論文の構成は，序論・本論・結論とする。記述前に構想する時間を十分に取り，その内容を簡潔にまとめることが重要である。600字以上825字以下であることから，文量を序論(約15～20％程度)・本論(約65～75％程度)・結論(約10～15％程度)の目安をもって臨むことも大切である。

序論では，養護教諭として，健康相談による児童・生徒等のSOSのサインに気付くことの重要性を述べるとともに，SOSのサインに気付くための姿勢や意識の在り様について端的に述べる。

本論では，A君のサインに気付いた後の養護教諭としての具体的な取り組みを述べる。専門性を生かした「A君への個別の健康指導」「健康相談」等やコーディネーターとして「学校医・専門機関等と協議」等があるが，今回は，サインに気付いた後の組織の一員としての取り組みを重点的に論じることが望まれる。

結論では，児童生徒の心身の健康に関する専門家として，「健康相談」を重視し，児童・生徒のSOSのサインに気付いた後に組織の一員として積極的に取り組む決意を述べてまとめとしたい。

横浜市

【小学校・2次試験】　800字以内，45分

●テーマ

「いじめのメカニズム」を踏まえたうえで，いじめが生まれない学級づくりの方法を，学年の発達段階を考慮して論じなさい。

●方針と分析

(方針)

まず，「いじめのメカニズム」について簡潔に説明し，それを踏まえて，いじめが生まれない学級づくりの方法を具体的に考察し，論述する。

(分析)

本問で参考になる資料は，横浜市教育委員会のHPにアップされている「児童・生徒指導の手引き」であろう。その「資料編」には，いじめの「背景」について説明されており，本問考察の参考になる。すなわち，その要因(いじめ加害に影響する要因)として，「① ストレス(不機嫌，怒りストレス)の存在がある」，「② ストレスに影響を及ぼすストレッサー(ストレスをもたらす要因：勉強・教師・友人・家族に関するいやなできごと)がある」，「③ ストレッサーを緩和させる社会的支援(教師・友人・家族との関係)がない」，「④ ストレッサーを高める競争的価値観がある」の4点を指摘しているのである。こうした記述を踏まえての学級づくりが求められるところ，このことに関連して，上記資料の「傍観者への指導～いじめを生まない土壌づくり～」の箇所で，次のことも指摘している。まず「いじめの構造の理解と傍観者にならないための具体的な行動」として「いじめを注意することで自分が次にいじめられるのではないかという恐怖感が傍観者を生み出している構造を理解させる」，「いじめを許さない世論をつくるために，同じ考え方の人に協力を依頼することをすすめる」等を説明している。さらには，「居場所づくり」として，過度な「競争的価値観」を減らすとともに，授業についていけない児童生徒や行事に参加できない児童生徒に対して積極的にかかわり，どの児童生徒も落ち着いて生活できる場所をつくり出す旨も説明している。さらには，「自己有用感の醸成」として，授業や行事の中ですべての児童生徒が活躍できる場面をつくり出し，他者とのかかわりの中で絆づくりを進める旨も説明している。こうした記述を参考にして，各自やりたい取り組みを考察したい。

●作成のポイント

序論・本論・結論の3段落構成でまとめるのがよいであろう。序論では，「いじめのメカニズム」について，ストレッサーが大きく影響を与えていることなど300字程度で論述する。

本論では，「いじめが生まれない学級づくりの方法」を400字程度で論述したい。ただ，「学年の発達段階を考慮」とあるので，小学校の学級づくりに適したものを論述するようにすること。

結論では，本論で述べたことを教職についたならば必ず実行することなどを論述し，教職に対する熱意を100字程度で示したい。

【中学校・高等学校・2次試験】　800字以内，45分

●テーマ

オンラインを活用した授業の可能性について，どのように考えますか。基本的な考えを述べるとともに，授業での具体的な活用の例について述べなさい。

●方針と分析

(方針)

オンラインを活用した授業の可能性について，自分の考えを簡単に論述した後，授業での具体的な活用について自分が取り組みたいことを具体的に論述する。

(分析)

本問出題の背景として，横浜市が積極的に情報教育に取り組んでいることを指摘できる。たとえば，「横浜市におけるGIGAスクール構想」を令和2年に公表し，令和3年度よりにその実現に取り組んでいる。この構想に基づき，各学校に多くの端末を用意し，そして 1人1アカウントの配付及びクラウドサービスの活用等を進めているようである。こうしたことを踏まえ，オンラインを活用した授業の可能性につき，まず積極的に評価する旨の論述を行いたい。

次にその具体的な取り組みについての考察であるが，参考になるのは，「教育の情報化に関する手引-追補版-(令和2年6月)」であろう。「第4章教科等の指導におけるICTの活用」において，「学校におけるICTを活用した学習場面」を，具体例をあげて説明しているのである。その箇所で，特に本問で参考にしたいのは「B個別学習」「C協働学習」についての記述であろう。「B個別学習」では，デジタル教材などの活用により，自らの疑問について深く調べること，自分に合った進度で学習することが容易となること，そして一人一人の学習履歴を把握することにより，個々の理解や関心の程度に応じた学びを構築することが可能となることを説明している。また，「C協働学習」では，タブレットＰＣや電子黒板等を活用しての，他地域・海外の学校との交流学習において子供同士による意見交換，発表などお互いを高めあう学びを通じて，思考力，判断力，表現力などを育成することが可能となる旨を説明している。こうした記述を参考に，自分が担当する教科で具体的にどのような取り組みをしたいのかを考察したい。

●作成のポイント

序論・本論・結論の3段落構成でまとめるのがよいであろう。序論では，「オンラインを活用しての授業の可能性」につき，200字程度の積極的に評価する論述を行いたい。またその論述においてなんらかの理由を必ず示したい(生徒の学習意欲の向上が期待できるなど)。

本論では，自らがオンラインを活用してどのような授業を展開していくかについて，500字程度で具体的に論述していく。その際，内容は自分の担当教科に即したものにしたい。

結論では，100字程度で教職についたならばその記述したことを必ず実践するなどを示して，まとめとしたい。

【特別支援学校・2次試験】800字以内，45分

●テーマ

「児童生徒の調和的な発達の支援」には，ガイダンスとカウンセリングの各機能を生かした指導の充実が求められます。それぞれの趣旨を踏まえた支援をどのように進めたいと考えているか，あなた自身の考えを述べなさい。

●方針と分析

(方針)

「児童生徒の調和的な発達の支援」という観点からの，ガイダンスとカウンセリングの各機能を簡単に説明し，その上でガイダンスとカウンセリングによる支援にどのように取り組むかについて具体的に論述する。

(分析)

本問に問われていることは，特別支援学校小学部・中学部学習指導要領の「第1章総則」「第5節　児童又は生徒の調和的な発達の支援」の1(1)に示されている(「主に集団の場面で必要な指導や援助を行うガイダンスと，個々の児童又は生徒の多様な実態を踏まえ，一人一人が抱える課題に個別に対応した指導を行うカウンセリングの双方により，児童又は生徒の発達を支援すること」)。

指導要領解説は，その意義について「全ての児童生徒が学校や学部，学級の生活によりよく適応し，豊かな人間関係の中で有意義な生活を築くことができるようにし，児童生徒一人一人の興味や関心，障がいの状態や特性及び心身の発達の段階等や学習の課題等を踏まえ，児童生徒の発達を支え，その資質・能力を高めていくことは重要なことである。このため，児童生徒の障がいの状態や特性及び心身の発達の段階等や教育活動の特性を踏まえて，あらかじめ適切な時期や機会を設定し，主に集団の場面で必要な指導や援助を行うガイダンスと，個々の児童生徒が抱える課題を受け止めながら，その解決に向けて，主に

個別の会話・面談や言葉掛けを通して指導や援助を行うカウンセリングの双方により，児童生徒の発達を支援することが重要」であると述べられている。その上で，ガイダンスは「学習活動など学校生活への適応，好ましい人間関係の形成，学業や進路等における選択，自己の生き方などに関わって，児童生徒がよりよく適応し，主体的な選択やよりよい自己決定ができるよう，適切な情報提供や案内・説明，活動体験，各種の援助・相談活動などを学校として進めていくもの」としている。一方で，カウンセリングは「児童生徒一人一人の教育上の問題等について，本人又はその保護者などにその望ましい在り方についての助言を通して，子供たちのもつ悩みや困難の解決を援助し，児童生徒の発達に即して，好ましい人間関係を育て，生活によりよく適応させ，人格の成長への援助を図る」ことを指摘している。

本問は，こうした記述を参考に，その障がいの状態や特性を踏まえるという特別支援教育の大前提のもと，ガイダンスについては好ましい人間関係の形成，学業や進路等における選択を促すための情報提供等をいかに行うか，またカウンセリングについては各児童生徒の悩みや課題にどのように向き合い，また取り組むかについて具体的に考察したい。その考察にあたっては，小中高学習指導要領が単に「児童(生徒)の発達の支援」となっているのに対し，特別支援学校学習指導要領が「児童又は生徒の調和的な発達の支援」となっており，特に「調和的な」という点を強調している点などを特に意識したい。

●作成のポイント

序論・本論・結論の3段落構成でまとめるのがよいであろう。

序論では，「児童生徒の調和的な発達の支援」という観点から，ガイダンスとカウンセリングの各機能を200字程度で説明したい。

本論では，それぞれの趣旨を踏まえた支援をどのように進めるかについて，500字程度で具体的に論述していく。

最後に結論では，1教職についたならばその記述したことを必ず実践するなどを100字程度で述べて，これまでの文章をまとめたい。

【養護教諭・2次試験】800字以内，45分

●テーマ

児童生徒が「心身の健康に関する知識・技能」を身に付けることは，生涯にわたって健康な生活を送るために必要であり，養護教諭が専門性を生かしつつ中心的な役割を果たすことが期待されます。あなたは，どのように取り組んでいきたいと考えるか具体的に述べなさい。

●方針と分析

(方針)

児童生徒が「心身の健康に関する知識・技能」を身に付けることは，生涯にわたって健康な生活を送るために必要であることを論じる。次に，養護教諭が専門性を発揮し中心的な役割を果たす重要性に言及し，その具体的な取り組みを述べる。

(分析)

現在の児童生徒には，肥満，痩身，生活習慣の乱れ，メンタルヘルスの問題，アレルギ疾患の増加，性に関する問題，感染症予防など，多様な課題が生じている。また，身体的な不調の背景には，いじめ，不登校，児童虐待などの問題がかかわっていることもある。このような多様化・複雑化する児童生徒の健康問題については，専門性を生かす養護教諭の中心的な役割を果たすことが期待されている。さらに，これらの健康問題に対応する取り組みは，学校教育全体を通して行うことが必要であり，学校の全ての教職員が連携して取り組むことが重要である。

また，養護教諭の役割としては，児童生徒の健康問題を的確に把握(早期発見)し，課題に応じた指導・支援を行うだけでなく，全ての児童生徒が生涯にわたって健康な生活を送るために必要な力を育成するための取り組みを，他の教職員と連携しつつ日常的に行うことが重要である。その力は，①「心身の健康に関する知識・技能」，②「自己有用感・自己肯定感」，③「自ら意思決定。行動選択する力」，④「他者とかかわる力」である。中でも，基本的な生活習慣を形成するための指導(睡眠・食事・運動・等)や心身の発達についての「心身の健康に関する知識・技能」を身に付けることは大切である。

具体的な取り組みとしては，保健学習にTT(ティームティーチング)で参加・協力することや個別の保健指導の実施，保健指導用の資料作成，保健便りや掲示物等による啓発がある。特に最近は，心のケアに関する保健指導の必要性が増し，ストレス対処法について，誰かに相談する，話す，体を動かす，音楽を聴く等，発達段階に応じて指導することが大切である。

また，養護教諭は，関係機関との連携の窓口として，コーディネーター的な役割を果たしていくことが重要であり，日頃の状況などを把握し児童生徒等の変化に気付いた管理職や学級担任等と情報を共有するとともに，他の教職員や児童生徒，保護者，学校医等からの情報も収集し，児童生徒の健康課題が明確なものについては速やかに対応することが求められている。

●作成のポイント

論文の構成は，序論・本論・結論とする。記述前に構想する時間を十分に取り，その内容を簡潔にまとめることが重要である。800字以内であることから，文量を序論(約15～20％程度)・本論(約65～75％程度)・結論(約10～15％程度)の目安をもって臨むことも大切である。

序論では，児童生徒が「心身の健康に関する知識・技能」を身に付けることは，生涯にわたって健康な生活を送るために必要であることを述べる。

本論では，養護教諭が専門性を生かしつつ学校の中心的な役割を果たすことの重要性を述べるとともに，児童生徒の「心身の健康に関する知識・技能」育成に関する具体的な取り組みを論じる。

結論では，児童生徒が「心身の健康に関する知識・技能」を身に付けるためには，養護教諭としての専門性を生かし，学校における中心的な役割を担って取り組むことへの意欲と決意を述べてまとめるとよい。

川崎市

【小論文A・小学校・中学校・高等学校(工業含む)・特別支援学校・1次試験】 60分

●テーマ

不登校の児童生徒数が増加する中「誰一人取り残されない学びの保障に向けた不登校対策」が求められています。このことについて，あなたはどのようなことが大切だと考えますか。また，そのためにどのような取組をしますか。具体的に600字以内で述べてください。

●方針と分析

(方針)

不登校児童生徒数の増加の実態に対して，「誰一人取り残されない学びの保障に向けた不登校対策」の大切さを述べる。次に，その具体的な取り組みについて述べる。

(分析)

令和4年度「児童生徒の問題行動・不登校等生徒指導上の諸課題に関する調査」によると，小中学校の不登校児童生徒数は約29.9万人であり，高校生を合わせると約36万人と過去最多となった。そのうち学校内外の専門機関等で相談・指導等を受けていない小中学生が約11,4万人に登る等，生徒指導上の喫緊の課題となっている。

文部科学省は，不登校によって学びにアクセスできない子どもたちをゼロにすることを目指し，「誰一人取り残されない学びの保障に向けた不登校対策(COCOLOプラン)」を2023年3月に取りまとめた。このプランでは，①不登校の児童生徒全ての学びの場を確保し，学びたいと思った時に学べる環境を整えること，②心の小さなSOSを見逃さず「チーム学校」で支援すること，③学校の風土の「見える化」を通じて，学校を「みんなが安心して学べる」場所にすることの3つを主な取組とし，「誰一人取り残されない学びの保障」を社会全体で実現することを目指すとしている。

取組1では，仮に不登校になっても，小中高を通じて学びたいと思った時に多様な学びに繋がることができるよう，一人一人のニーズに応じた受け皿を整備することであり，不登校特例校や校内に支援ルームの設置などが考えられる。また，取組2では，GIGAスクール構想で整備された一人一台端末を活用し，子どもの小さなSOSを早期に気付く体制を構築するとともに，不登校の子どもの保護者の悩みを聴き取ることもできるようにする。さらに，家庭から出にくい子どもへの学びの方法として，端末を活用した遠隔学習の取組も重要である。取組3では，学校を安心して学べる場所にするよう，学校の風土を「見える化」するため，分かる授業への授業改善やいじめ等の問題行動に対する毅然とした具体的な対応の徹底，児童生徒が参画した校則の改善などが考えられる。

なお，不登校児童生徒への対応(支援)については，文部科学省から「不登校児童生徒への支援の在り方について(通知)」(令和元年10月)，及び文部科学大臣決定「義務教育の段階における普通教育に相当する教育の機会の確保等に関する基本指針」(平成29年3月)を参照することを勧めたい。

これらを踏まえて，在籍する不登校の児童生徒の状況に応じた取組を考えていく。

●作成のポイント

論文の構成は，序論・本論・結論とする。記述前に構想する時間を十分に取り，その内容を簡潔にまとめることが重要である。600字以内であることから，文量を序論(約15～20％程度)・本論(約65～75％程度)・結論(約10～15％程度)の目安をもって臨むことも大切である。
序論では，不登校児童生徒数の増加の実態を端的に説明し，「誰一人取り残されない学びの保障に向けた不登校対策」の大切さを述べる。
本論では，「誰一人取り残されない学びの保障に向けた不登校対策」の中で，重要と考える取組を具体的に述べる。その際，2～3点に絞って論じることが適切である。キーワードとして，「学びの保障」，「安心して学べる」，「誰一人取り残されない」等の使用に配慮したい。
結論では，本論で述べた以外に追加したい取組があれば記述し，川崎市の教員になって，「誰一人取り残されない学びの保障に向けた不登校対策」に取組む意欲と決意を述べてまとめとする。

【小論文A・養護教諭・1次試験】　60分

●テーマ

近年，児童生徒の健康課題が多様化・複雑化しています。これらの課題について，適切に対応するために養護教諭としてどのような取組をしますか。具体的に600字以内で述べてください。

●方針と分析

(方針)

児童生徒が抱える多様化・複雑化している健康課題の現状を述べるとともに，養護教諭が専門性を生かしつつ中心的な役割を果たすことの重要性を述べ，その具体的な取組について述べる。

(分析)

「現代的健康課題を抱える子供たちへの支援～養護教諭の役割を中心として～」(文部科学省策定)では，多様化・複雑化する児童生徒が抱える現代的な健康課題について，専門的な視点での対応が必要であり，養護教諭が専門性を生かしつつ中心的な役割を果たすことが期待されている，と明示している。

近年の都市化，核家族化，情報化等が急速に進展し，社会が大きく変化し続ける中で，児童生徒の生活様式，生活習慣に大きな影響を及ぼしている。不登校・いじめの増加，スクーリング時間の増加，睡眠時間の減少，運動不足など多種多様である。これらの実態から児童生徒の身体的な健康面への影響としては，視力の低下，頭痛，倦怠感等が見られ，心の健康面でも，意欲の低下，いつもイライラ，攻撃的，居眠り，無感動等が見られる。

また，これらの健康課題に関わる養護教諭の役割としては，児童生徒の健康課題を的確に早期発見し，課題に応じた支援を行うことのみならず，全ての児童生徒が生涯にわたって健康な生活を送るための必要な力を育成するための取組を他の教職員と連携しつつ日常的に行うことが重要である，と示している。

職務として，一つ目は，養護教諭は日頃の状況などを把握し児童生徒等の変化に気付いたことに対して，管理職や学級担任等と情報を共有するとともに，他の教職員や児童生徒，保護者，学校医等からの情報も収集し，児童生徒の健康課題が明確なものについては速やかに対応することである。

二つ目は体制の整備であり，養護教諭は関係機関や保護者との連携の窓口として，コーディネーター的な役割を果たしていくことが必要であり，校内においても管理職及び学級担任や教科担任・生徒指導主任等と連携・情報共有ができる組織を構築することである。

基本的には，養護教諭は専門性を生かし，基本的な生活習慣を形成する指導(睡眠・食事・運動等)や「心身の健康に関する知識・技能」の指導の充実を図ることである。また，児童生徒の身体的不調の背景に，いじめや不登校，虐待などの問題に関わっていること等のサインにいち早く気付くことができる立場であることから，児童生徒の「健康相談」において重要な役割りを担っていることを忘れてはならない。

これらのことを踏まえて，児童生徒が相談しやすい環境づくり「保健室づくり」やアンケート等による児童生徒の表現できる機会の設定など養護教諭として取り組むことを具体的に述べることが求められている。

●作成のポイント

論文の構成は，序論・本論・結論とする。記述前に構想する時間を十分に取り，その内容を簡潔にまとめることが重要である。600字以内であることから，文量を序論(約15～20％程度)・本論(約65～75％程度)・結論(約10～15％程度)の目安をもって臨むことも大切である。

序論では，「現代的健康課題を抱える子供たちへの支援～養護教諭の役割を中心として～」に示された考えをもとに，児童生徒が抱える多様化・複雑化している健康課題の現状を端的に述べるとともに，これらの課題に対する適切な対応が養護教諭の役割として重要であることを論じる。

本論では，専門性をもつ養護教諭として，受験者が実践する具体的な取り組みを論じる。その際，数多く羅列するのでなく特に重要と考える取組に焦点化したほうがよいだろう。

結論では，現代的な多様化・複雑化した健康課題を抱える児童生徒の確実な把握とともに，養護教諭を中心に専門性を生かし，児童生徒の心身の健康のために組織的に取り組む実践への決意を述べてまとめとする。

【小論文A・特別選考Ⅳ中学校(英語)・1次試験】　60分

●テーマ

英語を話すことにおいて，正確さと流暢さをバランスよく育成するために，あなたはどのようなことに留意して英語の授業を計画する必要があると思いますか。具体的に600字以内で述べてください。

●方針と分析

(方針)

英語を話すことにおいて，正確さと流暢さについて説明し，そのバランスのよい育成の重要性を論じる。次に，何に留意して授業計画を立てるかについて，具体的に述べる。

(分析)

学習指導要領(話すこと)では，「やり取り」と「発表」の領域があり，「やり取り」の目標は，……即興で伝え合う。……相手からの質問に答える。……を述べ合う。となっている。また，「発表」では，……即興で話す。……まとまりのある内容を話す。となっている。いずれにしても，相手の質問に対してテンポよく答え，自分の意見をまとまりのある内容として正確に話すことが求められるのである。

つまり，「話すこと」における言語運用能力の正確さと流暢さをバランスよく育成することが重要な課題となっている。つまり，正確に英語を話すこととは，適切な語彙や文法を用いて，正確に話すことであり，流暢に英語を話すとは，一定のスピード感をもってスムーズに会話することである。

実態としては，正確な英語を考え過ぎて，口から言葉が出てこない場合は，流暢さが欠け，また，英語で話すことが流暢にできているように見えても，ブローキングイングリッシュのため，意味が正確に伝わらない場合は正確さに問題がある。

正確さと流暢さをバランスよく育成するには，段階によって優先するスキルを考えることが重要であり，中学校の英語学習を始めた段階では，ゆっくりではあるが単語や構文を正確に理解し，アクセント等についてできるだけ正確に発する練習は大切である。

このような基礎をもとに，流暢さを意識し，間違いを恐れないで実際に英語を使ってみることが最も重要である。また，英語で話す前に，話したいポイントを書いてまとめ，使用する語彙などを確認したうえで不安をなくして発話する練習法も考えられる。

指導計画作成上留意したいことは，正確さと流暢さはどちらも重要であることから，生徒が「今は正確さを重視した学習」か「流暢さを重視した学習」か意識した学習と練習が大切である。

これまで日本人は，「正確に話せないのに流暢さを求めるのは，まだ早い」という気持ちや「間違ったらだめだ」との思い込みが強く，正確さが優先され，流暢さを伸ばすことが軽くなってきたことは歪めない事実である。今は，正確さと流暢さをバランスよく育成することがキーワードである。

●作成のポイント

論文の構成は，序論・本論・結論とする。記述前に構想する時間を十分に取り，その内容を簡潔にまとめることが重要である。600字以内であることから，文量を序論(約15～20％程度)・本論(約65～75％程度)・結論(約10～15％程度)の目安をもって臨むことも大切である。

序論では，小学校の英語学習を踏まえて，中学校の英語学習での「話すこと」において，正確さと流暢さについて説明し，そのバランスの良い育成の重要性を論じる。

本論では，小学校における英語学習の実態の上に立って，中学1年生からの「話すこと」の正確さと流暢さをバランスよく育成するには，授業計画を立てるときに，段階によって優先するスキルを考えることの大切さを具体的に述べる。また，生徒に「今は正確さを重視した学習」か「流暢さを重視した学習」かを意識させる学習と練習も必要である。また，「話すこと」の授業計画の中に，発話前に話す内容のポイントをまとめる書く活動を取り入れることも重視したい。何よりも間違いを恐れないで英語を話し，何度も繰り返し練習する生徒を培いたい。

結論では，グローバル社会に羽ばたく生徒の育成を目指し，英語を話すことにおいて，正確さと流暢さをバランスよく育むための実践策を積極的に取り組む決意を述べてまとめるとよい。

【小論文B・小学校・中学校・高等学校(工業含む)・特別支援学校・2次試験】 60分

●テーマ

川崎市の求める教師像に「子どもの話にきちんと耳を傾けることができる」があります。このことについて，あなたはどのようなことが大切だと考えますか。また，そのためにどのような取組をしますか。具体的に600字以内で述べてください。

●方針と分析

(方針)

川崎市の求める教師像である「子どもの話にきちんと耳を傾けることができる」を説明するとともに，教員として子どもの話に耳を傾けることの大切さを述べる。次に，具体的な取組について述べる。

(分析)

川崎市の求める教師像の1つ目は「子どもの話にきちんと耳を傾けることができる」である。教員が学習指導や児童生徒指導を進めていくには，まず，子どもとの良好な人間関係をつくることが必要である。「傾聴」「受容」「共感」を基本とする指導ができる教員，子どもの話をしっかりと受け止め，気持ちを汲み取りながら「どうしたい？」「どうしたらいいかな？」と子ども自らの考えや判断を聞き出す力を大切にしたいとなっている。そのためにも，教員に対して，子どもの話をしっかりと受け止め，子どもの気持ちを汲み取りながら聴く力を求めている。

信頼される教員の要件の一つに，子どもの話をきちんと聞く「傾聴力」がある。

「先生は，私の話を黙って最後まで，真剣に聴いてくれた。」，「私の話がまとまらない時も，急がさないで聴いてくれた。」，「『そうか，さみしかったんだね。』と分かってくれた。」，「いつも笑顔で聴いてくれた。」など，絶えずカウンセリングマインドを込めた子どもへの対応である。このように「傾聴」できる教員は，子どもの気持ちを受け止める「受容」と子どもの心を感じ取れる「共感」を大切にした言動や態度を示している。

このように傾聴できる教員の取組としては，①子ども一人一人に積極的にかかわること(声掛け・微笑むことにより安心感を)②共感的・受容的に接するよう心がけること(信頼し，心を開くきっかけを)③教師自身が自己開示をすること(安心して語り合える関係に)④子ども一人一人を掛け替えのない存在として肯定的に受け止めること(子どもに伝わり信頼感が)等が考えられる。

教員として，子どもの話にきちんと耳を傾けなければならない「傾聴」場面は，教育相談だけでなく，学級担任としての学級づくり，教科指導，生徒指導，特別活動など全ての教育活動において発揮されなければならない。具体的な取組は，日常的に行うことが主であるが，相談日の設定，個別相談交換ノート，アンケートの実施など発達段階に応じ創意工夫した取組も考えられる。

●作成のポイント

論文の構成は，序論・本論・結論とする。記述前に構想する時間を十分に取り，その内容を簡潔にまとめることが重要である。600字以内であることから，文量を序論(約15～20%程度)・本論(約65～75%程度)・結論(約10～15%程度)の目安をもって臨むことも大切である。

序論では，川崎市の求める教師像である「子どもの話にきちんと耳を傾けることができる」を端的に説明するとともに，信頼される教員として全教育活動を通じて子どもの話を傾聴することの重要性を述べる。

本論では，学級担任として，子どもの話にきちんと耳を傾けること「傾聴」の留意点や効果的な実践の具体的な取組を述べる。特に学級担任としての取組に絞って述べた方が分かりやすい。

結論では，川崎市の求める教員として,，子どもの話をしっかりと受け止め，子どもの気持ちを汲み取りながら聴く力をつけ，学習指導や生徒指導等を進めていく決意を述べてまとめとする。

【小論文B・養護教諭・2次試験】 60分

●テーマ

川崎市の求める教師像に「子どもの話にきちんと耳を傾けることができる」があります。このことについて，あなたはどのようなことが大切だと考えますか。また，そのために養護教諭としてどのような取組をしますか。具体的に600字以内で述べてください。

●方針と分析

(方針)

川崎市の求める教師像である「子どもの話にきちんと耳を傾けることができる」を説明するとともに，養護教諭として，子どもの話に耳を傾けることの大切さを述べる。次に，養護教諭が専門性を生かし，子どもの心身の健康のための「傾聴」(耳を傾けること)の具体的な取組について述べる。

(分析)

川崎市の求める教師像の1つ目は「子どもの話にきちんと耳を傾けることができる」である。教員が学習指導や児童生徒指導を進めていくには，まず，子どもとの良好な人間関係をつくることが必要である。「傾聴」「受容」「共感」を基本とする指導ができる教員，子どもの話をしっかりと受け止め，気持ちを汲み取りながら「どうしたい？」「どうしたらいいかな？」と子ども自らの考えや判断を聞き出す力を大切にしたいとなっている。そのためにも，子どもの話をしっかりと受け止め，子どもの気持ちを汲み取りながら聴く力を求めている。

養護教諭の役割は，すべての子どもたちが生涯にわたって健康な生活を送るために必要な力を育成することと，子どもの心身の健康課題に対して，子どもの健康課題を的確に早期発見し，課題に応じた指導・支援を行うことである。特に，養護教諭の専門性を発揮する「健康相談」では，様々な症状や悩みなどを抱えて保健室を訪れる子どもたちに対してどのように支援していくか，カウンセリング対応が重要である。最も大切なことは，①子どもの話をよく聴くこと「傾聴」である。子どもの価値観や考え方を素直に受け止め，子どもへの理解を深める必要がある。子どもは，自分の話を真剣にじっくりと聴いてもらうだけで心が癒されたり，気持ちが整理できたり安心感を回復することが多い。また，「傾聴」と同時に，②子どもの感情(心)をしっかりと受け止めることも重要である。つまり，「しんどい」「寂しい」「つらい」など子どもの内面で激しく揺れ動いている感情をしっかり受け止めるよう心がけることが大切である。また，「共感」と「受容」も大切である。

「傾聴」の具体的な対応には，保健室に入室したとき，「困ったことあったら，よかったら聞かせて？」「話したら楽になるよ」と切り出す。また，「A子さん……かな」と名前を呼んで絶えず話しかける。また，沈黙が続いても「辛かったら，黙っててもいいよ」「少し休憩しようか」「今，迷ってるの？」など焦らずカウンセリングに徹することが必要である。

いずれにしても，養護教諭は，保健室外へも出て，日常的にどの子どもたちに対しても「○○さん，元気？」「△△さん，しんどくない？」等の声掛けをし，コミュニケーションを深め信頼関係を高めておくことも重要である。

●作成のポイント

論文の構成は，序論・本論・結論とする。記述前に構想する時間を十分に取り，その内容を簡潔にまとめることが重要である。600字以内であることから，文量を序論(約15～20%程度)・本論(約65～75%程度)・結論(約10～15%程度)の目安をもって臨むことも大切である。

序論では，川崎市の求める教師像である「子どもの話にきちんと耳を傾けることができる」を端的に説明するとともに，子どもに最も近い位置にいる養護教諭として心身の不調を訴える子どもの話を傾聴することの大切さを述べる。

本論では，養護教諭の重要な職務である「健康相談」における聴くこと「傾聴」の留意点や効果的な実践の具体的な取組を述べる。特に保健室に来室し「健康相談」に絞って論じた方が分かりやすい。

結論では，川崎市の求める養護教諭として，専門性を発揮して健康課題に対応し，子どもたちの心身の健康の充実のために努力する決意を述べまとめとする。

2023年度　論作文実施問題

※相模原市の論作文試験は行われませんでした。

神奈川県

【小，中，高等学校・2次試験(1次試験で実施)】　60分

●テーマ

※〈　〉は小学校・(　)は中学校，高等学校

神奈川県では，〈児童〉(生徒)の発達段階に応じて，人権に関する理解を深め，人権尊重の意識を高め，一人ひとりを大切にする教育を推進しています。

このような教育を推進するために，あなたはどのような姿勢や意識をもつことが大切だと思いますか。また，そのことを踏まえ，どのような教育活動に取り組みますか。600字以上825字以下で具体的に述べなさい。

●方針と分析

(方針)

人権教育を推進するために，受験者はどのような姿勢や意識をもつことが大切だと思うか。また，それらを踏まえ，どのような教育活動に取り組みたいか。600字以上825字以下で具体的に説明をする。

(分析)

本設問で活用する知識や発想を得るにあたり，神奈川県教育委員会「人権教育ハンドブック(令和4(2022)年4月版)」に目を通しておきたい。以下，同資料を参考にして述べていく。

人権教育の目標は,「人権の意義・内容や重要性について理解し,『自分の大切さとともに他の人の大切さを認めること』ができるようになり,それが様々な場面や状況下での具体的な態度や行動に現れるとともに,人権が尊重される社会づくりに向けた行動につながるようにすること」である。児童生徒が,知識の域に留まらず,「具体的な態度や行動に現れる」ような人権感覚を身につけるためには何が必要か。授業の実践だけでなく,日常的に児童生徒を指導する教職員も人権感覚を身につけていることが重要である。たとえば,児童生徒が人権感覚を身につけるための要素として,「経験」・「想像力」・「気づき」等がある。他者の気持ちを推し量り,自分がどのように行動すればよいか,これができるように努力し,意識していくことこそ,具体的な行動レベルとしての人権感覚を身につけることであると考えられる。また,文部科学省のホームページ上で公開されている「学校における人権教育」でも,「自己とともに他者を大切にせよ」との記載があり,これは児童生徒に繰り返し言葉で教えても実現できるものではなく,学級や学校生活の中で,彼ら彼女らが自分自身で気づき,相手のことを想像できるような環境をつくることが重要であると書かれている。

県のハンドブックでは,そうした環境づくりのために,教員が心がけるべき姿勢や意識,教育活動のヒントが書かれている。教員は,授業中に「みなさんわかりましたか。では,次の章(問題)に行きます」という言葉を投げかけることが多い。これは,児童生徒が「分かりません」「質問です」と発言することを教員が無意識に期待したものであるが,この期待は,子どもたちがみんなの前で発言する勇気を強制するだけでなく,わからない子どもを置き去りにし,学ぶ権利を侵害することになっている。ここでは,言語化されない子どもたちの反応や表情,仕草などに気づきながら,説明内容を繰り返したり,口頭の説明を板書し直したりするなどの工夫が重要である。また,保健室を頻繁に訪れる児童生徒に対して授業をさぼっていると決めつけず,その子どもが抱えている悩みや心配事の大きさを想像して,養護教諭と協力して指導や相談を行うなどの配慮も重要である。

教員側のこうした配慮や意識が，一人一人の児童生徒に対して自分を尊重してくれている，という実感につながる。児童生徒が各自その実感を積み重ねていくことで，他者のことも尊重し，思いやりの心を持てるようになるのではないだろうか。

●作成のポイント

指定字数が600字以上825字以下なので，全体を序論，本論，結論の三段落で構成するとよい。下限は600字であるが，用紙の最終行に達するくらいの分量で書くのが好ましい。

序論では，日常的に児童生徒を指導する教職員が人権感覚を身につけていることの重要性について，250字程度で説明する。その際，児童生徒の前で障がいを持つ人や性的マイノリティの人の人格を貶める不用意な発言をしないように意識することなどを書いてもよいだろう。

本論では，具体的な教育活動について説明する。授業中を始め児童生徒の指導にあたる場面を想定し，そこでの注意・配慮すべきことなどについて事例を挙げながら，250～350字程度で説明する。

結論では，「具体的な態度や行動に現れる」よう人権感覚を身につけるために必要な要素，そのための環境づくりの重要性，受験者自身が採用された際，前述のことを確実に実践していく決意などを，200～250字程度で説明して論文をまとめる。

【特別支援学校・2次試験(1次試験で実施)】 60分

●テーマ

神奈川県では,児童・生徒の発達段階に応じて，人権に関する理解を深め，人権尊重の意識を高め，一人ひとりを大切にする教育を推進しています。

このような教育を推進するために，あなたはどのような姿勢や意識をもつことが大切だと思いますか。また，そのことを踏まえ，どのような教育活動に取り組みますか。600字以上825字以下で具体的に述べなさい。

●方針と分析

(方針)

人権教育を推進するために，どのような姿勢や意識をもつことが大切だと思うか。また，それらを踏まえ，どのような教育活動に取り組みたいか。600字以上825字以下で具体的に説明をする。

(分析)

本設問で活用する知識や発想を得るにあたり，神奈川県教育委員会「人権教育ハンドブック(令和4(2022)年4月版)」に目を通しておきたい。以下，同資料を参考にして述べていく。

人権教育の目標は,「人権の意義･内容や重要性について理解し,『自分の大切さとともに他の人の大切さを認めること』ができるようになり，それが様々な場面や状況下での具体的な態度や行動に現れるとともに，人権が尊重される社会づくりに向けた行動につながるようにすること」である。児童生徒が，知識の域に留まらず,「具体的な態度や行動に現れる」ような人権感覚を身につけるためには何が必要か。授業の実践だけでなく，日常的に児童生徒を指導する教職員も人権感覚を身につけていることが重要である。たとえば，児童生徒が人権感覚を身につけるための要素として,「経験」･「想像力」･「気づき」

等がある。他者の気持ちを推し量り，自分がどのように行動すればよいか，これができるように努力し，意識していくことこそ，具体的な行動レベルとしての人権感覚を身につけることであると考えられる。

この内容は，文部科学省のホームページ上で公開されている「学校における人権教育」でも書かれている。ただし，「自己とともに他者を大切にせよ」と繰り返し言葉で教えることは通常の学校でも困難であり，中でも特別支援学校の子どもたちは，自分の考えや思いを明確に言語化することが難しく，人権侵害を受けた状態，その裏返しとしての他者の人権に配慮した状態(共生社会，インクルーシブ教育の具現化)について，理解できないことも多い。

そこで，特別支援学校教員に求められる教育活動とは何か。県のハンドブックでは，そうした環境づくりのために，教員が心がけるべき姿勢や意識，教育活動のヒントが書かれている。教員は，まず学校環境を障がいを持つ児童生徒が安全にかつ安心して学べるように整える必要がある。また，こうした児童生徒の人権に配慮した授業を目指す必要もある。たとえば，読み書きに困難を抱える子どもについては，努力不足や怠惰という偏見をなくし，現状を正確に把握しながら適切な指導をする，色覚障がいを持つ子どもに対しては，板書は視認性の高い白色と黄色で統一する，タブレット端末使用時は「色のシミュレータ」によって色の見にくさをチェックするなどの工夫が求められる。さらに，自立活動担当の教諭からの授業改善提案を，反映させることも必要だろう。

教員側のこうした配慮や意識が，一人一人の児童生徒に対して自分を尊重してくれている，という実感につながる。児童生徒が各自その実感を積み重ねていくことで，他者のことも尊重し，思いやりの心を持てるようになるのではないだろうか。

●作成のポイント

指定字数が600字以上825字以下なので，全体を序論，本論，結論の三段落で構成するとよい。下限は600字であるが，用紙の最終行に達するくらいの分量で書くのが好ましい。

序論では，日常的に児童生徒を指導する教職員が人権感覚を身につけていることの重要性について，250字程度で説明する。その際，自身が障がいを持つ子どもの教育に携わることで，共生社会やインクルーシブ教育の実現に努力する責任の大きさなどを書いてもよいだろう。

本論では，具体的な教育活動について説明する。ここでは，多様な障がいをもった児童生徒に配慮した授業の実現などを，250～350字程度で具体的に説明する。

結論では，本論の内容を確実に実践していく決意や，社会参加を制約している社会的障壁(障がいがある者にとって日常生活又は社会生活を営む上で障壁となるような社会における様々な事柄や物，制度，慣行，観念その他一切のもの)の除去に，教員の立場から努める決意を，200～250字程度で説明して論文をまとめる。

【特別支援学校(自立活動担当)・2次試験(1次試験で実施)】　60分

●テーマ

神奈川県では，児童・生徒等の発達段階に応じて，人権に関する理解を深め，人権尊重の意識を高め，一人ひとりを大切にする教育を推進しています。

このような教育を推進するために，あなたはどのような姿勢や意識をもつことが大切だと思いますか。また，そのことを踏まえ，教職員チームに加わる自立活動教諭(専門職)として，どのような教育活動に携わりますか。600字以上825字以下で具体的に述べなさい。

●方針と分析

(方針)

人権教育を推進するために，受験者はどのような姿勢や意識をもつことが大切だと思うか。また，それらを踏まえ専門職の自立活動教諭としてどのような教育活動に取り組みたいか。600字以上825字以下で具体的に説明をする。

(分析)

本設問で活用する知識や発想を得るにあたり，神奈川県教育委員会「人権教育ハンドブック(令和4(2022)年4月版)」に目を通しておきたい。以下，同資料を参考にして述べていく。

人権教育の目標は，「人権の意義･内容や重要性について理解し，『自分の大切さとともに他の人の大切さを認めること』ができるようになり，それが様々な場面や状況下での具体的な態度や行動に現れるとともに，人権が尊重される社会づくりに向けた行動につながるようにすること」である。児童生徒が，知識の域に留まらず，「具体的な態度や行動に現れる」ような人権感覚を身につけるためには何が必要か。授業の実践だけでなく，日常的に児童生徒を指導する教職員も人権感覚を身につけていることが重要である。たとえば，児童生徒が人権感覚を身につけるための要素として，「経験」･「想像力」･「気づき」等がある。他者の気持ちを推し量り，自分がどのように行動すればよいか，これができるように努力し，意識していくことこそ，具体的な行動レベルとしての人権感覚を身につけることであると考えられる。これができるように努力し，意識していくことこそ，具体的な行動レベルとしての人権感覚を身につけることであると考えられる。

この内容は，文部科学省のホームページ上で公開されている「学校における人権教育」でも書かれている。ただし，「自己とともに他者を大切にせよ」と繰り返し言葉で教えることは通常の学校でも困難であり，中でも特別支援学校の子どもたちは，自分の考えや思いを明確に言語化することが難しく，人権侵害を受けた状態，その裏返しとしての他者の人権に配慮した状態(共生社会，インクルーシブ教育の具現化)について，理解できないことも多い。

そこで，福祉の専門家でもある自立活動教諭に求められる教育活動とは何か。児童生徒一人一人の実態と将来像及びキャリア発達などを踏まえて，個別の指導計画に基づく授業内容を提案したり，指導方法の改善をめざした授業を工夫したりすることである。また，児童生徒の実態把握や目標設定につき，校外の専門家の意見を求めたり，児童生徒の社会的自立とQOL(Quality of life)の向上に生かしたりすることも求められるだろう(文部科学省「人権教育に関する特色ある実践事例」を参照)。こうして多様な児童生徒の教育的なニーズに対応していくことで，彼ら彼女らが自身の権利を少しずつでも実感し，そこから他者の権利に対する配慮ができるようになるのが理想的である。

●作成のポイント

指定字数が600字以上825字以下なので，全体を序論，本論，結論の三段落で構成するとよい。下限は600字であるが，用紙の最終行に達するくらいの分量で書くのが好ましい。

序論では，日常的に児童生徒を指導する教職員が人権感覚を身につけていることの重要性について，250字程度で説明する。その際，自身が福祉の専門家として，共生社会やインクルーシブ教育の実現に努力する責任の大きさなどを書いてもよいだろう。

本論では，具体的な教育活動について説明する。ここでは，多様な児童生徒の現状と将来像に注意・配慮しながら，社会的な自立とQOLの向上を図っていくことなどを250～350字程度で説明する。

結論では，本論の内容を確実に実践していく決意や，社会参加を制約している社会的障壁(障がいがある者にとって日常生活又は社会生活を営む上で障壁となるような社会における様々な事柄や物，制度，慣行，観念その他一切のもの)の除去に，教員の立場から努める決意を，200～250字程度で説明して論文をまとめる。

【養護教諭・2次試験(1次試験で実施)】　60分

●テーマ

神奈川県では,児童・生徒の発達段階に応じて，人権に関する理解を深め，人権尊重の意識を高め，一人ひとりを大切にする教育を推進しています。

このような教育を推進するために，あなたはどのような姿勢や意識をもつことが大切だと思いますか。また，そのことを踏まえ，養護教諭として，どのような教育活動に取り組みますか。600字以上825字以下で具体的に述べなさい。

●方針と分析

(方針)

人権教育を推進するために，どのような姿勢や意識をもつことが大切だと思うか。また，それらを踏まえ，養護教諭としてどのような教育活動に取り組みたいか。600字以上825字以下で具体的に説明をする。

(分析)

本設問で活用する知識や発想を得るにあたり，神奈川県教育委員会「人権教育ハンドブック(令和4(2022)年4月版)」に目を通しておきたい。以下，同資料を参考にして述べていく。

人権教育の目標は，「人権の意義･内容や重要性について理解し,『自分の大切さとともに他の人の大切さを認めること』ができるようになり，それが様々な場面や状況下での具体的な態度や行動に現れるとともに，人権が尊重される社会づくりに向けた行動につながるようにすること」である。児童生徒が，知識の域に留まらず，「具体的な態度や行動に現れる」ような人権感覚を身につけるためには何が必要か。授業の実践だけでなく，日常的に児童生徒を指導する教職員も人権感覚を身につけていることが重要である。たとえば，児童生徒が人権感覚を身につけるための要素として，「経験」･「想像力」･「気づき」

等がある。他者の気持ちを推し量り，自分がどのように行動すればよいか，これができるように努力し，意識していくことこそ，具体的な行動レベルとしての人権感覚を身につけることであると考えられる。また，文部科学省のホームページ上で公開されている「学校における人権教育」でも，「自己とともに他者を大切にせよ」との記載があり，これは児童生徒に繰り返し言葉で教えても実現できるものではなく，学級や学校生活の中で，彼ら彼女らが自分自身で気づき，相手のことを想像できるような環境をつくることが重要であると書かれている。

こうした環境づくりをするための教育活動について，養護教諭として具体的にどういう取り組みが必要だろうか。昨今の学校は，保護者が外国出身の子どもの在籍，ADHDや性同一性障がいの悩みを持つ子どもの存在，新型コロナウイルス感染症など，子ども同士のトラブルやいじめだけでなく，教職員から当該児童生徒への偏見や差別意識なども生まれがちである。このため，児童生徒の心身への負荷が大きくなりやすい。反面，こうした切実な状況は，子どもたちだけでなく教員も含めて，他者への人権侵害の具体的な事例として捉えやすい。保健・医療の知見を活かしながら，他者の悩みや苦しみに気づき，他者の権利に配慮できる言動ができるようにする授業の実施，保健室を個別の児童生徒の学校での居場所として捉えることなどを書くとよいだろう。

●作成のポイント

指定字数が600字以上825字以下なので，全体を序論，本論，結論の三段落で構成するとよい。下限は600字であるが，用紙の最終行に達するくらいの分量で書くのが好ましい。

序論では，日常的に児童生徒を指導する教職員が人権感覚を身につけていることの重要性について，250字程度で説明する。その際，児童生徒の前で何気なく他者の人格を貶めるような発言をしないように意識することなどを書いてもよいだろう。

本論では，具体的な教育活動について説明する。ここでは，保健・

健康に関する授業の場面や児童生徒が保健室に来室した際の指導にあたる場面を考え，そこでの注意・配慮すべきことなどにつき，事例を挙げながら250～350字程度で説明する。

結論では，「具体的な態度や行動に現れる」よう人権感覚を身につけるために必要な要素，そのための環境づくりの重要性，受験者自身が採用された際，前述のことを確実に実践していく決意などを200～250字程度で説明して論文をまとめる。

横浜市

【全校種・2次試験】　30分

●テーマ

横浜教育ビジョン2030では，横浜の教育の方向性を以下の通り示しています。

「多様性を尊重し，つながりを大切にした教育を推進します」

多様性を尊重し，つながりを大切にしながら，次の四つの方向性に沿って施策や取組を進めます。

①子どもの可能性を広げます

②魅力ある学校をつくります

③豊かな教育環境を整えます

④社会全体で子どもを育みます

上記の方向性①～④のうち一つを選び，あなた自身のよさや強みを生かして，どのようなことに取り組みたいと考えるか，400字以上500字以内で具体的に述べなさい。

●方針と分析

(方針)

問題文記載の方向性①～④のうち一つを選び，自分自身のよさや強みを生かして，どのようなことに取り組みたいと考えるか，400字以上500字以内で具体的に論述する。

(分析)

本設問の資料である「横浜教育ビジョン2030」は，平成30年2月に策定された2030年頃の社会のあり方を見据え，新学習指導要領の考え方を踏まえながら，概ねこの先10年の展望を示した資料である。本資料では，小・中・高等学校段階の学校教育を中心に，横浜の教育が目指す人づくり，横浜の教育が育む力，横浜の教育の方向性が示されているので，本市の教員採用試験受験者は，新学習指導要領とともに必ず一読すべき資料である。以下に，横浜の教育の方向性の具体的な内容を示しておく。

一つ目の方向性「子どもの可能性を広げます」は，下記の四つの項目を含む。「主体的な学び」は，子どもたちの主体的な学びを引き出し，様々な教育的ニーズに応じて，個性や能力を伸ばすというものである。「創造に向かう学び」は，よりよい社会や新たな価値の創造に向け，学びを社会と関連付けながら，他者と協働する機会を創出するというものである。「支え合う風土」は，相手と心から向き合うことを大切にし，多様な価値観を認め，支え合う風土を醸成するというものである。「学びと育ちの連続性」では，幼児期から社会的自立までの成長過程における学びや育ちの連続性を重視するというものである。

二つ目の方向性「魅力ある学校をつくります」は，下記の四つの項目を含む。「安心して学べる学校」は，教職員が子どもの理解を深め，いじめなどの課題をチームで解決し，安心して学べる学校をつくるというものである。「社会とつながる学校」は，地域や社会と目標を共有し，連携・協働することを通して子どもと社会がつながる学校をつくるというものである。「いきいきと働く教職員」は，子どもが豊かに学び育ち，教職員がいきいきと働くことができる学校をつくるというものである。「学び続ける教職員」は，教職員は自ら学び続け，資質・能力の向上を図り，使命感や情熱を持って職責を果たすことを目指すというものである。

三つ目の方向性「豊かな教育環境を整えます」は，下記の三つの項目を含む。「安全・安心な環境」は，学校施設の計画的な建替えや保全等を進め，子どもの安全・安心を確保するというものである。「地域とともに歩む学校」は，地域とともに子どもをよりよく育む教育環境を整えるというものである。「市民の豊かな学び」は，生涯にわたって主体的に学び，心豊かな生活につながるよう市民の学びの環境を整えるというものである。

四つ目の方向性「社会全体で子どもを育みます」は，下記の三つの項目を含む。「家庭教育の支援」は，家庭は子どもの心身の調和のとれた発達，自立心の育成，生活習慣の確立を図る一方，行政はそれらの家庭教育を支援するというものである。「多様な主体との連携・協働」は，学校・家庭・地域をはじめ国内外の様々な関係機関や企業等が連携・協働し，子どもを育むというものである。「切れ目のない支援」は，教育と福祉，医療等の連携により，子どもを切れ目なく支援し，自立と社会参画に向けた学びや発達を保障するというものである。

●作成のポイント

論文形式なので，序論・本論・結論の 3 段落構成でまとめるのがよい。

序論では，自分が選んだ方向性とその簡単な意味につき，150字程度でまとめる。

本論では，自分の長所，それを生かした具体的な実践・取り組みなどを示しながら，250～270字程度でまとめる。

結論では，本論で述べた方向性について，教職についたならば必ず実行するという熱意や，横浜市の教員に必ずなるという決意などを100字程度で述べ，論文をまとめる。

川崎市

【小論文A・小学校・中学校・高等学校・高等学校(工業含む)・特別支援学校・1次試験】 60分

●テーマ

川崎市は令和元年に「SDGs未来都市」に選定され，多くの学校も「かわさきSDGsパートナー」になっています。SDGsについて学校での教育活動の中で，どのように取り組んでいきますか。また児童生徒にどのように指導していきますか。具体的に600字以内で述べてください。

●方針と分析

(方針)

SDGsについて学校での教育活動の中でどのように取り組むのか，また，児童生徒にどのように指導するのかを具体的に説明する。

(分析)

本設問で活用する知識や発想を得るにあたり，文部科学省の資料「持続可能な開発のための教育(ESD)推進の手引～SDGsの実現に貢献するESD」と，川崎市の資料「第2次川崎市教育振興基本計画　かわさき教育プラン第3期実施計画策定に寄せて」に目を通しておきたい。

前述の文部科学省の資料によれば，ESD(Education for Sustainable Development)は，「地球規模の課題を自分事として捉え，その解決に向けて自ら行動を起こす力を身に付けるための教育」と説明される。これは，地球上で起きている様々な問題が遠い世界で起きていることではなく，自分の生活に関係しているという点を意識付けることに力点をおくものである。地球規模の持続可能性に関わる問題は，地域社会の問題にもつながっているからこそ，身近なところから行動を開始し，学びを実生活や社会の変容へとつなげることがESDの本質であり，グローバルとローカルが結びつくという感覚が重要となる。

次に，川崎市の資料によれば，教育はSDGsの目標4「質の高い教育をみんなに」として位置づけられ，「教育が全てのSDGsの基礎である」ともいわれる。ESDを基盤にしつつ，SDGsの視点を踏まえた教育を推進することで，多様な問題が絡み合い，解決が困難な現代の課題の重要性について子どもたちが認識し，主体的・協働的に学び，行動するための能力・態度を育むことを目指す。SDGsの視点が含まれる学習のアプローチとしては，キャリア在り方生き方教育・環境教育・人権尊重教育・国際教育・情報教育等がある。また，社会教育においては，SDGsの達成に向けて意識の醸成を図るためにも，SDGsについて学習する場を設定するなど，大人が学ぶ機会を増やすために支援を行う必要もある。

これらの教育活動の具体的な実践・事例については，市のホームページやEduTown(「未来を担う子どもたちと，それを育む先生のための教育総合サイト」)で紹介されている，川崎市立平間小学校の取り組みを好例として挙げたい。実践の概要は，環境に携わる活動を行う人や企業からの出前授業，身近な自然に触れ合う活動を通じて子どもたちが知らないことを知る機会を設けることなどがある。授業内容上の工夫では，人との出会いや体験活動の充実を図り，もっと環境について知りたいという気持ちを高めるため，たくさんのゲストティーチャーの話を聞いたり，現地に行って活動をしたりすることなどを取り入れている。

●作成のポイント

序論，本論，結論の三段構成とするとよい。

序論では， SDGsについて学校での教育活動の中でどのように取り組むのかを具体的に説明する。ESDの内容も踏まえて250字程度で述べる。

結論では，児童生徒にどのように指導するかを具体的に説明する。受験者の学校種別に，児童生徒の関心・好奇心を高める取り組み・実践を，250字程度で述べる。

結論では，川崎市の教員として採用された際，本論の教育活動を確実に実行する決意を100字程度で述べて，論文をまとめる。

【小論文A・養護教諭・1次試験】 60分

●テーマ

かわさき教育プランでは，「自主・自立」「共生・協働」を基本目標に掲げています。児童生徒にこの力を育むために大切なことは何ですか。また養護教諭としてどのような取り組みをしますか。具体的に600字以内で述べてください。

●方針と分析

(方針)

まず，「自主・自立」「共生・協働」の力を児童生徒に育むために大切なことは何かを説明する。そのうえで，養護教諭としてどのような取り組みをするのかを具体的に説明する。

(分析)

本設問で活用する知識や発想を得るにあたり，川崎市が公表する「第2次川崎市教育振興基本計画～かわさき教育プラン～第3期実施計画(2022～2025)(素案)」や，文部科学省の学習指導要領の「生きる力」の育成に関する部分に目を通しておきたい。学習指導要領については，大半の受験者が読んでいると考えるが，川崎市独自の重要な教育政策についての資料もよく読んでおきたい。本設問で問われている内容について，川崎市の資料の中で養護教諭の指導分野と大きく関わるのは，「豊かな心」と「健やかな心身」の育成の箇所である。「自主・自立」「共生・協働」という各キーワードについて，同一の趣旨の具体的な表現で説明されているので，参考にしたい。

「豊かな心」においては，自らを律しつつ他者と協調し，他人を思いやる心や感動する心，社会性，公共の精神などを育むことが述べられている。すなわち，子どもたちの健やかな成長のため，読書活動，体験活動などを通して道徳教育や人権尊重教育等の充実を図り，豊かな人間性を育む取り組みを推進するものである。また，子どもの権利学習，多文化共生教育等をはじめとする人権学習に取り組むことにより，他者との違いを認め，互いに尊重し合う意識や態度の育成，差別や偏見を生まない教育を目指している。これらは，「自主・自立」「共生・協働」を言い換えたものと言える。

また，「健やかな心身」を育成するには，たくましく生きるための健康な体や体力を育んでいく必要があり，生涯にわたって健やかに生き抜く力を育むために，心身の調和的な発達を図ることが大変重要である。そのために，自らの健康に関心を持ち，よい生活習慣を維持・向上させる自己管理能力を育成する等生涯にわたって健やかに生き抜く力を育み，健康教育の一層の充実を図り，心身の調和的な発達を推進するよう努めたい。さらに，新型コロナウイルス感染症については，感染状況に応じて保健管理上の適切な感染症対策を図り，健やかな学校生活を送れるような取り組みを進めることが重視されている。

以上の内容を養護教諭の指導と関わらせて考えてみると，それは心身の健康という子供たちにとって分かりやすい内容を通じて，自他を大切にする考え方の重要性を教えることといえるだろう。「豊かな心」については，児童生徒が自他権利の適切なあり方を具体的に学べるように工夫し，かつ身近な同級生の持つ心身のハンディ(新型コロナウイルス感染症に感染した同級生への差別はあってはならないことも含め)などを通して，他者への配慮ができるような指導が要求されるだろう。また，「健やかな心身」については，将来の自分自身の健康に対する留意事項を，分かりやすく教えていく取り組みについて触れるとよいだろう。

●作成のポイント

序論，本論，結論の三段構成とする。

序論では，「自主・自立」「共生・協働」の力を育成する上で重要なことは，自他を大切にする点であることなどを250字程度で述べる。

本論では，養護教諭としてどのように指導するのかを具体的に説明する。ここでは，個別指導や集団での授業の機会を使い分け，子どもたちが具体的かつ切実な問題として捉えられるような工夫を，250字程度で述べる。

結論では，川崎市の養護教員として採用された場合，本論で述べた教育活動を確実に実行する決意を100字程度で述べて，論文をまとめる。

【小論文A・特別選考Ⅳ中学校(英語)・1次試験】　60分

●テーマ

> 学習指導要領では「文法はコミュニケーションを支えるものである」とされています。あなたは文法事項の指導をどのように工夫する必要があると思いますか。具体的に600字以内で述べてください。

●方針と分析

(方針)

学習指導要領の内容を踏まえて，文法事項の指導をどのように工夫する必要があるのかを具体的に論述する。

(分析)

本設問は，「中学校学習指導要領（平成29年告示）解説　外国語編」の93～94頁を踏まえたものである。また，川崎市総合教育センターのホームページ上では，川崎市立中学校教育研究会英語科の教員たちが執筆した論考「コミュニケーションを支える文法指導の研究～豊かな言語活動をめざした導入と練習の考察」など，独自の教育実践に関する知識を仕入れるのに適した資料もある。学習指導要領と合わせて，こうした資料を活用するとよいだろう。

まず，学習指導要領の内容を確認すると，文法はコミュニケーションを支えるものであり，コミュニケーションを円滑に行うとともに，内容を伴う豊かなコミュニケーションを図るためには，文法事項を正しく理解することが重要であることを当然の前提としている。そのための効果的な指導方法の一つとして，関連のある文法事項についてまとまりをもって整理することを明示したものである。したがって，あくまでもコミュニケーションを図る言語活動で活用することを目指して，こうした指導が行われるべきであることに十分留意する必要がある。文法事項を学んでは意味ある文脈の中で使い，使っては学ぶといった，理解や練習と実際の使用のサイクルを繰り返す中でコミュニケーションを図る資質・能力を育成していくことが大事である。本設問は，日本語を使用せずに英語で授業をする，生徒同士のインタラクションが成り立つ形式の授業を工夫するなどの技能的なものに留まらず，受験者が上記の学習指導要領の趣旨を理解しているかどうかを試していると思われる。

コミュニケーションを図る上での文法の位置付けについて言及しているものであるが，文法とコミュニケーションを二項対立的に見てはならない。文法をその伝える内容や目的，場面，状況といったことと分離せずに，それらと密接に関連させた形で，効果的な導入，指導，練習方法を工夫することが求められている。文法構造の概念的な理解だけを追求して，一方的な教師の説明に終始するのではなく，コミュニケーションの目的を達成する上で，いかに文法が使われているかに着目させて，生徒の気付きを促す指導を考えるべきである。

この点について，川崎市の文法指導はどのようにされているのか。川崎市立中学校教育研究会英語科「コミュニケーションを支える文法指導の研究」では，「教えてから使わせる指導」から「文法知識を使いながら学ばせる指導」に軸足を移し，その際生徒が間違っても構わないという姿勢の指導を重視していることが述べられている。その上で，「目標とする文法がどのようなときに使われるかが明確になるような場面設定をする」，「生徒の『知りたい』『使いたい』という興味や関心を引き出す内容豊かな話題を扱う」，「意味のある生きたことばのやり取りの中で適切に文法知識を使う練習をさせる」という三点を重視している。以上の内容を踏まえて，論文全体をまとめるとよいだろう。

●作成のポイント

序論，本論，結論の三段構成とする。

序論では，教えてから使わせる指導から文法知識を使いながら学ばせる指導に軸足を移し，文法学習を単なる暗記や理解に留めない工夫について，200字程度で述べる。

本論では，英語の授業の中で，どのように指導するかを具体的に説明する。たとえば，現在完了の経験用法や関係代名詞など中学生がつまずきやすい事項を取り上げ，それらが実際のコミュニケーションで使われる場面設定をすることなどについて，250字程度で述べる。

結論では，川崎市の英語教員として採用された場合，生徒の興味や関心，さらには積極性を引き出す決意などの意欲を150字程度で示して論文をまとめる。

【小論文B・小学校・中学校・高等学校・高等学校(工業)・特別支援学校・2次試験】　60分

●テーマ

全ての児童生徒の個性が生かされ，多様性が尊重される学級にするためには，どのようなことが大切だと考えますか。またそのためにどのような取組をしますか。具体的に600字以内で述べてください。

●方針と分析

(方針)

まず，全ての児童生徒の個性が生かされ，多様性が尊重される学級にするためにはどのようなことが大切なのかを説明する。そのうえで，そのためにどのような取組をするのかを具体的に述べる。

(分析)

川崎市は，教育プランの基本目標の一つに「共生・協働」を掲げている。ここでは，個人や社会の多様性を尊重し，それぞれの強みを生かし，ともに支え，高め合える社会をめざし，共生・協働の精神を育むことが重視されている。本設問は，これを踏まえたものであると考えられる。

本設問で活用する知識や発想を得るにあたり，まずは文部科学省のホームページ上で公開されている「新しい学習指導要領等が目指す姿(1)新しい学習指導要領等の在り方について」に目を通しておきたい。複雑で変化の激しい社会の中では，他者と一緒に生きながら課題を解決していくための力が必要となる。また，グローバル化する社会の中では，異文化を理解し多様な人々と協働していけるようになることが重要である。そのために，国籍などの壁を越えて楽しむことができるスポーツ等を通じて，他者との関わりを学び，ルールを守り競い合っていく力を身に付けることができる。外国語学習や社会・地歴などの学習では，多様な国や地域の文化の理解を通じて，多様性の尊重や国際平和に寄与する態度を身に付けることも可能である。また，身近な地域社会などにおいても，自分とは生活背景が異なる他者への寛容さが要求される。そこで，ボランティア活動を通じて共生社会の実現に不可欠な他者への共感や思いやりを育むことが考えられる。こうした内容は，川崎市の学校教育の指針の一つである「学習指導」で書かれていることとも重なる。

また，川崎市独自の教育についての知識を仕入れるには，川崎市教育委員会事務局「教育かわさきNo67(令和3年度版)」などに目を通しておくとよいだろう。特に，「学校教育の指針」について書かれた部分をしっかり読んでおくとよい。ここでは，主なものを紹介する。人権尊重教育では，自分の良さに加え，国籍，文化，性別，障害，世代，考え方などの多様性を互いに尊重し合い，一人ひとりの違いが豊かさとして響き合う人間関係を築く意識と態度を育成することを意識する。「川崎市子どもの権利に関する条例」をもとに，自分の権利と他者の権利を尊重する力を身につけることも必要である。福祉教育の推進では，人権尊重の精神を基盤としてお互いを正しく理解し，共に助け合い，支え合って生きていくことの大切さ，他者への思いやりの心や社会奉仕の精神など，福祉社会を創造していく態度を育成するために，各学校では道徳や総合的な学習の時間などを積極的に活用している。

以上の内容を踏まえて，自身の学校種・学級における指導の場面を想定し，自分なりの工夫や実践について述べていきたい。

●作成のポイント

序論，本論，結論の三段構成とする。

序論では，多様性が尊重される学級にするために，自己だけではなく他者の権利や人格も尊重するような意識，障害や文化背景の異なる他者に対する寛容さを身につけることの重要性を200字程度で述べる。

本論では，具体的な取組について，受験者の指導教科や学校種の特徴を踏まえて250字程度で述べる。

結論では，川崎市の教員として採用された場合，児童生徒が自他の権利への関心を高めていけるような指導への決意を150字程度で述べて，論文をまとめる。

小論文B・養護教諭・2次試験】　60分

●テーマ

全ての児童生徒の個性が生かされ，多様性が尊重される学校にするためには，どのようなことが大切だと考えますか。またそのために養護教諭としてどのような取組をしますか。具体的に600字以内で述べてください。

●方針と分析

(方針)

まず，全ての児童生徒の個性が生かされ，多様性が尊重されるためには，どのようなことが大切なのかを述べる。そのうえで，そのためにどのような取組をするのかを養護教諭の視点から具体的に説明する。

(分析)

川崎市は，教育プランの基本目標の一つに「共生・協働」を掲げている。ここでは，個人や社会の多様性を尊重し，それぞれの強みを生かし，ともに支え，高め合える社会をめざし，共生・協働の精神を育むことが重視されている。本設問は，これを踏まえたものであると考えられる。

本設問で活用する知識や発想を得るにあたり，まずは文部科学省のホームページ上で公開されている「新しい学習指導要領等が目指す姿(1)新しい学習指導要領等の在り方について」に目を通しておきたい。変化の中に生きる社会的存在として複雑で変化の激しい社会の中では，他者と一緒に生き，課題を解決していくための力が必要となる。そのためには，児童生徒の情意面や態度面について，自己の感情や行動を統制する能力，よりよい生活や人間関係を自主的に形成する態度等を育むことが重要である。こうした力を付けることで，将来の社会不適応を予防し，社会を生き抜く力につながる。養護教諭は，学校や家庭における悩みやストレスなどの相談に保健室を訪れる児童生徒の情意面，態度面の特徴や変化を把握しやすい立場にある。そのため，児童生徒の訪問時に，自己の権利を大切にする一方で他者の権利も尊重するように個別に指導することが可能である。

また，川崎市独自の教育についての知識を仕入れるには，川崎市教育委員会事務局「教育かわさきNo67(令和3年度版)」などに目を通しておくとよいだろう。特に「学校教育の指針」について書かれた部分をしっかり読んでおくとよい。ここでは，養護教諭の視点からの指導を考える上で特に重要な内容として，以下の三つが述べられている。一つ目は，男女平等教育の推進である。これは，性別に関わりなく一人の人間として自立することの大切さを指導する，また男女の身体的な性差を踏まえた上で相互の人格を尊重し，共に生きる人間性豊かな社会をめざそうとする態度を育成することである。二つ目は，性に関する教育である。学校全体で共通理解を図り，保健体育科の教員と協働したり，特別活動の時間を活用したりして，子どもたちの心身の調和的発達を重視しながら，性に関して正しく理解できるようにすることが期待される。昨今は，トランスジェンダーの児童生徒も一定数在籍しており，こうした子どもたちが偏見や差別の対象にならないような指導も重要になる。三つめは，人権尊重教育である。これは，「川崎市子どもの権利に関する条例」をもとに，自分の権利を実現し他者の権利を尊重する力を身につけることを目指している。新型コロナウイルス感染症の拡大以降，感染した子どもへの偏見や差別などが起こった事例が報告されているが，健康についての専門家の見地からこうしたことを未然に防ぐための役割も，養護教諭には期待されていると言えよう。

●作成のポイント

序論，本論，結論の三段構成とする。

序論では，児童生徒が多様性を尊重するために，自己だけではなく他者の権利や人格も尊重するような意識，心と体の視点から，自分とは異なる他者への寛容さを養うことの重要性を200字程度で述べる。

本論では，具体的な取組について，男女平等，性，人権教育などを踏まえて250字程度で述べる。

結論では，川崎市の養護教員として採用された場合，児童生徒が自他の権利への関心を高めていけるような保健室経営への決意を150字程度で示して論文をまとめる。

2022年度　論作文実施問題

※横浜市の論作文試験は中止されました。
※相模原市の論作文試験は行われませんでした。

神奈川県

【小，中，高等学校・2次試験(1次試験で実施)】　60分

❶テーマ

小学校・中学校　※〈　〉内は小学校・(　)内は中学校

神奈川県では，〈児童〉(生徒)や学校等の実態に応じ，教材・教具や学習ツールの一つとしてICTを積極的に活用し，必要な資質・能力を育成する主体的・対話的で深い学びの実現に向けた授業改善に取り組んでいます。

このことを踏まえ，あなたは，ICT活用の利点を生かした授業実践にどのように取り組みますか。ICTを活用する意義やねらいとともに，あなたの考えを600字以上825字以下で具体的に述べなさい。

高等学校

神奈川県では，生徒や学校等の実態に応じ，教材・教具や学習ツールの一つとしてICTを積極的に活用し，必要な資質・能力を育成する主体的・対話的で深い学びの実現に向けた授業改善に取り組んでいます。このことを踏まえ，あなたの教科では，ICT活用の利点を生かした授業実践にどのように取り組みますか。ICTを活用する意義やねらいとともに，あなたの考えを600字以上825字以下で具体的に述べなさい。

●方針と分析

(方針)

主体的・対話的で深い学びの実現のためにICTを活用することの意義や重要性について考察し，ICTをどのように活用した授業に取り組むか具体的に論述する。

(分析)

文部科学省のGIGAスクール構想に基づき，児童生徒一人に1台のタブレット端末が配布されることになった。これを受けて神奈川県教育委員会は，令和3年4月に「ICTを活用した学びづくりのための手引き」を更新した。この手引きでは「新学習指導要領に基づき，資質・能力の三つの柱をバランスよく育成するため，児童・生徒や各学校の実情に応じ，各教科等の特質や学習過程を踏まえて，教材・教具や学習のツールの一つとしてICTを積極的に活用し，主体的・対話的で深い学びの実現に向けた授業改善につなげることが，各教科等の指導におけるICT活用の基本的な考え方」であることを強調している。その上で「『ICTを使えば指導が充実する』と単純に捉えるのではなく，『児童・生徒に必要な資質・能力を育成するために，どのようにICTを活用していくことが有効か』を常に考えながら，学校全体でICT活用を推進していきましょう」と呼びかけている。このような基本的姿勢から出題されたのが，本設問である。

同手引きでは，ICTを有効に活用できる学習場面として次の3つを例示している。これらが具体的な取組を考える際の参考になる。

・「一斉学習」…児童・生徒がより興味関心を高めることができる。
・「個別学習」…個々の理解や関心等に応じて学習に取り組めるようになる。
・「協働学習」…児童・生徒同士による意見交換や発表など，互いを高めあう学びを通じて，思考力・判断力・表現力などを育成することができる。

●作成のポイント

序論・本論・結論の3段落構成でまとめるのがよい。

序論では，主体的・対話的で深い学びの実現のためにICTを活用することの意義や重要性について，その背景も含めて150～250字程度で論述する。その際，ICTを活用することは指導のねらいを達成するための方法であって，活用すること自体が目的ではないことに触れたい。

本論は教師としてどのようにICTを活用した授業に取り組んでいくか，あなたの担当する教科に即して二つの方策に整理して論述する。一つの方策を250字程度でまとめ，合計500字程度の本論にする。

結論は，本論で取り上げた二つの方策を貫く基本的な考え方などに触れ，ICTを効果的に活用して児童生徒の資質能力の育成に努力していく決意を示して，100字程度で論作文をまとめる。

【特別支援学校・2次試験(1次試験で実施)】　60分

●テーマ

> 神奈川県では，本県の教育の総合的な指針となる「かながわ教育ビジョン」に基づいた重点的な取組の一つとして，豊かな心と健やかな体を育む教育の推進を掲げています。その中に，「いのち」の尊重に関する教育の推進と人権教育の推進が挙げられています。
>
> これらのことを踏まえ，児童生徒等が自他の「命」や「人権」を尊重する意識を高めるために，どのような教育が大切だと考えますか。具体的な取組とともに，あなたの考えを600字以上825字以下で述べなさい。

●方針と分析

(方針)

特別支援教育を進めるにあたって，自他の「命」や「人権」を尊重する意識を高める教育を進めることの重要性を論じたうえで，どのような教育を進めていくか具体的に論述する。

(分析)

神奈川県教育委員会は，神奈川教育振興基本計画の核となる「かながわ教育ビジョン」の重点的な取組みとして「共生づくりにかかわる人づくり」という項目を設け，「共生社会づくりにかかわり，すべての人が多様なあり方を認め合い，尊重し，支え合い，参加できるようにするための教育や環境づくりを進めます」としている。そこで提唱されているのは「いのちの授業」である。「いのちの授業」とは，「子どもたちの社会性や規範意識の低下，不登校やいじめ・暴力行為などの教育課題，自殺や若者の自立をめぐる問題が生じている中，他者への思いやりや自分を大切にする心を育み，かながわを担う人づくりを進めるため，学校の授業や行事，地域での活動など，様々な場面で「いのちの大切さ」や「他人へのおもいやり」などを伝え，共に学びあう取組みのことをいう」と説明している。本設問は，その具体化を問う問題である。

具体的な取組を考えるにあたっては，本ビジョンが示している「自分を大切にする心や他者への思いやりを育む教育活動」「すべての子どもが同じ場で共に学び，共に育つための環境の整備」「一人ひとりの教育的ニーズに応じた支援体制の充実」などが参考になるだろう。

●作成のポイント

序論・本論・結論の3段落構成でまとめるのがよい。

序論では，自他の「命」や「人権」を尊重する意識を高める教育を進めることの重要性について，社会的背景や児童生徒の実態も含めて150～250字程度で論述する。その際，すべての人が多様なあり方を認め合い，尊重し，支え合い，参加できる「共生社会の実現」「インクルーシブ教育」という考え方に触れておきたい。

本論は教師としてどのように「命」や「人権」を尊重する意識を高める教育に取り組んでいくか，あなたの担当する教科等に即して二つの方策に整理して論述する。一つの方策を250字程度でまとめ，合計500字程度の本論にする。

結論は，本論で取り上げた二つの方策を貫く基本的な考え方などに触れ，児童生徒の「命」や「人権」を尊重する意識を高める教育に努力していく決意を示して，100字程度で論作文をまとめる。

【特別支援学校(自立活動担当)・2次試験(1次試験で実施)】　60分

●テーマ

神奈川県では，障害のある子どもへの指導に関する専門性をさらに高めるため，自立活動教諭(専門職)を特別支援学校に配置しています。子どもたちの多様な教育的ニーズに対応し，支援の効果を最大限にするために，チームアプローチの視点から担任等とどのように連携しようと考えますか。校内における取組と特別支援学校のセンター的機能の発揮における取組について，あなたの考えを600字以上825字以下で具体的に述べなさい。

●方針と分析

(方針)

児童生徒の教育的ニーズに応え，自立活動における指導の効果を高めるためにチームアプローチの視点から担任と連携していくことの重要性を論じたうえで，具体的にどのような取組を進めていくか論述する。

(分析)

「自立活動」は，特別支援学校，特別支援学級，通級による指導の教育課程において，「個々の障害による学習上又は生活上の困難を改善・克服するために特別に設けられた指導領域」であることは周知の通りである。学習指導要領では，自立活動の目標を「個々の生徒が自立を目指し，障害に基づく種々の困難を主体的に改善・克服するために必要な知識，技能，態度及び習慣を養い，もって心身の調和的発達の基盤を培う」とし，6区分27項目の具体的な指導内容を示している。また，「自立活動」の指導計画を作成する際の配慮として，時間割の中に特設すること，示された活動内容の全てを指導すべきとは限らないこと，個々の子どもに指導の目標や具体的な指導内容を定めた個別の指導計画を作成すること，個々の子どもの実態を踏まえ，具体的な指導内容を工夫すること，といったことが示されている。

自立活動の指導の効果を高めるためには，「教師の協力体制」が重要となる。このことに関して，特別支援学校学習指導要領解説自立活動編では，「自立活動の時間における指導は，専門的な知識や技能を有する教師を中心として全教師の協力の下に一人一人の幼児児童生徒について個別の指導計画を作成し，実際の指導に当たることが必要である」「自立活動の指導において中心となる教師は，学校における自立活動の指導の全体計画の作成に際し，担任や専科の教師，養護教諭等を含めた全教師の要としての役割を果たすことを意味している」としている。特別支援学校の教師は，特別支援学校のセンター的機能を発揮して，近隣の学校における自立活動の指導の中心として，その専門性を発揮することが求められている。

●作成のポイント

序論・本論・結論の3段落構成でまとめるのがよい。

序論では，特別な支援が必要な児童生徒に自立活動の指導を進めることの重要性とともに，多様な教育的ニーズに対応した支援にしていくためには「教師の協力体制」の構築が不可欠であることを指摘する。そのうえで，特別支援学校の教師は自立活動の指導における中心としてその専門性を発揮することが使命であることを150～250字程度で論述する。

本論は，特別支援学校の自立活動の担当教師としてどのように自らの専門性を発揮して指導に取り組んでいくか，二つの方策に整理して論述する。その一つは校内における担任教師との連携，もう一つは特別支援教育のセンター的機能を果たす特別支援学校の一員としての役割からの方策としてそれぞれ250字程度でまとめ，合計500字程度の本論にする。

結論は，本論で取り上げた二つの方策を貫く基本的な考え方などに触れ，多様な教育的ニーズに応える自立活動の指導に尽力していく決意を示して，100字程度で論作文をまとめる。

【養護教諭・2次試験(1次試験で実施)】　60分

●テーマ

養護教諭は，専門性に基づき，児童生徒等の心身の健康を守り，安全・安心を確保する大きな役割を担っています。このことを踏まえ，学校全体としての取組を進めるためのコーディネーターとして，あなたはどのように取り組みますか。あなたの考えを600字以上825字以下で具体的に述べなさい。

●方針と分析

(方針)

児童生徒等の心身の健康を守り，安全・安心を確保するためには，学校全体としての組織的な取組が必要であり，養護教諭がコーディネーターとしての役割を果たすことの重要性を論じたうえで，具体的にどのような取組を進めていくか論述する。

(分析)

平成27年12月に中央教育審議会から「チーム学校」に関わる答申が出された。また，また，平成28年12月の学習指導要領の改訂に向けた中央教育審議会の答申でも「チーム学校」の重要性が指摘されている。学校に課せられた様々な課題の解決に向けて，学校の教職員はもとより，スクールカウンセラーなどの専門家，地域の関係諸機関などが連携・協力し，チームとして組織的な教育活動を進めていくということが「チーム学校」の考え方である。学習指導要領でも，全ての教職員による組織的なカリキュラム・マネジメントや家庭・地域社会との連携・協働の必要性が強調されている。

また，学校保健安全法で養護教諭は「関係教職員等と連携した組織的な保健指導の充実」と「地域の医療機関等と連携して，保健管理の充実」を図ることが必要であるとされている。養護教諭には，子ども一人一人と向き合うだけではなく，教師集団や保護者を含む地域住民，医療機関などの関係諸機関と連携協力し，組織的な保健指導を進めることが求められているのである。

本設問のねらいは，「チーム学校」の考え方に立った組織的に取り組むべき保健に関わる指導に向けての養護教諭のコーディネーターとしての役割である。たとえ新規採用教員であっても，その分野の専門家としてコーディネーターを果たす役割が求められている。その役割を果たすことを力強く論作文に表現することが重要である。

●作成のポイント

序論・本論・結論の3段落構成でまとめるのがよい。

序論では，まず「組織的な保健指導」の重要性や必要性について強調し，あなたがそれをどのように受け止めているのかを論述する。必要に応じて，学校や児童生徒の実態に触れてもよいだろう。そのうえで，養護に関わる専門家である養護教諭として，コーディネーターとしての役割をどのように果たしていくのかという視点を示して本論に結び付ける。この序論を200～250字でまとめる。

本論では，そのための具体的な方策を論述することになる。異なる視点から二つ程度の方策を設定して論述するとよい。健康安全に関する自己管理能力の育成，教育相談的手法の習得とその活用などが具体的な指導の内容となると考えられる。養護教諭としてどのように関わるかを論述することになるが，問われているのはコーディネーターとしての役割をどう果たすのかであることを忘れてはならない。周りは先輩教員ばかりで配慮も必要であり，あなたの人柄に基づくリーダーシップの発揮について論述することが必要となる。本論は，250字程度の方策を二つで500字程度とする。

結論では，本論で述べられなかった方策，自分自身の研修課題などを含め，組織的な保健指導の実現に向けて不断の努力を続けていくという決意を100字程度で述べて論作文をまとめる。

川崎市

【小論文A・小学校・中学校・高等学校・特別支援学校・1次試験】60分

●テーマ

「かわさきGIGAスクール構想」では，「3つのステップ」で段階的に学びを変容させていきます。このことをふまえて，子どもたちにどのような力をつけることが大切だと考えますか。またどのような取組を行いますか。具体的に600字以内で述べてください。

●方針と分析

(方針)

未来社会の創り手となる子どもたちにどのような力をつけさせる必要があるのかを論じたうえで，そのためにどのような教育活動にどのように取り組んでいくか具体的に論述する。

(分析)

文部科学省のGIGAスクール構想に基づき，児童生徒一人に1台のタブレット端末が配布されることになった。これを受けて川崎市教育委員会は，「未来社会の創り手を育むかわさきの新しい教育」と題して，「かわさきGIGAスクール構想」を公表した。この構想では「インターネットにつながることで，“いつでも”“どの教科でも”使えることを実感する」「既習や他者とつながることで，主体的・対話的で深い学びの視点からの授業改善ができ，資質・能力をより確実に育成する」「各教科等の学びが，他教科等や生活につながることで，社会課題の解決や一人一人の夢の実現に活かす」という三つのステップで，未来社会の創り手となる子どもたちに必要な力の育成を目指している。

この構想では，これまでの教育実践で大切にしてきたことは何ら変わらないとしたうえで「ICTをベストミックスさせることで，さらに授業改善を図ることができ，新しい教育が創造できます」としている。具体的には，ICTを活用した「検索サイトを活用した調べ学習」「文章やプレゼンテーションの作成」「自分のペースに応じた個別学習」「モニタリング機能を活用した形成的評価」などが示されている。これらが，具体的な教育活動を考える際の参考になる。

●作成のポイント

600字という文字数制限があるので，序論と本論で構成することが考えられる。

序論では，設問が求めに応じて，未来社会の創り手となる子どもたちにどのような力を身につけさせる必要があるのかを100～150字程度で簡潔に示す。それは「かわさき教育プラン」が示す「自主・自立」「共生・協働」につながる力であることが望ましい。

本論では，序論で示した未来社会の創り手となるための力をどのように身につけさせていくか，二つ程度の方策に整理して具体的な教育活動を論じる。一つの方策を200～250字程度でまとめる。

【小論文A・養護教諭・1次試験】60分

●テーマ

子どもたちが健康で安全な生活を送るために，学校は様々な学校事故の防止に努めることが重要です。このために養護教諭として，どのような取組をしますか。また，学校事故が発生した場合，どのように対応することが重要であると考えますか。具体的に600字以内で述べてください。

●方針と分析

(方針)

子どもたちが健康で安全な生活を送るうえでの学校事故を防止することの重要性を論じたうえで，養護教諭として，どのように学校事故の防止に取り組むか，学校事故が発生した場合どのように対応するか具体的に論述する。

(分析)

学校は子どもたちが安心して学び，安全に過ごすことのできる場でなければならない。しかし，いつ起こるか分からない自然災害，事件や事故など，子どもたちの安心や安全を脅かす状況は多様化するとともに複雑化し，深刻さも増している。文部科学省の「学校安全の推進に関する計画」では，学校安全を「安全教育」と「安全管理」の二つの視点からとらえ，「総合的かつ効果的な学校安全に関わる取り組みを推進すること」の重要性を指摘している。学校保健安全法では「学校安全計画」の策定と実施，いわゆる危機管理マニュアルである「危険等発生時対処要項」の作成と職員への周知，訓練の実施を義務付けている。

設問が求める学校事故の防止のための取組としては，施設や備品の日常的な点検などの「安全管理」の視点と，危険を自ら回避する態度と能力を育てるという「安全教育」の視点が考えられる。これらは養護教諭個人としての取組だけでなく，学校組織の取組として考えることが重要である。また，学校事故が発生した場合は，子どもの命を守ることを最優先にすることはもちろんであるが，校長や教頭，生徒指導主任などへの報告・連絡・相談を密にし，迅速かつ的確な対応が必要である。

●作成のポイント

600字という文字数制限があるので，序論と本論で構成することが考えられる。

序論では，子どもたちが健康で安全な生活を送るために学校事故を防止することが重要であることを100～150字程度で簡潔に示す。ここで，学校安全には「安全教育」と「安全管理」の二つの視点があることを指摘することも考えられる。

本論は二つに分け，前半は序論で示した学校安全への取組について，養護教諭としての取組を具体的に論じる。後半は，学校事故が発生した場合に養護教諭として重視すべき点について，整理して述べる。両者とも，養護教諭個人としての取組だけではなく，組織的な取組にしていくことの重要性を指摘したい。

【小論文A・特別選考Ⅳ・中学校(英語)・1次試験】60分

●テーマ

外国語科では，言語活動を通してコミュニケーションを図る資質・能力を育成することが求められています。しかし，実際の授業では，英語でのコミュニケーションに苦手意識をもち，コミュニケーション活動に対して消極的な生徒もいます。あなたなら，そのような生徒をどのように支援しますか。具体的に600字以内で述べてください。

●方針と分析

(方針)

外国語科においては，言語活動を通してコミュニケーションを図る資質・能力を育成することが重要であることを論じたうえで，コミュニケーション活動に対して消極的な生徒に対してどのような支援をしていくか具体的に論述する。

(分析)

中学校学習指導要領の外国語科では，その教科目標を「外国語を通じて，言語や文化に対する理解を深め，積極的にコミュニケーションを図ろうとする態度の育成を図り，聞くこと，話すこと，読むこと，書くことなどのコミュニケーション能力の基礎を養う」と定めている。グローバル化が進展する現代社会にあって，今後子どもたちが外国との接触を避けて通ることはできない。さらに，環境問題や食糧問題など地球規模の問題を解決していくことも求められており，国際共通語として中心的役割を果たす英語によるコミュニケーション能力は不可欠である。しかし，中・高等学校の実態として，習得した知識や経験を生かし，コミュニケーションを行う目的や場面，状況等に応じて適切に表現することに課題があることが指摘されている。

学習指導要領では，育成を目指す資質・能力の三つの柱に即して「外国語の音声や語彙，表現，文法，言語の働きなどを理解するとともに，これらの知識を，聞くこと，読むこと，話すこと，書くことによる実際のコミュニケーションにおいて活用できる技能を身に付ける」「コミュニケーションを行う目的や場面，状況などに応じて，日常的な話題や社会的な話題について，外国語で簡単な情報や考えなどを理解したり，これらを活用して表現したり伝え合ったりすることができる力を養う」「外国語の背景にある文化に対する理解を深め，聞き手，読み手，話し手，書き手に配慮しながら，主体的に外国語を用いてコミュニケーションを図ろうとする態度を養う」という観点別の目標を掲げている。これらをどのように身に付けさせていくのか，具体的な取組の工夫が求められる。

●作成のポイント

600字という文字数制限があるので，序論と本論で構成することが考えられる。

序論では，英語の指導に当たって子どもたちに英語を活用してコミュニケーションを図る資質・能力を育成することが重要であることを100～150字程度で簡潔に示す。その際，これからのグローバル化する現代社会の現状に触れたい。

本論では，序論で示したコミュニケーションを図る資質・能力をどのように育成していくか，二つ程度の方策に整理して論じる。特にコミュニケーション活動を苦手に感じ，避けようとする生徒に焦点を当てて，一つの方策を200～250字程度でまとめる。

【小論文B・小学校・中学校・高等学校・特別支援学校・2次試験(1次試験実施)】60分

●テーマ

かわさき教育プランでは，「地域とともにある学校」への転換を進めています。これを実現するためには，どのようなことが大切だと考えますか。またそのためにどのような取組をしますか。具体的に600字以内で述べてください。

●方針と分析

(方針)

川崎市が目指す「地域とともにある学校」を実現するためにはどのようなことを大切にしなければならないのかを論じたうえで，その実現を目指してどのように取り組んでいくか具体的に論述する。

(分析)

川崎市教育委員会では，「地域とともにある学校」への転換という考えに立って，コミュニティ・スクール(学校運営協議会制度)の取組を進めている。そのためのリーフレットでは，「子どもたちを取り巻く環境や学校が抱える課題は複雑化・多様化しており，その課題を解決し，未来を担う子どもたちの豊かな成長のためには，教職員のみならず，地域住民や保護者等の適切な支援を得ながら，学校運営の改善を図っていく必要がある」という現状認識を示したうえで，「これからの公立学校は『開かれた学校』から一歩踏み出し，地域でどのような子どもたちを育てるのか，何を実現していくのかという目標やビジョンを共有し，地域と一体となって子どもたちを育む『地域とともにある学校』へと転換していくことが求められている」としている。これは，学習指導要領が強調している「社会に開かれた教育課程」と共通する考え方である。

川崎市では，「地域とともにある学校」の具体化のために，「地域教育会議」の取組を推進している。その目的は，「地域の子育て，住民の生涯学習などについて，保護者・教職員・住民の話し合いによる合意を創り出し，ネットワーク化をはかる」「地域の人びとが日常的に教育に参加し，行政に住民の意見を反映させるようにする」「地域の教育のために活動する町内会，子ども会，地域スポーツ団体等と連携・協力し，新しい時代の地域の振興をはかる」などであり，そのために「目的意識の共有」「相互の特性の認識・尊重」「対等な関係」「時限的な関係」「公開の原則」といった条件を掲げている。これらが，具体的な活動を考える際の参考になる。

●作成のポイント

600字という文字数制限があるので，序論と本論で構成することが考えられる。

序論では，川崎市が目指す「地域とともにある学校」にしていくために大切にしなければならないことを100～150字程度で簡潔に示す。その際，川崎市が進める「学校運営協議会制度」や「地域教育会議」についても触れるようにする。

本論では，序論で示した「地域とともにある学校」を実現するために，どのように取り組んでいくか，二つ程度の方策に整理して論じる。「目的意識の共有」「相互の特性の認識・尊重」「対等な関係」といった視点は外せないだろう。一つの方策に200～250字程度を当て，500字程度でまとめる。

【小論文B・養護教諭・2次試験(1次試験実施)】60分

●テーマ

「かわさき教育プラン」の基本政策の中に，「一人ひとりの教育的ニーズに適切に対応していくこと」が挙げられています。養護教諭として一人ひとりの教育的ニーズに対応するためには，どのようなことが大切だと考えますか。またそのためにどのような取組をしますか。具体的に600字以内で述べてください。

●方針と分析

(方針)

川崎市が目指す「一人ひとりの教育的ニーズに適切に対応していくこと」を実現するためにはどのようなことを大切にしなければならないのかを論じたうえで，その実現のために養護教諭としてどのように取り組んでいくか具体的に論述する。

(分析)

「かわさき教育プラン」では，川崎市においては「すべての市立小・中学校に設置している特別支援学級の在籍児童生徒数も増加が続いており，その障害も重度・重複化，多様化しており，さまざまな障害に応じた専門的な教育や一人ひとりの教育的ニーズに応じた支援の在り方や適切な教員配置，教育環境の整備が課題になっている」「通常の学級においては，発達障害のほか，いじめや不登校，外国籍等特別な教育的ニーズのある児童生徒が増加しているとともに，通級による指導を受けている児童生徒においても増加傾向が続いており，今後も増加が予想される」という現状認識を示したうえで，「子どもたちを取り巻く課題が多様化・複雑化する中で，学校では，子どもが抱える課題に対して，組織的な支援を進められるよう校内支援体制の構築を図るとともに，学校だけではなく，保健・医療・福祉等の専門機関と連携しながら一人ひとりの教育的ニーズに応じたきめ細やかな支援を総合的に推進していくことが必要です」としている。こうした考え方が，本設問の背景であり，川崎市では，こうした一人ひとりの教育的ニーズに適切に対応していく教育を「支援教育」と名付け，学校教育全体で推進するとしている。

具体的には「一人ひとりに応じた適切な支援」「通級指導教室と特別支援学校のセンター的機能の拡充」といった支援の視点が挙げられている。その中でも「医療的ケアを必要とする児童生徒の状況に応じた支援」「全小・中学校での交流及び共同学習の推進」「スクールカウンセラーによる相談活動や，スクールソーシャルワーカーを通じた専門機関等との連携強化」など，養護教諭の活動が期待される場面も少なくない。

●作成のポイント

600字という文字数制限があるので，序論と本論で構成することが考えられる。

序論では，かわさき教育プランが目指す「一人ひとりの教育的ニーズに適切に対応していくこと」を実現していくために大切にしなければならないことを100～150字程度で簡潔に示す。その際，川崎市が進める「共生社会の形成に向けた支援教育の充実」という考え方にも触れるようにする。

本論では，序論で示した「一人ひとりの教育的ニーズに適切に対応していく」ために，養護教諭としてどのように取り組んでいくか，二つ程度の方策に整理して論じる。その際，養護教諭としての専門性を生かすという視点に立って論じることが必要である。一つの方策に200～250字程度を当て，500字程度でまとめる。

2021年度　論作文実施問題

※神奈川県，横浜市，相模原市の論作文試験は中止されました。

川崎市

【小，中，高等学校，高等学校(工業)，特別支援学校・1次試験】60分

●テーマ

川崎市教員育成指標「ステージ0(着任時)」では，着任時に身につけてほしい資質能力を示しています。あなたのこれまでの社会人経験(教員経験に限らない)で培ったものの中で，強みとして生かしていける資質能力はどのようなものですか。また，それをどのような場面で生かしていけますか。具体的に600字以内で述べてください。

●方針と分析

(方針)

川崎市教員育成指標「ステージ0(着任時)」において，説明されている「着任時に身につけてほしい資質能力」を踏まえ，これまでの社会人経験(教員経験に限らない)で培ったものの中で，強みとして生かしていけると思われる資質能力を論述する。

(分析)

本問において，特に川崎市教員育成指標「ステージ0(着任時)」「着任時に身につけてほしい資質能力」は示されていない。しかし，本年度の集団面接のテーマとして「川崎市教員育成指標(着任時)には，教員として必要な基礎的な資質・能力の一つに『子どもの個々の教育的な課題を捉え，状況に応じて子どもにアドバイスを与えようと努めている』とあります。～」とこの「ステージ0」について問われている。また，ガイドブックも作成されており，受験者はあらかじめこれに目を通しているという前提のもとに試験が行われていることがうかがえる。

この「ステージ0」についてガイドブック中の「着任時に求められる資質・能力」の「1　教員としての基礎的資質・能力」では，「教員として学び続ける力」が3つの視点「人間性」「社会性」「自己管理能力」が示されている。また「2　教員としての専門的資質・能力」では，「(1)学習指導等」に関するものとして，「授業を計画する力」，「(2)児童生徒指導等」に関するものとして，「子どもを理解する力」，「(3)学校マネジメント」に関するものとして，「組織を意識できる力」にわけて説明されている。こうした力の中で，自分がもっともアピールできるものを選択して，答案を作成する。

●作成のポイント

序論・本論・まとめの3段落構成でまとめるのがよいだろう。

序論では，自分が強みとして生かしていけると思われる資質能力を，50字程度で端的に指摘する。

本論では，社会人経験において，いかにその資質能力が培われたかを説明し，教職についたならばどのような場面で生かしていきたいかを，450字程度で論述する。

最後に，まとめとして，今後もその力を伸ばしていきたいことや，他の力も伸ばしていくために努力していくことを100字程度で論述して，教職への意欲を示したい。

なお，小論文Aについては，特別選考1・2・3に該当する受験者では，1次試験の一般教養・教職専門試験にかわって課されるものなので，その知識があることをアピールすることも考えられる。

【養護教諭(特別選考・1次試験)】60分

●テーマ

養護教諭の職務の一つに保健室経営が挙げられますが，学校における保健室の機能についてどのように考えますか。また，保健室経営を通して子どもの健康づくりを推進するためにどのような実践をしていきたいと考えますか。具体的に600字以内で述べてください。

●方針と分析

(方針)

学校における保健室の機能について，どのように考えるかを論述した上で，保健室経営を通して，子どもの健康づくりを推進するために，どのような実践を行うかにつき論述する。

(分析)

本問出題の背景として，中央教育審議会の「子どもの心身の健康を守り，安全・安心を確保するために学校全体としての取組を進めるための方策について」(答申)(平成20年1月17日)を指摘することができる。「子どもの健康づくりを効果的に推進するためには，学校保健活動のセンター的役割を果たしている保健室の経営の充実を図ることが求められる」と説明されているからである。続けて，答申は「養護教諭は保健室経営計画を立て，教職員に周知を図り連携していくことが望まれる。また，養護教諭が充実した健康相談活動や救急処置などを行うための保健室の施設設備の充実が求められる」と説明している。

また，川崎市教育委員会が作成した川崎市教員育成指標(以下「指標」と略す)も出題の背景として指摘することができる。「指標」は「養護教諭としての専門的資質・能力」として，ステージ0(着任時)における養護教諭としての専門的資質・能力につき，「保健室経営」に関して，「養護教諭の役割と保健室の機能について理解し，子どもの健康づくりを推進しようとしている」旨を指摘している。

次に，保健室の「学校保健活動のセンター的機能」の意義を解説すると，①健康診断，②健康相談，③保健指導，④救急措置(休養含む)，⑤発育測定，⑥保健情報センター，⑦保健組織活動センターが指摘されている。

保健室経営に関する実践についても「指標」が参考になる。「指標」は，養護教諭としての専門的資質・能力で，「保健室経営」に関して「学校教育目標や学校保健目標を理解した保健室経営計画を作成し，実践する」(ステージⅠ［主に，採用1校目終了時までの教員])，「子どもをとりまく今日的な健康課題の解決に向けて，具体的で的確な保健室経営計画を作成し，教職員と共通理解を図り，実践する」(ステージⅡ［主に，2校目異動から20年経験程度の教員])と示している。また健康相談では，「子ども一人ひとりの心身の健康問題を理解して，教職員等と連携しながら健康相談を行う」(ステージⅠ)，「子どもの心身の健康問題の解決に向けて，学校医・保護者・関係機関と連携した健康相談を実施し，適切な支援を行う」(ステージⅡ)と示している。

上記のことを踏まえながら，各自，保健室の機能で特に重要だと思うものをひとつ程度取り上げ，保健室経営を通して子どもの健康づくりを推進するためにどのような実践を行うかについて論述する。

●作成のポイント

序論・本論・まとめの3段落構成でまとめるのがよいだろう。

序論では，保健室の機能にはさまざまなものが指摘されるが，子どもの健康づくりに関わる保健室の機能で，自分が特に重要だと思うものを150字程度で指摘する。

本論では，その機能を十分に発揮させるために，自分がどのような実践を行うかにつき350～400字程度で論述したい。この論述において，保健室経営計画につき必ず言及したい。

最後に，まとめとして，教職についたら論述したことを必ず実践する旨，そして養護教諭として成長するために努力を続けることなどを50～100字程度で記述し，教職への意欲を示したい。

【特別選考Ⅳ　中学校(英語)】

●テーマ

今年度から小学校で外国語が教科化され，外国語教育の授業時間数も3倍になり，今まで以上に小学校と中学校の接続に留意することが求められています。中学校では，どのようなことに留意して授業を計画する必要があると思いますか。具体的に600字以内で述べてください。

●方針と分析

(方針)

以前に比べて小学校における外国語教育が充実している現状において，中学校ではどのようなことに留意して授業を計画する必要があるかについて論述する。

(分析)

平成29年告示の小学校学習指導要領において「外国語活動」が小学校の中学年で，教科としての「外国語科」が高学年で実施されることになった。このように小学校における外国語教育が充実する中で，中学校の外国語科はこれまで以上に小学校における外国語教育との接続に留意する必要がある。

この考察にあたり，参考になるのが，『中学校学習指導要領解説・外国語編』(以下，「解説」と略す)の，次の第1章　総説　2　外国語科改訂の趣旨と要点　(2)　改訂の要点①　「目標の改善」に関する記述である。「今回の改訂では，小学校中学年に新たに外国語活動を導入し，三つの資質・能力の下で，英語の目標として「聞くこと」，「話すこと［やり取り］」，「話すこと［発表］」の三つの領域を設定し，音声面を中心とした外国語を用いたコミュニケーションを図る素地を育成した上で，高学年において「読むこと」，「書くこと」を加えた教科として外国語を導入し，五つの領域の言語活動を通して，コミュニケーションを図る基礎となる資質・能力を育成することとしている。中学校段階では，こうした小学校での学びを踏まえ，五つの領域の言語活動を通してコミュニケーションを図る資質・能力を育成することとしている」。この「目標」に関する記述につき，小学校高学年は「コミュニケーションを図る基礎となる資質・能力」となっているのに対して，中学校は「コミュニケーションを図る資質・能力」となっており，育成すべき資質・能力に違いがあることに留意したい。

また，「解説」は，「目標」に関する解説として，小学校高学年においても，「読むこと」，「書くこと」についての指導を受けることになるが，小学校の外国語の目標は，「読むことと，書くことに慣れ親しみ」としており，「聞くこと」，「話すこと」と同等の指導を求めるものではなく，この点に留意する必要があると指摘する。その上で，中学校卒業時には，「聞くこと」，「読むこと」，「話すこと」及び「書くこと」の技能を総合的に育成しておかなければならない旨も指摘している(第2章　外国語科の目標及び内容「第1節　外国語科の目標」)。要は，指導の重点に違いがあり，それゆえ指導内容にも違いがあることに留意したい。

このように小学校における外国語教育と，中学校におけるそれには相違点があり，そうしたことを踏まえ，両者の接続ということを意識して，授業を計画しなければならないことになる。受験者は，その際に，特にどのようなことに留意するかを，自己の経験を踏まえて考察することが求められた問題といえる。

●作成のポイント

序論・本論・まとめの3段落構成でまとめるのがよいであろう。

序論では，小学校における外国語活動及び外国語科と，中学校における外国語科との違いを150字程度で端的に指摘する。

本論では，小学校と中学校の接続に関連して，どのようなことに留意して授業を計画するかについて，350～400字程度で論述する。

最後に，まとめとして，教職についたら論述したことを必ず実践すること，また。教員として成長するために努力し続けることを50～100字程度で記述し，教職への意欲を示したい。

【小，中，高等学校，高等学校(工業)，特別支援学校・2次試験(1次試験日に実施)】

●テーマ

すべての子どもが「わかる，できる，楽しい」と思える授業にするためには，どのようなことが大切だと考えますか。また，そのためにどのような取組をしますか。具体的に600字以内で述べてください。

●方針と分析

(方針)

すべての子どもが「わかる，できる，楽しい」と思える授業にするために大切なことを考察し，その実現のためにどのような取組をするかについて論述する。

(分析)

問題を考察するにあたり，授業のユニバーサルデザイン化ということを意識するとよいであろう。神奈川県立総合教育センターが作成した「教育のユニバーサルデザイン　～小中一貫教育(小中連携)の視点から～」では授業のユニバーサルデザイン化について，通常の学級にいる全員の児童・生徒が楽しく学び合い『わかる・できる』ことを目指して，授業づくりを進めることとしている。

この，授業のユニバーサルデザイン化について，次の視点が大事である。まず，「できる」という点に着目すれば，そうした授業は児童生徒の自己肯定感の向上につながり，学習意欲の向上にもつながるということも指摘できる。

また，「すべての子ども」の中には発達障害をもつ児童生徒も含まれる。すべての子どもが「わかる，できる，楽しい」と思える授業にするためには，そうした児童生徒への支援が不可欠である。

これらを踏まえて，具体的にどのような取組をするかについて各自考えたい。その参考になる資料として，川崎市総合教育センターが作成した「平成27年度　習熟の程度に応じたきめ細やかな指導　～手引き編～」などを参考にしたい。

●作成のポイント

序論・本論・まとめの３段落構成でまとめるのがよいだろう。

序論ではすべての子どもが「わかる，できる，楽しい」と思える授業を展開することの重要性を指摘した上で，その実現の大切さを200字程度で論述する。

本論では，そのための取組みについて，具体的に300字程度で論述する。

最後に，まとめとして，教職についたら論述したことを必ず実践する旨を100字程度で記述し，教職への熱意を示したい。

【養護教諭・2次試験】60分

●テーマ

養護教諭として，すべての子どもが「わかる，できる，楽しい」と思える健康教育を実践するためには，どのようなことが大切だと考えますか。また，そのためにどのような取組をしますか。具体的に600字以内で述べてください。

●方針と分析

(方針)

すべての子どもが「わかる，できる，楽しい」と思える健康教育を実践するために大切なことを考察し，その実現のためにどのような取組をするかについて論述する。

(分析)

考察の出発点になるのは健康教育の目的である。この目的について説明しているものは多数あるが，ここで紹介したいのは，文部科学省が作成した「現代的健康課題を抱える子供たちへの支援　～養護教諭の役割を中心として～」(平成29年3月)である。この文書には，「児童生徒が生涯にわたって健康な生活を送るためには，規則正しい生活習慣を身に付けるとともに，日常的に起こる健康課題やストレスに適切に対処できる力など，自らの心身の健康の保持増進を図るために必要な知識・技能を身に付けることが必要である。また，心身の健康にとって望ましい行動を選択するためには，自分自身を大切にすることや，物事を様々な角度から慎重に考え判断すること，目標を決めて実現のために努力すること，家族や仲間と良い人間関係を保つことなどが必要である」と指摘する。その上で，これらの「心身の健康に関する知識・技能」「自己有用感・自己肯定感(自尊感情)」「自ら意思決定・行動選択する力」「他者と関わる力」を児童生徒に育成するために，養護教諭は他の教職員や学校医等の専門スタッフと連携し，学校において様々な取組を行うとともに，家庭や地域における取組を促すことが求められる，と述べている。この文書をもとにして「大切なこと」を考察するに，児童生徒に健康の保持増進の重要性を認識させること，そのために心身の健康に関する知識・技能を習得させること，そしてその知識・技能に基づいて判断し行動する能力を身に付けさせること，がその実践において大切であると言える。

その上で，「わかる，できる，楽しい」と思える健康教育を，養護教諭としてどのように実践するのかを考察することになる。ここで留意しなければならないのは，健康教育は，小学校は体育科，中学校は保健体育科において保健教育という形でも行われるので，養護教諭が行う健康教育はそれとどのように連携をはかっていくかということである。要は，健康教育は養護教諭のみが行うのではないということに留意したい。

最後に，具体的な実践については，「現代的健康課題を抱える子供たちへの支援　～養護教諭の役割を中心として～」に参考となるものがいくつか紹介されているので，各自参照すること。

●作成のポイント

序論・本論・まとめの3段落構成でまとめるのがよいだろう。

序論では，すべての子どもが「わかる，できる，楽しい」と思える健康教育を実践することの重要性を指摘した上で，その実現のために大切なことを200字程度で論述する。

本論では，そのための取組について，300字程度で論述する。なお，「楽しい」という点を重視しての教育実践はあまり発表されていないようなので，自分なりに考察して論述したい。

最後に，まとめとして，教職についたならば論述したことを必ず実践する旨を100字程度で記述し，教職への熱意を示したい。

2020年度　論作文実施問題

神奈川県

【小，中，高等学校・2次試験(1次試験で実施)】　60分

●テーマ

神奈川県では，共生社会の実現へ向けて，これまでの支援教育をより一層充実させていく中で，すべての子どもができるだけ共に学び，共に育つインクルーシブ教育を推進しています。このことについて，あなたの考えを述べなさい。また，そのことを踏まえ，あなたは教師としてどのように取り組みますか。あなたの考えを600字以上825字以下で具体的に述べなさい。

●方針と分析

(方針)

神奈川県がインクルーシブ教育を推進する中，自分自身がそのことをどう考え，教師としてどのように取り組むのかにつき考察し，論述する。

(分析)

本問出題の背景として，かながわ教育ビジョンは「未来を拓く・創る・生きる　人間力あふれるかながわの人づくり」を基本理念として掲げ，この基本理念を実現するために，子どもから大人まで，全ての人が身に付けていきたい「人間力像」の内容を，「たくましく生きる力」，「思いやる力」，「社会とかかわる力」といった「めざすべき人間力像」に整理し，教育目標として掲げている。そして，基本方針のひとつとして「生涯にわたる自分づくりを支援する地域・家庭・学校を

つなぐ教育環境づくりを進めます」旨を示し，インクルーシブ教育の推進を取組の方向のひとつとしている。こうした方針を受けて，インクルーシブ教育実践推進校を設定し，その推進校でさまざまな教育実践が行われ，またこれに関するフォーラムも開催されている。その教育実践の中では，知的障害のある子どもを高等学校が受け入れていることや，どんな子どもでも分かりやすい授業をつくることが重視されていることが興味深い。「インクルーシブ教育推進フォーラム」のページにこうした教育実践が多数紹介されているので，各自参照したい。

また本問検討に当たっては，神奈川県立総合教育センターが作成した「支援を必要とする児童・生徒の教育のために」が役にたつと思うので，各自参照されたい。

●作成のポイント

序論・本論・まとめの3段落構成でまとめるのがよいであろう。

序論ではインクルーシブ教育推進についての自分の考えを150～250字程度で論述したい。なお，インクルーシブ教育の推進は日本も批准した障害者権利条約にその内容が盛り込まれ，また共生社会の実現につながるので，これにつき肯定的な意見を自分の意見として述べたい。

本論はインクルーシブ教育につき教師としてどのように取り組むのかにつき300～350字程度で論述する。

まとめは本論で述べたことを教職についたならば必ず実行することなどを論述し，教職に対する熱意を100字程度で示したい。

【養護教諭・2次試験(1次試験で実施)】　60分

●テーマ

神奈川県では，共生社会の実現へ向けて，これまでの支援教育をより一層充実させていく中で，すべての子どもができるだけ共に学び，共に育つインクルーシブ教育を推進しています。このことについて，あなたの考えを述べなさい。また，そのことを踏まえ，養護教諭としてあなたはどのように取り組みますか。あなたの考えを600字以上825字以下で具体的に述べなさい。

●方針と分析

(方針)

神奈川県がインクルーシブ教育を推進する中，自分自身がそのことをどう考え，養護教諭としてどのように取り組むのかにつき考察し，論述する。

(分析)

神奈川県がインクルーシブ教育を推進する背景については，小，中，高等学校教諭の問題解説を参照されたい。

その推進により，障害をもつ児童生徒などが，そうでない児童生徒と同じ教室ですごすことがこれまで以上に多くなるので，そうした状況における養護教諭の役割がいっそう問われることになる。その役割につき自分なりに考察することが求められる。この考察につき参考になる資料が，文部科学省「発達障害を含む障害のある幼児児童生徒に対する教育支援体制整備ガイドライン」(平成29年3月)である。この文書では，その養護教諭の役割につき「(1)児童等の健康相談等を行う専門家としての役割」，「(2)特別支援教育コーディネーターとの連携と校内委員会への協力」，「(3)教育上特別の支援を必要とする児童等に配慮した健康診断及び保健指導の実施」，「(4)学校医への相談及び医療機関との連携」の4点が解説されている。その内容で，特に重要な部分は

(1)における「養護教諭は，障害のある児童等に対しては，特別支援教育を念頭に置き，個別に話を聞ける状況を活用しつつ，児童等に寄り添った対応や支援を行うことが重要になります」，「また，児童等から収集した情報については，必要に応じて各学級の担任や他の関係する教職員と共有することが大切です」との部分である。こうした活動をふまえ，場合によっては，障害に対する理解を他の児童生徒に促すような働きかけも必要であろう。こうした記述等をふまえ自分なりの取組を考察したい。

●作成のポイント

序論・本論・まとめの3段落構成でまとめるのがよいであろう。

序論ではインクルーシブ教育推進についての自分の考えを150～250字程度で論述したい。なお，インクルーシブ教育の推進は日本も批准した障害者権利条約にその内容が盛り込まれ，また共生社会の実現につながるので，これにつき肯定的な意見を自分の意見として述べたい。

本論はインクルーシブ教育につき教師としてどのように取り組むのかにつき300～350字程度で論述する。

まとめは本論で述べたことを教職についたならば必ず実行することなどを論述し，教職に対する熱意を100字程度で示したい。

【特別支援学校・2次試験(1次試験で実施)】　60分

●テーマ

> 神奈川県では，共生社会の実現へ向けて，これまでの支援教育をより一層充実させていく中で，すべての子どもができるだけ共に学び，共に育つインクルーシブ教育を推進しています。また「社会に開かれた教育課程」の理念に基づき，「地域とともにある学校づくり」を進めることが求められています。
> これらのことを踏まえ，地域社会と連携し，教育活動を展開することにより，どのような教育的効果が期待できると考えますか。また，特別支援学校の教員としてどのように取り組みますか。あなたの考えを600字以上825字以下で具体的に述べなさい。

●方針と分析

(方針)

神奈川県がインクルーシブ教育を推進するとともに，「地域とともにある学校づくり」を進めることが求められる中，地域社会と連携し，教育活動を展開することにより，どのような教育的効果が期待できるかと，特別支援学校教員としてこのことにどのように取り組むのかにつき考え，論述する。

(分析)

神奈川県がインクルーシブ教育を推進する背景については，小，中，高等学校教諭の問題解説を参照されたい。

インクルーシブ教育の推進と地域とともにある学校づくりを進めることで，どのような教育的効果が期待できるかであるが，かながわ教育ビジョンは「共生社会づくりにかかわる人づくり」を重点的な取組のひとつとして挙げており，共生社会づくりにかかわり，すべての人が多様なあり方を認め合い，尊重し，支え合い，参加できるようにするための教育や環境づくりを進めることが説明されているが，この記述がこの考察のヒントになるであろう。そして，具体的な取組であるが，この点は「自立と社会参加に向けた教育の充実」が新学習指導要領改訂のポイントのひとつになっている点が参考になる。具体的には，教育活動全体につき，「幼稚部，小学部，中学部段階からのキャリア教育の充実を図ることを規定」，「生涯学習への意欲を高めることや，生涯を通じてスポーツや文化芸術活動に親しみ，幸福で豊かな生活を営むことができるよう配慮することを規定」，「障害のない子供との交流及び共同学習を充実(心のバリアフリーのための交流及び共同学習)」等が示されているが，こうした活動を地域とのつながりということを重視して実施することを具体的に考察したい。

●作成のポイント

序論・本論・まとめの3段落構成でまとめるのがよいであろう。

序論では特別支援学校教諭として地域社会と連携し，教育活動を展開することにより，どのような教育的効果が期待できるかにつき，150～250字程度で論述したい。

本論はそうした活動につき，教師としてどのように取り組むのかにつき300～350字程度で論述する。

まとめは本論で述べたことを教職についたならば必ず実行することなどを論述し，教職に対する熱意を100字程度で示したい。

【特別支援学校(自立活動担当)・2次試験(1次試験で実施)】　60分

●テーマ

神奈川県では，共生社会の実現へ向けて，これまでの支援教育をより一層充実させていく中で，すべての子どもができるだけ共に学び，共に育つインクルーシブ教育を推進しています。また，特別支援学校は地域における特別支援教育のセンターとしての役割を果たすことが求められています。これらのことを踏まえ，自立活動教諭(専門職・看護師)が教職員チームの一員に加わることで，どのような教育効果が期待できると考えますか。また，教職員チームの一員としてどのように取り組みますか。あなたの考えを600字以上825字以下で具体的に述べなさい。

●方針と分析

(方針)

神奈川県がインクルーシブ教育を推進し，また特別支援学校が地域における特別支援教育のセンターとしての役割を果たすことが求められる中，自立活動教諭(専門職・看護師)が教職員チームの一員に加わることで，どのような教育効果が期待できるか，と，またその一員としてどのように取り組むかにつき考察し，論述する。

(分析)

現在神奈川県教育委員会は，特別支援学校に自立活動教諭(専門職)を配置している。自立活動教諭(専門職)は理学療法士，作業療法士，言語聴覚士，心理職の4職種が配置され，ア「自立活動の指導への指導助言等」，イ「個別教育計画の作成・評価への参加等」，ウ「地域の小・中学校等への巡回相談等による教育相談への対応」の3点がその主な仕事内容として示されている。本問においてはインクルーシブ教育の推進及び特別支援学校のセンター的機能に関することが問われているので，ウの内容に関連する出題といえる。「自立活動教諭(専門職)

の手引き　平成28年度版」は，自立活動教諭(専門職)について理解を広め，地域の幼稚園，保育所，小学校，中学校，高等学校等からの多様な教育相談に対応していることや，県内を5つのブロックに分け，それぞれのブロックごとに配置された自立活動教諭(専門職)が連携を図り，巡回相談，来校相談等が円滑に行われるような体制を作っていることが説明されている。こうした記述をふまえて，自分なりの取組を考察する必要がある。なお，受験に当たっては「自立活動教諭(専門職)の手引き」につき自分の職種と関連する部分は目を通しておいた方がよいであろう。

また自立活動教諭(看護師)も配置され，ア「幼児・児童・生徒に対する健康の保持，心理的な安定の指導等」，イ「個別教育計画の作成・評価への参加等」，ウ「医師の指示に基づく，幼児・児童・生徒に対する吸引，経管注入，導尿等の医療ケアの実施等」，エ「保護者，教員等からの看護に関する相談への対応等」が主な仕事内容として示されている。看護師も特別支援学校の教員として配属されているので，近隣の小，中，高等学校の教員や保護者等から相談を受けた場合はそれに対応することになるが，こうしたことを前提に自分なりの取組を考察したい。

●作成のポイント

序論・本論・まとめの3段落構成でまとめるのがよいであろう。

序論では，インクルーシブ教育推進や，特別支援学校に特別支援教育のセンターとしての役割が求められる中，自立活動教諭(専門職・看護師)が教職員チームの一員に加わることで，どのような教育効果が期待できるかにつき，150～250字程度で論述したい。

本論は自分が教職員チームの一員としてどのようなことに取り組むのかにつき300～350字程度で論述する。

まとめは本論で述べたことを教職についたならば必ず実行することなどを論述し，教職に対する熱意を100字程度で示したい。

横浜市

【小学校・2次試験(1次試験で実施)】　45分

●テーマ

学習の基盤となる資質・能力の一つとしての言語能力の確実な育成が求められています。各教科の授業において，言語能力をどのように育成することができるか，教科横断的な視点に立ち，具体的な工夫例を挙げながら述べなさい。(800字以内)

●方針と分析

(方針)

各教科の授業において，言語能力をどのように育成することができるかにつき，教科横断的な視点に立ち具体例を述べながら論述する。

(分析)

小学校学習指導要領は全ての学習の基盤となる資質能力の育成を重視し，その資質能力のひとつとして言語能力を挙げている(「第1章　総則」，第2　教育課程の編成，2　教科等横断的な視点に立った資質・能力の育成参照)。その上で，「第3　教育課程の実施と学習評価」において，「各学校において必要な言語環境を整えるとともに，国語科を要としつつ各教科等の特質に応じて，児童の言語活動を充実すること。あわせて，(7)に示すとおり読書活動を充実すること」と規定する。

本問作成に当たっては，まず言語能力育成の重要性を意識する必要があるが，この点を学習指導要領解説は「教科書や教師の説明，様々な資料等から新たな知識を得たり，事象を観察して必要な情報を取り出したり，自分の考えをまとめたり，他者の思いを受け止めながら自分の思いを伝えたり，学級で目的を共有して協働したりすることができるのも，言葉の役割に負うところが大きい」と指摘している点が参考になる。

次に，どのように言語能力を育成することができるかであるが，今回の改訂では国語科を要として言語活動の充実を実現する旨の内容が盛り込まれたことに注目したい。具体的には，国語科においては言語能力の育成を特に重視した改訂も行われ，例えば語彙を豊かにする指導の改善・充実が図られている。

また学習指導要領は各教科の「第3　指導計画の作成と内容の取扱い」において，どのような言語活動を重視すべきかにつき指摘している。例えば，社会科ならば「各学校においては，地域の実態を生かし，児童が興味・関心をもって学習に取り組めるようにするとともに，観察や見学，聞き取りなどの調査活動を含む具体的な体験を伴う学習やそれに基づく表現活動の一層の充実を図ること。また，社会的事象の特色や意味，社会に見られる課題などについて，多角的に考えたことや選択・判断したことを論理的に説明したり，立場や根拠を明確にして議論したりするなど言語活動に関わる学習を一層重視すること」といった部分である。

こうした記述などを参考にしながら，自分がどのような言語能力を特に育成したいかを考え，そのために教科横断的な視点に立ちながらどのような言語活動を展開していくかを考察しなければならない問題といえる。

●作成のポイント

序論・本論・まとめの3段落構成でまとめるのがよいであろう。

序論では，言語能力育成の重要性につき150～200字程度で論述したい。

本論は教科横断的な視点に立ち，言語能力をどのように育成するかを，具体的な工夫を示しながら，450字～500字程度で論述する。

まとめは本論で述べたことを教職についたならば必ず実行することなどを論述し，教職に対する熱意を100字程度で示したい。

【中学校，高等学校・2次試験(1次試験で実施)】　45分

●テーマ

日本が批准している「子どもの権利条約」では，第12条で意見表明権について，次のように規定されています。

「締約国は，自己の意見を形成する能力のある児童がその児童に影響を及ぼすすべての事項について自由に自己の意見を表明する権利を確保する。この場合において，児童の意見は，その児童の年齢及び成熟度に従って相応に考慮されるものとする。」

上記の意見表明権を保障するとともに，その大切さを生徒が理解するため，教科学習や学習指導の場面で，あなたはどのような指導を展開したいと考えるか，具体的に述べなさい。(800字以内)

●方針と分析

(方針)

意見表明権の存在とその重要性を生徒に理解させるため，教科学習や学習指導の場面で，どのような指導を展開するかにつき論述する。

(分析)

本問についてはまず意見表明権の重要性を考察しなければならない。大人に対する意見表明はまず子どもの自主性に基づくものであり，そして社会参画のひとつといえることに留意する必要がある。また，大人に対して意見を投げかけ，それに対する誠実な応答によって子どもは自分が大切に扱われていることを実感し，それが子どもの成長につながるし，また子どものさまざまな権利実現にもつながることにも留意したい。

次に，こうした意見表明権や大切さを理解するためにどのような学習指導等を展開すべきかを考察することになるが，意見表明は自分の思い等を他者に伝えることなので，言語活動のひとつであるととらえることができる。そこで，学習指導要領の各教科の箇所で示されている言語活動の充実に関する例示の箇所がその指導を考察する際に参考になる。例えば，中学校社会科ならば「社会的な見方・考え方を働かせることをより一層重視する観点に立って，社会的事象の意味や意義，事象の特色や事象間の関連，社会に見られる課題などについて，考察したことや選択・判断したことを論理的に説明したり，立場や根拠を明確にして議論したりするなどの言語活動に関わる学習を一層重視すること」(第3　指導計画の作成と内容の取扱い)旨が説明されている。他の教科についてもその言及があるところ，こうした記述を参考にその具体的な指導の展開を考察したい。

●作成のポイント

序論・本論・まとめの3段落構成でまとめるのがよいであろう。

序論では，意見表明権の重要性などにつき150～200字程度で論述したい。

本論は，そのことを理解させるためにどのような指導を行うかにつき，具体的な例などを示しながら，450字～500字程度で論述する。

まとめは本論で述べたことを教職についたならば必ず実行することなどを論述し，教職に対する熱意を100字程度で示したい。

【特別支援学校・2次試験(1次試験で実施)】　45分

●テーマ

> 自立と社会参加に向けた教育の充実のために，特別支援学校教員として，子どものもっている本来の能力を育みつつ，どのような教育を展開していきたいと考えるか，あなたの考えを具体的に述べなさい。(800字以内)

●方針と分析

(方針)

自立と社会参加に向けた教育の充実のために，特別支援学校教員として，子どものもっている本来の能力を育みつつ，どのような教育を展開するかにつき考察し，論述する。

(分析)

新学習指導要領は「自立と社会参加に向けた教育の充実」が改訂のポイントのひとつになっている。具体的には，教育活動全体につき，「幼稚部，小学部，中学部段階からのキャリア教育の充実を図ることを規定」，「生涯学習への意欲を高めることや，生涯を通じてスポーツや文化芸術活動に親しみ，幸福で豊かな生活を営むことができるよう配慮することを規定」，「障害のない幼児児童生徒との交流及び共同学習を充実(心のバリアフリーのための交流及び共同学習)」等が示されている。また，日常生活に必要な国語の特徴や使い方〔国語〕，数学を学習や生活で生かすこと〔算数，数学〕，身近な生活に関する制度〔社会〕，働くことの意義，消費生活と環境〔職業・家庭〕など，知的障害者である子どものための各教科の内容も充実させる改訂がなされている。そこで，この論文作成も「キャリア教育」，「生涯学習」，「交流及び共同学習」のいずかにつき具体的にその展開を考察するのがよいであろう。

そして，「キャリア教育」については横浜市のホームページ内の「学校・教育」中に設けられた「キャリア教育」「横浜のキャリア教育『自分づくり教育』とは」のサイトが参考になる。また，「交流及び共同学習」については，文部科学省のホームページ内の「特別支援教育」にある「交流及び共同学習ガイド」を参照したい。なお，その具体的な教育活動につき論述する上で，その教育活動によってどのような能力を伸ばしたいかにつき言及することは必須である(例えば社会性など)。

●作成のポイント

序論・本論・まとめの3段落構成でまとめるのがよいであろう。

序論では,「自立と社会参加に向けた教育の充実」の必要性などにつき150～200字程度で論述したい。

本論は,この充実のために,どのような教育を展開するかにつき,具体的な例などを示しながら,450字～500字程度で論述する。「子どものもっている本来の能力を育みつつ」という部分があるので,特定の能力を踏まえて考察し,論述することが必要不可欠である。

まとめは本論で述べたことを教職についたならば必ず実行することなどを論述し,教職に対する熱意を100字程度で示したい。

【養護教諭・2次試験(1次試験で実施)】　45分

●テーマ

> 養護教諭に求められる基本的な資質能力および職業倫理とは,どのようなものですか。具体的な場面を想定しながら述べなさい。(800字以内)

●方針と分析

(方針)

養護教諭に求められる基本的な資質能力および職業倫理につき具体的な場面に触れながら論述する。

(分析)

教員が備えるべき資質能力については,例えば使命感や責任感,教育的愛情,教科や教職に関する専門的知識,実践的指導力,総合的人間力,コミュニケーション能力等がこれまでの答申等においても繰り返し提言されてきたが,この内容は養護教諭にも当てはまる。また,保健体育審議会答申「生涯にわたる心身の健康の保持増進のための今後の健康に関する教育及びスポーツの振興の在り方について」(平成9年7月)は養護教諭に求められる力として「保健室を訪れる児童生徒に対応するための知識・理解・技能及び確かな判断力と対応力」,「健康課題を捉える力」,「健康課題を解決するための指導力」,「企画力，実行力，調整能力」を挙げている。このように養護教諭に求められる力には多数あるが，現在は児童生徒が抱える課題が複数指摘され，その対応が養護教諭に求められる。そうした対応に尽力できることが養護教諭に不可欠な資質能力といえるだろう。その対応につき参考になる文書が文部科学省「現代的健康課題を抱える子供たちへの支援～養護教諭の役割を中心として～」であり，本問検討にあたり参照したい。

また，養護教諭の職業倫理で参考になるのが，日本養護教諭教育学会が策定した「養護教諭の倫理綱領」である。その内容は他の専門職に関する「倫理綱領一般と共通するもの」(例えば守秘義務),「養護教諭の専門性に関わるもの」(例えば発育・発達の支援),「養護教諭の発展に関わるもの」(例えば研鑽)の3つの枠組みで構成されている。

なお，本問検討には「横浜市教員のキャリアステージにおける人材育成指標」の【養護教諭のキャリアステージにおける人材育成指標】も参考になる。

●作成のポイント

序論・本論・まとめの3段落構成でまとめるのがよいであろう。

序論では，教員全体についての資質能力を簡単に示したのち，養護教諭は「教育」ではなく「養護」を職務内容とするので，養護教諭特有の資質能力も求められ，同じく職業倫理が問われることを150字程度で指摘したい。

本論は，養護教諭に求められる資質能力と職業倫理を550字程度で論述する。

まとめは本論で教職についたならばその資質能力の向上に努めることや，職業倫理に基づいて職務を遂行することなどを論述し，教職に対する熱意を100字程度で示したい。

川崎市

【小，中，高等学校，高等学校(工業)，特別支援学校・1次試験】　60分

●テーマ

「かわさき教育プラン」の基本目標の一つに「共生・協働」の精神を育むとあります。このことについて，あなたはどのようなことが大切だと考えますか。また，そのためにどのような取組をしますか。具体的に600字以内で述べてください。

●方針と分析

(方針)

「共生・協働」の精神につき自分が大切だと思うことと，そのためにどのような取組をするかにつき，具体的に考察し，論述する。

(分析)

かわさき教育プランは川崎市の教育振興基本計画に該当し，「夢や希望を抱いて生きがいのある人生を送るための礎を築く」を基本理念として，それを踏まえ「自主・自立」,「共生・協働」を基本目標として掲げる。本問はこの「共生・協働」に関する問題である。この「共生・協働」に関する説明として，『個人や社会の多様性を尊重し，それぞれの強みを生かし，ともに支え，高め合える社会をめざし，共生・協働の精神を育むこと」が示されている。

この「共生・協働」につき，平成30年度から令和3年度まで遂行される第2期実施計画は基本政策Ⅲ『一人ひとりの教育的ニーズに対応する」，基本政策Ⅳ「良好な教育環境を整備する」，基本政策Ⅶ「いきいきと学び，活動するための環境をつくる」，基本政策Ⅷ「文化財の保護・活用と魅力ある博物館づくりを進める」の4点を挙げる。本問で関連するのは基本政策Ⅲ「一人ひとりの教育的ニーズに対応する」，基本政策Ⅳ「良好な教育環境を整備する」である。前者については，

「特別支援教育の推進」,「いじめの未然防止や早期解決に向けた取組」,「就学等に係る経済的支援の実施」の3点が主な取組として示され，このうち「特別支援教育の推進」が重点事業とされている。また基本政策Ⅳ「良好な教育環境を整備する」では,「安全教育の推進」などが示されている。どのような取組をするかにつき，こうしたことを取り挙げ，具体的に考察したい。

●作成のポイント

序論・本論・まとめの3段落構成でまとめるのがよいであろう。

序論では「共生・協働」の精神につき自分が大切だと思うことを150字程度で論述したい。

本論はその精神に基づきどのようなことに取り組むのかにつき350字程度で論述する。必ず序論で大切だと思うことをふまえて本論を記述したい。

まとめは本論で述べたことを教職についたならば必ず実行することなどを論述し，教職に対する熱意を100字程度で示したい。

【養護教諭・1次試験】　60分

●テーマ

養護教諭に求められている役割として,「学校内及び地域の医療機関との連携を推進する上でコーディネーターの役割」があります。このことについて，あなたはどのように考えますか。また，どのように取り組んでいきたいと考えますか。具体的に600字以内で述べてください。

●方針と分析

(方針)

養護教諭に求められている役割である「学校内及び地域の医療機関との連携を推進する上でコーディネーターの役割」につき，自分がどのように考え，そのことをふまえどのように取り組んでいくかを論述する。

(分析)

本問の検討では養護教諭の学校内及び地域の医療機関との連携を推進する上でのコーディネーターとしての役割が問われているところ，この考察に参考になる資料が，中央教育審議会答申「子どもの心身の健康を守り，安全・安心を確保するために学校全体としての取組を進めるための方策について」(平成20年1月17日)である。この答申は保健室の利用者が1日当たり2桁を超え，養護教諭の行う健康相談活動がますます重要となること，メンタルヘルスやアレルギー疾患などの子どもの現代的な健康課題の多様化により医療機関などとの連携や特別な配慮を必要とする子どもが多くなっていること，さらには特別支援教育において期待されることも増えていることなどに言及して，養護教諭の役割が重要になっていることを指摘する。その上で，子どもの現代的な健康課題の対応に当たり，学級担任等，学校医，学校歯科医，学校薬剤師，スクールカウンセラーなど学校内における連携，また医療関係者や福祉関係者など地域の関係機関との連携を推進することが必要となっている中，養護教諭はコーディネーターの役割を担う必要があることを指摘する。

この役割を果たすため，どのようなことに取り組むかであるが，この考察で参考になるのが文部科学省「現代的健康課題を抱える子供たちへの支援～養護教諭の役割を中心として～」である。この資料の第2章「学校における児童生徒の課題解決の基本的な進め方」はその解決のためのプロセスを「ステップ1　対象者の把握」,「ステップ2　課題の背景の把握」,「ステップ3　支援方針・支援方法の検討と実施」,「ステップ4　児童生徒の状況確認及び支援方針・支援方法の再検討と実施」の4つに分けて解説している。そして，ステップ3につき「養護教諭は，健康面の支援については，専門性を生かし，具体的な手法や長期目標，短期目標等について助言する」，「支援方針・支援方法を検討する際，必要に応じ，学級担任や校内委員会のまとめ役の教職員，学年主任等と協力する」，「健康面の支援について，関係機関と連携した対応が必要な場合は，学校医やスクールカウンセラー・スクールソーシャルワーカーと協力するなど，より児童生徒の実態に即した支援方針・支援方法が検討されるよう働きかける」といった記述が本問検討で参考になるだろう。

●作成のポイント

序論・本論・まとめの3段落構成でまとめるのがよいであろう。

序論では，養護教諭の，「学校内及び地域の医療機関との連携を推進する上でコーディネーターの役割」に関して自分が思うことを150字程度で論述したい。健康課題を抱える児童生徒が増えつつある状況なので，その役割の重要性が今後より増すことを指摘することになるだろう。

本論はその役割につきどのように取り組むのかにつき350字程度で論述する。この記述は序論とのリンクあるいは関連性を重視したい。

まとめは本論で述べたことを教職についたならば必ず実行することなどを論述し，教職に対する熱意を100字程度で示したい。

【中学英語(特別選考)・1次試験】　60分

●テーマ

外国人指導助手(ALT)との授業が増えています。ALT とティーム・ティーチングで授業を進めていく上で，どのようなことを大切にする必要がありますか。またどのようなことに注意する必要がありますか。具体的に600字以内で述べてください。

●方針と分析

(方針)

ALTとティーム・ティーチングで授業を進めていく上で自分が大切だと思うことと，注意しなければならないことを考え，論述する。

(分析)

本問はまずALTの業務内容を確認する必要がある。この確認につき参考になるのが，文部科学省のホームページにある通知「外国語指導助手の請負契約による活用について」から「外国語教育」のカテゴリーにある文書「文部科学省が一般的に考える外国語指導助手(ALT)とのティーム・ティーチングにおけるALTの役割」である。ちなみにこの文書は文部科学省がALTとの契約形態につき厚生労働省の担当部署に疑義照会をしたときに添付された資料である。

この資料は「ALTは基本的には担当教員の指導のもと，担当教員が行う授業にかかる補助をする」という大前提が示されている。その上で，授業前は「学校(担当教員)が作成した指導計画・学習指導案に基づき，授業の打ち合わせを行うとともに，教材作成等を補助する」ことを示し，「授業の目的，指導内容を理解」，「指導手順，指導の役割分担，教材等を把握」，「教材作成やその補助」が具体的なALTの業務として示されている。次に授業中は「担当教員の指導のもと，担当教員が行う授業を補助する」ことを示し，具体的には「言語活動における児童生徒に対する指導の補助」として「活動についての説明，助言，講評」，「言語モデルの提示」，「音声，表現，文法等についてのチェックや助言」，「児童生徒との会話」，「母国の言語や文化についての情報の提供」が示されている。さらに，「授業後担当教員と共に，自らの業務に関する評価を行い，改善方法について話し合う」旨も説明されている。この文書の最後には「上記における補助とは，担当教員が作成した指導計画・学習指導案に基づき，担当教員とALTが役割分担をして授業を進めるものも含む。その場合においても，学校教育法上，授業全体を主導するのは，あくまでも担当教員である」といったことも付記されている。

このように，ALTには授業そのものではなく，その前後にも一定の業務遂行が期待されているが，中央教育審議会答申「チームとしての学校の在り方と今後の改善方策について」(平成27年12月21日)には「教員が多忙のため授業準備のために必要なALTとの打合せ時間が十分にとれないこと」が指摘されている。そこで，まず授業準備のための打ち合わせ時間をできるだけとることが大切であろう。

また，ALTへのインタビューをもとに執筆された「外国語指導助手(ALT)が抱えるフラストレーションの実態―ALTへのインタビュー調査をもとに―」によると，授業外のフラストレーションの原因として，「コミュニケーション不足」が指摘されている。そこで，授業の前後を問わずできるだけコミュニケーションをとることが必要であろう。さらに，ALTの授業でのフラストレーションの原因として，「教科書へ焦点を当てすぎた授業」が指摘されている。教科書は一定の範囲で尊重しなければならないが，ALTが授業に入っていることが最大限生かされるよう，場合によっては教科書を使わずに授業するなど授業内容を工夫する必要があるだろう。また補助として授業に入っているとはいえ，ALTの意向をできるだけ尊重した授業内容を組み立てる必要があるだろう。そのほか，「授業中の生徒指導観の違い」や「授業中に放置される」ことなどが不満として指摘されている。

●作成のポイント

序論・本論・まとめの3段落構成でまとめるのがよいであろう。

序論では，ALTとティーム・ティーチングで授業を進めていく上で大切なことにつき，200字程度で論述したい。分析では言及しなかったが，ALTが参加してのティーム・ティーチング型の授業がなぜ必要なのかをふまえて，その大切なことを論述するとよいだろう。

本論はALTが参加してのティーム・ティーチングにおいて注意しなければならないことを300字程度で論述したい。ALTとのコミュニケーションを積極的に図ることが記述の中心になるだろう。

まとめは本論で述べたことを教職についたならば必ず実行することなどを論述し，教職に対する熱意を100字程度で示したい。

【小，中，高等学校，高等学校(工業)，特別支援学校・2次試験】　60分

●テーマ

学級担任として，すべての児童生徒が「自分には良いところがある。」と思えるようにするには，何が大切だと考えますか。また，そのためにどのような取組をしますか。具体的に600字以内で述べてください。

●方針と分析

(方針)

すべての児童生徒が「自分には良いところがある。」と思えるようにするために，自分が大切だと思うことをふまえ，そのためにどのような取組をするかを考え，論述する。

(分析)

出題の背景として，川崎市は自己肯定感育成を重視していることが挙げられる。川崎市の教育振興基本計画である「かわさき教育プラン」

は基本政策の目標の達成度を評価する際に参考とする数値(参考数値)を設定しており，その指標のひとつとして自己肯定感を挙げている。その数値は平成29(2017)年の実測値が小6で79.9%，中3で70.4%であったところ(「自分には良いところがあると思う，どちらかといえばそう思う」と回答した児童生徒の割合)，令和3(2021)年の目標値を小6が82.0%以上，中3が74.0%以上と設定している。

この数値は基本政策「人間としての在り方生き方の軸をつくる」の箇所に出てきているところ，その政策の目標を「キャリア在り方生き方教育」をすべての学校で計画的に推進し，すべての子どもに，社会で自立して生きていくための能力や態度とともに，共生・協働の精神を育みます」と示している。そこで，その具体的な取り組みとして，キャリア教育に関する取組を考察することが考えられる。

また自己肯定感を育成する取組として次のようなものが一般的に指摘されている。学習指導面での取組として，自己の成長を振り返る学習，例えば学期末や学年末などにそれまでの生活や学習を振り返り，作文等に書くことで自己の成長を実感できるようにする，また，班学習やペア学習，ディベートなどで「自分が周りの人に役立っている」ということを気づかせるなどが指摘されることが多い。さらに，「生活指導」における面では，自分の得意なことを発揮する場面や努力したことを他者から認めてもらう機会をできるだけ増やすといった取組が指摘される。こうしたことを具体的に論述することもできる。

●作成のポイント

序論・本論・まとめの3段落構成でまとめるのがよいであろう。

序論では，すべての児童生徒が「自分には良いところがある」と思えるようにするために自分が大切だと思うことを150字程度で論述したい。

本論は，すべての児童生徒が「自分には良いところがある」と思えるようにするための取組につき350字程度で論述する。この記述は序論との関連を特に重視したい。

まとめは本論で述べたことを教職についたならば必ず実行することなどを論述し，教職に対する熱意を100字程度で示したい。

【養護教諭・2次試験】　60分

●テーマ

養護教諭として，すべての児童生徒が「自分には良いところがある。」と思えるようにするには，何が大切だと考えますか。また，そのためにどのような取組をしますか。具体的に600字以内で述べてください。

●方針と分析

(方針)

すべての児童生徒が「自分には良いところがある。」と思えるようにするために，自分が大切だと思うことをふまえ，そのためにどのような取組を養護教諭として行うかにつき考え，論述する。

(分析)

本問で参考になる資料は文部科学省「現代的健康課題を抱える子供たちへの支援～養護教諭の役割を中心として～」である。この資料は，健康な生活を送るために児童生徒に必要な力として「心身の健康に関する知識・技能」，「自己有用感・自己肯定感(自尊感情)」，「自ら意思決定・行動選択する力」，「他者と関わる力」を指摘し，学校の関係者が適切に連携し，それぞれの役割を果たすことが重要であると指摘する。

そして，養護教諭が中心となって行うことが期待される取組例が示されているところ，「自己有用感・自己肯定感(自尊感情)」に関するものとしては以下のものが紹介されている。

・委員会活動の中で健康に関する発表を行うことや1年間を通して継

続的に取り組む活動，例えば，給食後の歯みがき活動により，児童生徒に成果や達成感を感じさせる。
・学校生活の中で，「友達の良いところ探し」や「地域でのボランティア活動」等を通して，互いの良いところを認め合うことや，他者の役に立っていると感じることのできる機会を提供し，児童生徒の自己有用感が高められるよう努める。
・自己肯定感を高められるよう，困難な状況を乗り越えるような体験の機会を設ける。例えば「苦手な友達に自分の気持ちを伝える」，「『やめて』と言えるようになる」など，保健室で児童生徒と練習した後，実際に対処させる。
　こうした記述やそのほかの参考資料などを参照し，自分なりの取組を考察したい。

●作成のポイント

　序論・本論・まとめの3段落構成でまとめるのがよいであろう。
　序論では，すべての児童生徒が「自分には良いところがある。」と思えるようにするために自分が大切だと思うことを150字程度で論述したい。
　本論は，すべての児童生徒が「自分には良いところがある。」と思えるようにするための取組につき350字程度で論述する。この記述は序論との関連を特に重視したい。
　まとめは本論で述べたことを教職についたならば必ず実行することなどを論述し，教職に対する熱意を100字程度で示したい。

相模原市

【小学校・2次試験(1次試験で実施)】　45分

●テーマ

あなたは3年生の担任です。
年度始めの学年会議で，「この学年の児童が2年生の時は，全体的に言葉遣いが悪く，授業中に立ち歩いたり，不適切な私語が多かったりする様子が見られた」という引き継ぎがありました。そして，昨年度の実態を受けて，学年として「授業規律の定着」に取り組んでいくことを確認しました。
今日から新年度の授業がスタートします。1時間目の学級活動の時間に，あなたは，学年会議で確認したことをふまえ，話をすることにしました。
学級の児童全員に話すつもりで書きなさい。
※担任と児童の自己紹介は終了しているものとする。
※作文題に書かれている内容以外の設定は自由とする。
※箇条書きや要点ではなく，実際に話す言葉で書きなさい。

●方針と分析

(方針)

さまざまな問題をかかえる学年のクラスを担当することになったところ，学年で「授業規律の定着」に取り組むことが決まったことを踏まえ，新年度の授業が始まる日の1時間目，学級活動でどのようなことを話すのかにつき考え，論述する。

(分析)

学習規律の確立につき参考になる資料として，他の自治体のものになるが，岡山県が作成した「学習規律実践事例集」(岡山県ホームページ内に掲載)がある。この資料は「授業規律」と「生活規律」にわけてそれぞれ具体的な取組が紹介されているが，その冒頭で学習規律の徹底を図るために留意しなければならないことが7項目示されている。

本問で参考になるのは，まず「①学習規律の重点項目を絞って」の項である。この点につき，「まずは，ここから」，「この3点が特に弱いから」など，子どもたちの実態，教職員の願い，学校としてのめざす子ども像などから，重点的に指導する項目を絞りましょう，あれもこれもと欲張ると，なかなか徹底できません，と説明している。作文題には，担当するクラスの学年の状態として，「全体的に言葉遣いが悪い」，「授業中に立ち歩く」，「不適切な私語が多い」ことが指摘されているので，まずは「授業中立ち歩かない」，「授業中私語はしない」という2点に絞って指導することが考えられる。

次に参考になるのが「②誰もが分かるように」の項である。この点につき，全教職員が，子どもたちが，保護者が，地域の人が，学校を訪れた人が，他校の先生方が…，誰もが分かるような工夫をしましょう，学習規律が目にふれるところにあると，常に意識できるようになります，掲示物にして各教室に掲示したり，ガイドブックやハンドブックにして教職員や子どもたちが確認できるようにしたり，学校通信や学級だよりで家庭に配布したりなど様々な工夫が考えられます，と説明している。そこで，すぐに守るべきことが記載されたポスターなどを掲示するのがよいであろう。

また「③共通理解，共通実践を」ということも項目として示され，この点も参考になる。学習規律について，共通理解はもちろん必要ですが，さらに大事なのは共通実践です，話し合っただけ，作成しただけ，掲示しただけにならないようにしましょう，全教職員が同じ規準で自分たちのしたことを判断してくれることが分かると，子どもたちは安心して学校生活が送れるようになります，と説明している。そこで，「授業規律の定着」は学年全体で決まったことであることを強調すべきであろう。また，その重要性につき，児童に理解できるように説明し，児童たちからも納得を得ることも大事だろう。

さらに，「④最初が肝心」ということも項目として示されている。

この点，学年始めや学期始めに，学習規律の指導に力を入れると定着しやすくなります，指導に当たっては，毅然とした態度で行うことが必要です，子どもたちの発達段階に応じて，学習規律を守ることが学習を効果的に進め，学力の向上につながることなどの学習規律の意義についても，理解できるように指導しましょう，と説明している。そこで，規律を守ることで，学力向上にもつながることもその説明の際に指摘したい。

以上をふまえ，自分なりにどのようなことを話すのがよいのかを検討したい。

なお，本問とは直接関係しないが，その他の項目として「⑤チェックする機会を」，「⑥根気強く繰り返して」，「⑦小中連携，家庭・地域の協力体制を」といったことも指摘されている。その他，実際の事例等が複数紹介されており，参考にしたい。

●作成のポイント

本問は場面指導の記述式問題ともいえる問題で，一般的な論文試験とは異なる問題である。そこで，序論・本論・まとめの構成をとる必要はないだろう。

ただ，問題文には「学級の児童全員に話すつもりで書きなさい」との指示があるので，小学生の児童でも理解できる内容で話さなければならないということを意識して，論文を作成したい。

【中学校・2次試験(1次試験で実施)】　45分

●テーマ

あなたは中学3年生の担任です。

Aさんは高校進学を希望し，努力を続けてきました。3学期に入ってまもなく，Aさんから相談したいことがあると言われたので，面談を行うことにしました。Aさんは「このまま勉強を続けていても，志望校に合格できるかどうか不安です。自分の将来の夢をかなえるためにも，志望校には絶対に合格したいです。志望校の受験日まで，学校を休んで受験勉強に集中したいです。」とあなたに言いました。

この相談に対して，あなたはどのように話しますか。

Aさんに話すつもりで書きなさい。

※作文題に書かれている内容以外の設定は自由とする。

※箇条書きや要点ではなく，実際に話す言葉で書きなさい。

●方針と分析

(方針)

志望校合格のために受験日まで学校を休んで受験勉強に集中したいとの相談を持ちかけたAさんに対してどのようなことを話すかを考え，論述する。

(分析)

このような相談に対して，登校日は学校に登校し授業に出席しなければならないことはかならず示しておきたい。

しかしながら，このような相談を教師に対して持ちかけたのは，Aさん自身が相当受験に対して焦っているからである。その焦りが解消されるように，しっかりとAさんの話を聞くことも大事であると思われる。

また，このような相談を持ちかけるということは，休んでよいかAさん自身も迷っているからである。そこで，学校を休むことで受験勉強に専念できるというメリットがある一方，問題点やデメリットがあることを示したい。例えば，ほとんどの生徒は学校に出席しながら受験勉強を続けている一方で，自分は学校を休んで受験勉強に専念するのは，卑怯なやり方とみられる可能性がある，学校を休むとみんなと励まし合ったり，慰めあったりして課題に取り組むという機会を失うことになるといった問題点を示したい。そして，利点と問題点の両者を踏まえ，最終的にはAさん自身に決断させることで，その悩みの解消を図りたい。

最後に，「学校は出席して当然」という紋切り型の指導は時代遅れの指導であり，その基本原則を踏まえながらも，生徒の心情を思いやる姿勢が大事であることを指摘したい。

●作成のポイント

本問は場面指導の記述式問題ともいえる問題で，一般的な論文試験とは異なる問題である。そこで，序論・本論・まとめの構成をとる必要はないだろう。

ただ，「Aさんに話すつもりで書きなさい」とあり，その指示は必ず守る必要があるので，話し言葉で書く必要がある。そして，Aを共感的に理解しようとする姿勢が見てとれるように論述する必要があるだろう。

【特別支援学校・2次試験(1次試験で実施)】　45分

●テーマ

あなたは，自閉症・情緒障害特別支援学級の担任です。
担任している1年生のAさんには，聴覚過敏の特性があり，高音域の音が苦手です。
ある日，昼食時の放送で流す曲を決める話し合いが，交流学級でありました。その話し合いに参加していたAさんから，あなたに「お昼の放送で流す曲が私の苦手な高い音の多い曲に決まってしまった。どうしよう。」と相談がありました。あなたは，交流学級の学級担任の先生と相談をし，あなたから交流学級の生徒全員に話をすることにしました。
交流学級の生徒全員に話すつもりで書きなさい。
※作文題に書かれている内容以外の設定は自由とする。
※箇条書きや要点ではなく，実際に話す言葉で書きなさい。

●方針と分析

(方針)

交流学級での昼食時の放送で，聴覚過敏を有するAさんの苦手な高い音の多い曲に決まったことで「どうしよう」と相談を持ちかけられ，交流学級全員の生徒にこの件につきAさんの担任として話をすることになった。本問はその内容を考察する問題である。

(分析)

発達障害等があり特別支援学級に在籍をしているものは，ホームルームや給食の時間に通常学級に移動して一緒に活動を行う場合がある。得意な科目についてはその科目についても通常学級で授業をうける場合もある。そうした指導形態や，発達障害のある児童生徒が移動する先の通常学級自体を交流学級という。

この場合，その曲の決定を白紙に戻すかを交流学級で決めさせる必要があるが，その持ちかける話においてAさんの障害である聴覚過敏につき丁寧に説明することは不可欠である。なぜならば，交流学級の生徒たちがAさんの障害をあまり知らなかったので，その曲に決定したおそれがあるからである。またその障害につき丁寧に説明することで，障害の多様性を多くの生徒はより認識するものと思われる。従って，解答用紙のうちある程度の部分は聴覚過敏の説明にあてた方がよいと思われる。

ただ，一旦決めたことを再検討させることは，相手を不快にさせることがある。そこで，「もう一回話し合いをしろ」といった強圧的な態度ではなく，「一回決まったことを蒸し返して申し訳ないが」といった具合に，やわらかな感じで再度の話し合いを求めることも必要であろう。あくまで決まったことを白紙に戻すかは，交流学級全体で考えさせ，決めさせることを基本とすべきであろう。

●作成のポイント

本問は場面指導の記述式問題ともいえる問題で，一般的な論文試験とは異なる問題である。そこで，序論・本論・まとめの構成をとる必要はないだろう。

ただ，「交流学級の生徒全員に話すつもりで書きなさい」とあり，その指示は必ず守る必要があるので，話し言葉で書く必要がある。また中学生の生徒でも理解できる内容で話さなければならないということを意識して，論文を作成したい。

【養護教諭・2次試験(1次試験で実施)】　45分

●テーマ

あなたは，中学校で勤務しています。
ある日，中学2年生の女子生徒Aさんが保健室に来て，あなたに次のような話をしました。「最近，友達は男の子の話で盛り上がっているけれど，私は同性の友達と話していて急にドキッとすることがあるんです。スカートをはいたりするのもなんだかいやだし，自分が本当に女の子なのかなって思うことがあるんです。こんな私っておかしいでしょうか。」というような内容でした。この話を聞いたあなたは，Aさんからの相談内容を学級担任に報告しました。学級担任は，Aさんが気にしすぎていると感じているようで，あまり真剣に受け止めているように見えませんでした。
あなたは，学級担任にどのようなことを話しますか。
Aさんの学級担任に話すつもりで書きなさい。
※作文題に書かれている内容以外の設定は自由とする。
※箇条書きや要点ではなく，実際に話す言葉で書きなさい。

●方針と分析

(方針)

Aさんが性同一性障害であるかもしれないと自覚がある中で，そのことを真剣に受け止めていないAさんの学級担任に対してどのようなことを話すかを考え，論述する。

(分析)

本問はAさんの学級担任がAさんの性同一性障害かもしれないという自覚を真剣に受けて止めていない。たしかに性自認は揺れ動くので自分が男性であるというAさんの認識は一時的なものかもしれない。特に中学生の時期は多感な時期なので，いっそうそういえるかもしれない。しかしながら，Aさんに性同一性障害がなかったとしても，その揺らぎの中で，Aさんが非常に悩み，学校生活に支障が出ることも否定できない。そこで，Aさんが性同一性障害でなかったとしても，Aさんの悩みに真剣に向き合う必要があることを学級担任に対してアドバイスする必要があると思われる。このアドバイスについては，文部科学省通知である「性同一性障害に係る児童生徒に対するきめ細かな対応の実施等について」(平成27年4月30日)の中での，「性同一性障害に係る児童生徒が求める支援は，当該児童生徒が有する違和感の強弱等に応じ様々であり，また，当該違和感は成長に従い減ずることも含め変動があり得るものとされていることから，学校として先入観をもたず，その時々の児童生徒の状況等に応じた支援を行うことが必要である」といった文章が参考になる。特に「先入観をもたず」と指摘されている部分が重要であろう。

次に，Aさんに関する情報共有を進めたい旨もアドバイスしたい。というのは，Aさんが性同一性障害であることが濃厚である場合，本人への支援，管理職への報告，保護者との対応，医療機関との連携といった対応を養護教諭はとる必要があるが，こうしたことを円滑に進めるためには，Aさんにつき学級担任と情報交換を進めることが必要不可欠だからである。なお，今後の対応については，上記通知や文部科学省「性同一性障害や性的指向・性自認に係る，児童生徒に対するきめ細かな対応等の実施について(教職員向け)」が参考になる。また，性同一性障害に限定されたものではないが，文部科学省が作成した「現代的健康課題を抱える子供たちへの支援～養護教諭の役割を中心として～」も参考になると思われる。

●作成のポイント

本問は場面指導の記述式問題ともいえる問題で，一般的な論文試験とは異なる問題である。そこで，序論・本論・まとめの構成をとる必要はないだろう。

ただ，「Aさんの学級担任に話すつもりで書きなさい」とあり，その指示は必ず守る必要がある。そして，学級担任をきつく批判するような内容ではいけないだろう。

2019年度　論作文実施問題

神奈川県

【小，中，高等学校・2次試験(1次試験で実施)】　60分

●テーマ

[小，中学校]
　小学校(中学校)学習指導要領(平成29年3月告示)では児童(生徒)の資質・能力の育成を目指すために，「主体的・対話的で深い学び」の実現に向けた授業改善を推進するよう求められています。このことを踏まえ，あなたはどのように授業実践に取り組みますか。学習指導要領改訂の主旨とともに，あなたの考えを600字以上825字以下で具体的に述べなさい。
[高等学校]
　高等学校学習指導要領(平成30年3月告示)では，「確かな学力」を育成するため，生徒の「主体的・対話的で深い学び」の実現が求められています。このことについて，あなたの教科では，どのような授業の工夫が考えられますか。学習指導要領改訂の主旨を踏まえて，あなたの考えを600字以上825字以下で具体的に述べなさい。

●方針と分析

(方針)
　教員には「主体的・対話的で深い学び」の実現に向けた授業改善の推進が求められている。このことを踏まえ，どのような授業実践に取り組みたいのか。学習指導要領改訂の主旨とともに，600字以上825字以下で具体的に述べる。

(分析)

中央教育審議会の答申によると今回の学習指導要領改訂の主旨は，生徒たちが「何を知っているか」だけではなく，「知っていることを使ってどのように社会・世界と関わり，よりよい人生を送るか」である。そのため，「知識・技能」「思考力・判断力・表現力等」「自ら学びに向かう力や人間性等の資質・能力」の3つを総合的に育むこととしている。また，「主体的・対話的で深い学び」については，アクティブ・ラーニングの視点から行うとしており，「知識の量を削減せず，質の高い理解を図るための学習過程の質的改善」としている。

授業改善とは，形式的に対話やグループ学習のような「型」を取り入れるのではなく，生徒の興味関心から個性に応じた質の高い学びを引き出し，どのような資質・能力を育むのかという観点から，学習の在り方そのものを問い直し改善を目指すことである。そのためには，言語能力の育成と国語教育の改善・充実が特に考えられる。小学校段階における言語能力育成の重要性については，学習や生活の基盤づくりという観点から，特に低学年において語彙量を増やしていくことがその後の学習に大きな影響を与えると指摘されている。こうした言語能力は，特に言葉を直接の学習対象とする国語教育の果たすべき役割は極めて大きい。よって，国語教育の充実に力点を置いて記述するのも一手である。中学生は生徒自身の興味・関心に応じて，部活動などの教育課程外の学校教育活動，地域の教育活動など，生徒による自主的・自発的な活動が多様化していく段階にある。少子化や核家族化が進む中にあって，ともすれば学校生活にとどまりがちな生徒の視野を，正規の授業においても地域社会に広げ，幅広い視野に立って自らのキャリア形成を考える機会を与える必要がある。そして，高等学校においては，社会で生きていくために必要となる力を身に付けること，個性に応じた多様な可能性を伸ばすことが重要である。例えば，英語の時間のグループ学習，協調学習を挙げることができる。ここでは，小グループの中で，自分の主張や意図を分かりやすい英文にして他者に伝える行為を通じ，学力の高い生徒は，分りにくいことを他者に理解しやすく説明できる力がつくことなどを述べるとよいだろう。

●作成のポイント

論文の形式はいくつかあるが，ここでは「序論・本論・結論」で一例を考えたい。

序論は改訂の主旨について，「知識・技能」「思考力・判断力・表現力等」「学びに自ら向かう力の資質・能力」の3つの柱を総合的に育んでいくことを中心にまとめる。文字量は200字を目安にするとよい。

本論では具体的な授業実践法を述べる。体験学習であっても構わないが，このとき，序論で示した3つの柱にも関連した内容にすることが望ましい。学校種，教科にあわせた内容で展開すること。文字量は450字を目安にするとよい。

結論では，これまでの内容のまとめだけでなく，児童の将来の学習姿勢，社会の一員として自立できるような能力の基礎を育むことに貢献する決意を示すことが考えられる。文字量は150字を目安にするとよい。

【養護教諭・2次試験(1次試験で実施)】　60分

●テーマ

> 養護教諭は，児童生徒の身体的不調の背景にある問題に，いち早く気付くことができる立場にあることから，健康相談において重要な役割を担っています。このことを踏まえ，あなたは児童生徒が抱える現代的健康課題に対して，組織の一員としてどのように取り組みますか。あなたの考えを600字以上825字以下で具体的に述べなさい。

●方針と分析

(方針)

養護教諭は，身体的不調の背景にある問題をいち早く把握できる立場にある。児童生徒の抱える現代的な健康課題に対して，組織の一員としてどのように取り組むべきか。600字以上825字以下で具体的に述べる。

(分析)

文部科学省によると，養護教諭の職務の特質として，全校の子どもを対象としており，入学時から経年的に児童生徒の成長・発達を見ることができること。活動の中心となる保健室は，誰でもいつでも利用でき安心して話ができるところであること。いじめやからかいの標的になっている，家庭の貧困や虐待に直面しているなど，背景にある問題を言葉に表すことが難しい反面，身体症状としては現れやすいので，問題を早期に発見しやすいこと。保健室頻回来室者，不登校傾向者，非行や性に関する問題などさまざまな問題を抱えている児童生徒と保健室でかかわる機会が多いこと。職務の多くは学級担任をはじめとする教職員，学校医等，保護者等との連携の下に遂行されること等があげられている。こうした職務の特質は，学校生活においても，パソコンやスマートフォンへの依存によって起こされる睡眠不足，アレルギー疾患，性の問題行動，感染症など，新たな健康面の課題を解決する専門的な大きな力として期待されている。このため，養護教諭は児童生徒の健康問題について中核を担う役目を持っている。この点に関して，受験者の理解を問う出題であると推察される。

●作成のポイント

論文の形式はいくつかあるが，ここでは「序論・本論・結論」で一例を考えたい。

序論では，養護教諭の職務の特質について説明し，チーム学校，地域連携の一員として，現代的な課題に対処していくことについて述べる。文字数は150～200字を目安にする。

本論では，児童生徒の心身の健康に加えて，学習や人間関係における問題の発見や対応に当たり，その内容に応じて，学級担任等，学校医等，スクールカウンセラー等との学校内における連携，また自身の人脈を生かして，医療関係者や福祉関係者など地域の関係機関との連携を推進することが必要となっていることなどを述べる。その際，養護教諭は，コーディネーターの役割を担う必要があることも述べるとよい。文字数は300～400字を目安にする。

結論としては，信頼を獲得するために，児童生徒の現代的な健康課題に適切に対応していく，常に新たな知識や技能などを習得していく必要があること，それに向けて自分が努力したいことを，150～200字程度で述べていこう。

【特別支援学校・2次試験(1次試験で実施)】 60分

●テーマ

神奈川県では，共生社会の実現に向け，支援教育の理念のもと，インクルーシブ教育を推進しています。このことを踏まえ，特別支援学校の教員として，児童・生徒が将来自立し，社会参加するために必要な力を育むためにどのように取り組みますか。あなたの考えを600字以上825字以下で具体的に述べなさい。

●方針と分析

(方針)

児童生徒が将来において自立し，社会参加するために必要な力をどのような取り組みによって育むか。県が共生社会の実現に向け，支援教育の理念のもとにインクルーシブ教育を推進していることを踏まえて，600字以上825字以下で述べる。

(分析)

2018年度とほぼ同趣旨の内容の問題が出題されたため，過去問をよく研究していた受験者は，有利だったと思われる。2019年度の出題では，インクルーシブ教育のことを念頭に置き，具体的な取り組みの事例をあげることを明確に指示された。このため，合理的配慮の意義，目的，効果などの抽象的，原理論的な内容は触れる程度にして，県が重視する方針を踏まえつつ，具体的な内容を論じたい。例えば，特別支援学校では，通常学級の児童生徒に比べて，ICTの活用スキルの習得が順調でないことが多く，デジタルデバイド(情報格差)により，障害をもった児童生徒の社会参加が難しいという指摘もある。したがって，学校と地域が連携して，児童生徒等を支援する方策を検討するといったことが考えられる。こうした内容を踏まえながら，答案を作成してみよう。

●作成のポイント

論文の形式はいくつかあるが，ここでは「序論・本論・結論」で一例を考えたい。

まず，序論では神奈川県の理念やインクルーシブ教育の概念について述べる。分析でもあるとおり，具体的内容に重点を置きたいので，文字数は150字を目安にするとよい。

本論では具体的方策について述べる。例えば，ICT機器の活用のスキルを身につける授業を実践することを書くならば，学校内の教諭だけでは十分に対応できないことが多いため，社会貢献活動に積極的なIT企業やデジタル教育に貢献しているNPO法人の人材を講師として招き，自身は，授業のコーディネート役を果たすことなどを述べていこう。合わせて，こうした外部の人材を発掘するための情報収集を絶えずする努力も述べる。文字数は300～400字を目安にする。

結論では今までの内容をまとめるとともに，人材発掘の努力などは，特別支援学校に学ぶ児童生徒に，確かな学力をつけさせて，社会の一員として自立して生きる力を養うために不可欠であることを示して，全体をまとめるのもよい。文字数は150字を目安にする。

【特別支援学校(自立活動担当)・2次試験(1次試験で実施)】　60分

●テーマ

神奈川県では，子どもたちの多様な教育的ニーズに対応するため，自立活動教諭(専門職・看護師)を特別支援学校に配置しています。自立活動教諭は教職員チームの一員として，特別支援学校の教育活動に携わります。このことを踏まえ，自立活動教諭が教職員チームに加わることで，どのような教育効果が期待できますか。また，教職員チームの一員としてどのように取り組みますか。あなたの考えを600字以上825字以下で具体的に述べなさい。

●方針と分析

(方針)

まず，自立活動教諭が教職員チームに加わることで期待される教育効果を説明し，次に，教職員チームの一員としてどのように取り組むかを具体的に説明する。

(分析)

神奈川県では，自立活動担当の教諭が学校現場において，教育以外の専門的な知識・技能を発揮することで，児童生徒や保護者の多様なニーズに対応し，多角的・多面的な視点での支援を目指している。さらに，特別支援学校がより高い専門性をもち，校内はもとより，地域の特別支援教育の中心として，自身の専門性を発揮する役割をも期待されている。チーム学校の一員として，校長など管理職，担任教諭，養護教諭，スクールカウンセラーとの連携に触れながら，自身の役割について，述べる必要がある。自立活動教諭の役割としては，例えば，幼児・児童・生徒の実態を把握し，個別の指導計画作成の助言をすること，研修等で深めた知識や技能を生かして自立活動の時間における指導，主として身体の動きや移動に関すること，活動への自発的な取り組みを引き出すことなどである。児童生徒の一人ひとりに応じた指導の充実を図るために，ライフステージに沿った継続的な支援を目的とする「個別の支援計画＝支援シート」を作成することを挙げる。特別支援学校においては，支援シートの内容を踏まえた「個別教育計画」を作成して，一人ひとりの教育的ニーズにきめ細かく対応することも重要である。

●作成のポイント

論文の形式はいくつかあるが，ここでは「序論・本論・結論」で一例を考えたい。

序論では自立活動担当教論の職務の特質，チーム学校の一員として，現代的なニーズに対処していくことに関して述べる。文字数は150字を目安にするとよい。

本論では，自立活動教論の存在がもたらす教育効果を述べる。例えば，児童生徒の活動への自発的な取り組みを引き出せること，一人ひとりに応じた指導の充実を図るためのライフステージに沿った継続的な支援が可能になることが考えられる。次に，チーム学校の一員として具体的にどういうことに取り組むかを説明する。支援シートと個別教育計画の詳細な作成，担任教論との日常的な情報交換，児童生徒の特性や健康状態や医学的な情報といった個人情報の取り扱いやデータ管理を厳密に行うこと等が考えられる。文字数は300～400字を目安にする。

結論では，専門家であることを自覚し，多方面にわたって努力する決意を述べる。ここでの文字数は150～200字程度でよい。

横浜市

【小学校・2次試験(1次試験で実施)】 45分

●テーマ

教科学習をはじめ，すべての学習場面での学校図書館の活用の推進が図られていますが，学習における学校図書館の活用に関しての基本的な考え方を述べるとともに，授業での具体的な活用について例を挙げて述べなさい。(800字以内)

●方針と分析

(方針)

まず，学習における学校図書館の活用についての基本的な考え方を，次に授業での具体的な活用について，例示しながら800字以内で説明する。

(分析)

学校図書館はすべての学校(小・中・高等学校，中等教育学校，特別支援学校)に置かなければならないものであり(学校図書館法第3条)，設置目的は図書，視聴覚教育の資料，その他学校教育に必要な資料などを収集・整理・保存し，これを児童又は生徒及び教員の利用に供することで，学校の教育課程の展開，児童又は生徒の健全な教養を育成することにある(同法第2条)。

小学校学習指導要領解説総則編(平成29年　文部科学省)によると，学校図書館の役割として①児童の想像力を培い，学習に対する興味・関心等を呼び起こし，豊かな心や人間性，教養，創造力等を育む自由な読書活動や読書指導の場である「読書センター」としての機能，②児童の自主的・自発的かつ協働的な学習活動を支援したり，授業の内容を豊かにしてその理解を深めたりする「学習センター」としての機能，③児童や教職員の情報ニーズに対応したり，児童の情報の収集・

選択・活用能力を育成したりする「情報センター」としての機能，の3つをあげており，さらに「読書活動の推進のために利活用されることに加え，調べ学習や新聞を活用した学習など，各教科等の様々な授業で活用されることにより，学校における言語活動や探究活動の場となり，主体的・対話的で深い学びの実現に向けた授業改善に資する役割」が期待されるとしている。

考え方の1つとして，一般的には「読書センター」のイメージが強いと考えられるため，これからは「学習センター」「情報センター」としての機能を重視することがあげられる。例えば国語や理科，社会など，教室での授業で学んだことを確かめ，広げ，深める，資料を集めて読み取り，自分の考えをまとめて発表するなど，児童生徒の主体的な学習活動を支援するといったことがあげられる。ここでは，図書だけでなく，新聞やインターネット等のデジタル情報など多様なメディアを提供し，資料の探し方・集め方・選び方や記録の取り方，比較検討，情報のまとめ方などを学ばせることも視野に入れたい。

●作成のポイント

論文の形式はいくつかあるが，ここでは「序論・本論・結論」で一例を考えたい。

序論では，例えば学習指導要領などで示されている「読書センター」「学習センター」「情報センター」としての機能を踏まえて，自身がどのように考えているのかをまとめるとよいだろう。文字数は250字程度を目安とする。

本論では，具体的な内容について述べる。実践例を知っていれば，それを基に内容を構成するのもよい。こういった論文で個性をアピールするため，非常に特殊なケースを考える人もいるかもしれないが，ここでは学校図書館の役割についての理解が問われていることから，知識・理解によほどの自信がある人を除いて，オーソドックスな内容でよい。文字数は400字程度を目安とする。

結論では，今までの内容を踏まえ，児童生徒の創造力を培い，学習に対する興味・関心等を呼び起こし，豊かな心を育むことの重要性を述べてみよう。文字数は150字程度を目安とする。

【中学校，高等学校・2次試験(1次試験で実施)】　45分

●テーマ

いじめは深刻な教育現場の課題として，社会からも強くその解決が求められているところです。そのためには，「生徒自らがいじめを許さない集団」作りに取り組む必要があります。この目標を達成するため，あなたは教科学習や学級指導の場面で，どのような指導を展開したいと考えるか，具体的に述べなさい。(800字以内)

●方針と分析

(方針)

「生徒自らがいじめを許さない集団」作りのために，受験者が教科学習や学級指導の場面でどのような指導を展開したいかを具体的に述べる。

(分析)

まず，予備知識として小・中・高等学校及び特別支援学校におけるいじめの認知件数は 414,378件(平成29年度)であり，前年度(323,143件)より91,235件増加している。いじめが単なる学校の問題だけでなく社会問題と認識されて久しいが，それでもいじめが解消されないという現状を踏まえて考えたい。

いじめを許さない集団作りに取り組むためには，教員や生徒がいじめの仕組み等について理解する必要があるだろう。ここでは「生徒指導提要」(以下，本資料)で見ていくことにする。まず「いじめの構造」だが，本資料によると「いじめる人」「いじめられる人」以外に，おもしろがったりはやし立てたりする「観衆」，周辺で見ているだけの

「傍観者」で構成されるとしており，「傍観者」は暗黙の了解を与えていると位置づけている。つまり，いじめられている人に対して，いじめている人を含め，いじめを肯定するものが何人もいるという構図であり，卑怯な行為であることを指導する必要があるだろう。また，教員としてはいじめが起きる要因を知っておく必要がある。本資料ではいじめの衝動発生の原因として心理的ストレス，集団内の異質なものへの嫌悪感情，ねたみや嫉妬，遊びやふざけ，いじめの被害への回避感情があげられている。心理的ストレスについては，現代の競争社会に対するストレス等が考えられ，学校などの役割の一つとして児童生徒の居場所づくりをあげる資料もある。以上のことを踏まえて，考えるとよい。

近年では，SNSやインターネット掲示板に同級生や友人の悪口を書き込むことや，金銭の恐喝といった犯罪行為になっているケースも見受けられる。これらについても指導することが求められるだろう。

●作成のポイント

論文の形式はいくつかあるが，ここでは「序論・本論・結論」で一例を考えたい。

序論では，人権感覚の育成も踏まえ，いじめは自分にとって具体的かつ切実な問題と捉えられるような指導の必要性を述べたい。文字数は250字程度を目安とする。

本論では，情報モラル教育やホームルームの時間を活用した，具体的な取り組みを示す。このとき，中高生が対象となることも意識したい。文字数は400字程度を目安とする。

結論では，「いじめ」を許さない雰囲気づくりのために，生徒が周りの環境から感じ取るように仕向ける指導の大切さを述べてみよう。文字数は150字程度を目安とする。

【養護教諭・2次試験(1次試験で実施)】　45分

●テーマ

児童生徒が生涯にわたって健康な生活を送るために必要な力の1つとして，「自己有用感・自己肯定感」が挙げられています。そのような力を育成するために，あなたは養護教諭として，どのような場面をとらえながら，どう指導を展開したいと考えますか。あなたの考えを具体的に述べなさい。(800字以内)

●方針と分析

(方針)

「自己有用感・自己肯定感」を育成するために，養護教諭としてどのような場面を捉えながら，どう指導を展開したいかを具体的に説明する。

(分析)

文部科学省の資料「現代的健康課題を抱える子供たちへの支援～養護教諭の役割を中心として～」という冊子を踏まえたものと思われる。養護教諭は児童生徒が生涯にわたって健康な生活を送るために必要な力を育成するために，教職員や家庭・地域と連携しつつ，日常的に「心身の健康に関する知識・技能」「自己有用感・自己肯定感(自尊感情)」「自ら意思決定・行動選択する力」「他者と関わる力」を育成する取組を実施することを期待されているが，今回は自己有用感・自己肯定感(自尊感情)について絞って論じる必要がある。当該資料では委員会活動の中で健康に関する発表を行うことや1年間を通して継続的に取り組む活動，例えば，給食後の歯みがき活動により，児童生徒に成果や達成感を感じさせる。学校生活の中で，「友達の良いところ探し」や「地域でのボランティア活動」等を通して，互いの良いところを認め合うことや，他者の役に立っていると感じることのできる機会を提供し，児童生徒の自己有用感が高められるよう努める。自己肯定感を高められるよう，困難な状況を乗り越えるような体験の機会を設ける。例えば「苦手な友達に自分の気持ちを伝える」「『やめて』と言えるようになる」など，保健室で児童生徒と練習した後，実際に対処させる，といったことが示されている。これらを踏まえて，自身の事例を考えればよいだろう。

●作成のポイント

論文の形式はいくつかあるが，ここでは「序論・本論・結論」で一例を考えたい。

序論では，「自己有用感・自己肯定感(自尊感情)」を高めることにつき，養護教諭に要求されていることをまとめる。文字数は250字程度を目安とする。

本論では，具体的な場面を設定しながら，受験者なりの取り組みの例を示すようにしたい。分析では，苦手な友達に自分の気持ちを伝えること，自分にとって嫌なことを拒否するトレーニング等を示しているが，そのものではなく自身の経験を基に案を作成する方法も考えられる。文字数は400字程度を目安とする。

結論では，学校生活を終えて社会に出ていく上でも，自己有用感・自己肯定感(自尊感情)は大切であり，児童生徒の心身の健康を支える重要な要素であることを確認しよう。文字数は150字程度を目安とする。

【特別支援学校・2次試験(1次試験で実施)】　45分

●テーマ

障害のある児童生徒一人ひとりの教育的ニーズに応じた指導や支援を，組織的・継続的に行うことが，より一層求められています。あなた自身は，どのように取組を進めたいと考えているか，具体的に述べなさい。(800字以内)

●方針と分析

(方針)

障害のある児童生徒の教育的なニーズに応じた指導や支援を，組織的・継続的に行うために，受験者はどのように取組を進めたいか。具体的に述べる。

(分析)

問題自体に特殊性はないが，横浜市の特別支援学校，および教職員に関する考え方を踏まえながら，論文を展開させるのがよいだろう。「特別支援教育を推進するための基本指針」(横浜市教育委員会)によると，特別支援学校における教職員の役割として，「個別の指導計画や個別の教育支援計画を学校全体で共有化して，次の学年や進路先に引き継ぎ，一貫した指導・支援を行う」「個別支援学級や通級指導教室では，横浜版学習指導要領に基づき，障害の状態に応じた指導を行う」「障害のある児童生徒には，その特性に応じた教室環境を整備する」「課題解決が難しい場合には，特別支援学校や通級指導教室，地域療育センター等の関係機関と積極的に連携を図る」「誰もがわかりやすい，ユニバーサルデザインの授業作りに努める」等が示されている。これらを踏まえ，自身の取組について考えよう。

●作成のポイント

論文の形式はいくつかあるが，ここでは「序論・本論・結論」で一例を考えたい。

序論では，特別な支援を必要とする幼児児童生徒が個々の能力や可能性を最大限に伸ばすこと，社会参加と自立の基礎となる「生きる力」を培うためには一人ひとりの教育的ニーズを適切に把握し，多様で柔軟な教育的支援を計画的・組織的・継続的に推進することの大切さを述べる。文字数は250字程度を目安とする。

本論では，具体的な取組を示す。例えば個別支援学級や通級指導教室の設置をはじめ，重度・重複障害児を対象とした教育の保障，肢体不自由特別支援学校の小学校への併設設置，医療と連携した医療的ケアの実施，交流教育の推進，保護者支援のための事業などに触れるのもよい。文字数は400字程度を目安とする。

結論では，特別な支援を必要とする幼児児童生徒の自立・社会参加に向けた主体的な取組を支援することの大切さを確認しよう。文字数は150字程度を目安とする。

川崎市

【小，中，高等学校，特別支援学校，養護教諭(特別選考)・1次試験】　60分

●テーマ

［小，中，高等学校，特別支援学校］

どの学校も地域や保護者から信頼される学校をめざしています。信頼関係を築くために，どのようなことが大切だと考えますか。また，そのためにどのような取組をしますか。具体的に600字以内で述べてください。

［養護教諭］

どの学校も地域や保護者から信頼される学校をめざしています。信頼関係を築くために，養護教諭としてどのようなことが大切だと考えますか。また，そのためにどのような取組をしますか。具体的に600字以内で述べてください。

●方針と分析

(方針)

地域や保護者と信頼関係を構築できる学校になるために，必要なことを述べ，その具現化に必要な取組を具体的に説明する。

(分析)

本問では学習指導要領改訂やコミュニティ・スクール(学校運営協議会)等に関する知識を基に論じるとよいと思われるが，ここでは後者について解説したい。

コミュニティ・スクール(学校運営協議会)は，公立学校に対する国民の多様な期待にこたえ，地域に開かれた信頼される学校づくりをより一層進めるために，保護者や地域住民のさまざまな意見や要望が学校運営に的確に反映されるようにしてできたものである。学校運営協議会では校長が作成する学校運営の基本的な方針について承認を行うこと，学校の教職員の任用に関して任命権者である教育委員会に意見を述べること等ができる。このように，保護者や地域住民が学校運営協議会の委員として，一定の権限と責任を持って学校運営に参画することが可能となることにより，各方面から学校に向けられる多様な要望を迅速かつ的確に学校運営に反映することができるようになる。

●作成のポイント

論文の形式はいくつかあるが，ここでは「序論・本論・結論」で一例を考えたい。

序論では，学校と保護者や地域住民が信頼関係を構築する方法を述べる。分析について述べると「開かれた学校」の構築であり，これは学習指導要領改訂の主旨にもつながる。文字数は200字を目安とする。

本論では，信頼を得るべく開かれた学校を具現化するのに必要な取組を述べる。学校運営協議会の例を述べるのもよいし，学校による適切な情報発信と情報共有をしていくことの重要性を述べてもよいだろう。文字数は300字を目安とする。

結論では，受験者自身が，児童生徒は言うに及ばず，保護者や地域の住民への関心を高めていくことに努力していく決意を明確にしてみよう。文字数は100字を目安とする。

【中学英語(特別選考)・1次試験】　60分

●テーマ

新学習指導要領の外国語科の目標に「主体的に外国語を用いてコミュニケーションを図ろうとする態度を養う」とあります。あなたは，この目標をどのように実現すべきだと考えますか。具体的に600字以内で述べてください。

●方針と分析

(方針)

「主体的に外国語を用いてコミュニケーションを図ろうとする態度を養う」という目標の具現化のために必要な取組を600字以内で述べる。

(分析)

「主体的に外国語を用いてコミュニケーションを図ろうとする態度を養う」は中学校外国語の目標の(3)の後半部分であり，全文は「外国語の背景にある文化に対する理解を深め，聞き手，読み手，話し手，書き手に配慮しながら，主体的に外国語を用いてコミュニケーションを図ろうとする態度を養う」である。学習指導要領解説によると，ここでは外国語科における「どのように社会・世界と関わり，よりよい人生を送るか」という「学びに向かう力，人間性等」の涵養に関わる目標として掲げたもの，と位置づけている。また，「主体的に外国語を用いてコミュニケーションを図ろうとする態度を養う」は「積極的にコミュニケーションを図ろうとする態度」を改訂したものであり，その意図として「単に授業等において積極的に外国語を使ってコミュニケーションを図ろうとする態度のみならず，学校教育外においても，生涯にわたって継続して外国語習得に取り組もうとするといった態度を養うこと」を狙っている。これらの例として，教科書等にある英文を単に暗記するのではなく，日常生活で使うと思われる英語を積極的に取り入れること，洋楽など生徒が興味を持つものを導入に使用することを強化するといったことが考えられる。また，会話やスピーチに慣れるよう，生徒同士の会話の機会を増やすこともあるだろう。

これらは，自分とは異なる文化的背景や価値観を持つ外国の人々との共存を前向きに捉えていくことに通じることも視野に入れるとよい。

●答案作成のポイント

論文の形式はいくつかあるが，ここでは「序論・本論・結論」で一例を考えたい。

序論では様々な文化的背景，異なる価値観を持つ他者との共存に必要な能力として，コミュニケーション力が必要なことを述べる。文字数は200字を目安とする。

本論では具体例を示しながら，一案として，英語学習の工夫について述べたい。グループ学習に限らず，個々の生徒の興味関心に合わせたトピックを英語で扱う授業を模索するということも考えられる。文字数は300字を目安とする。

結論では，生徒の将来の学習姿勢だけでなく，社会の一員として自立できるような能力，さらに，他者への寛容な心を育むことに貢献する決意を示してみよう。文字数は100字を目安とする。

【全校種・2次試験】　60分

●テーマ

[小，中，高等学校，特別支援学校]

すべての児童生徒が「学校生活が楽しい」と感じるためには，どのようなことが大切だと考えますか。また，そのためにどのような取組をしますか。具体的に600字以内で述べてください。

[養護教諭]

すべての児童生徒が「学校生活が楽しい」と感じるためには，どのようなことが大切だと考えますか。また，そのために養護教諭としてどのような取組をしますか。具体的に600字以内で述べてください。

●方針と分析

(方針)

すべての児童生徒が「学校生活が楽しい」と感じるために大切な取組を，600字以内で具体的に述べる。

(分析)

川崎市の資料によると，児童生徒(小学校5年，中学校2年)を対象としたアンケートで，「学校生活が楽しい，どちらかといえば楽しい」と回答した割合はともに90%超となっている。この「学校生活が楽しい」ということは川崎市の教育振興基本計画である「かわさき教育プラン」の基本目標である「変化の激しい社会の中で，誰もが多様な個性，能力を伸ばし，充実した人生を主体的に切り拓いていくことができるよう，将来に向けた社会的自立に必要な能力・態度を培うこと」につながると考えられる。

では，学校生活が楽しいと感じる要素にはどのようなものがあるか。あるアンケートによると学校生活が楽しい理由として「新しい知識が得られる」「クラブ活動で友人と親交が深められる」等があげられ，その方法として地域ボランティアとの交流や体験活動等があげられる。これらと自身の学校種，教科などを踏まえて，取組を考えるとよい。

●作成のポイント

論文の形式はいくつかあるが，ここでは環境学習について，「序論・本論・結論」形式で考えたい。

序論では，学校生活が楽しいと感じる要件などを示した上で，環境学習の概要を説明する。文字数は150字を目安とする。

本論では序論の内容を受け，その詳細を説明する。自然環境保全に取り組む行政の部署や市民活動団体との協働で授業を組み立てる工夫などが考えられる。文字数は300字を目安とする。

結論では，児童生徒の将来の学習姿勢だけでなく，社会の一員として自立できるような能力，さらに，問題の解決や探究活動に主体的，創造的に取り組む態度を育て，自己の生き方を考えることができるようにすることの大切さを述べる。文字数は150字を目安とする。

相模原市

【小学校・2次試験(1次試験で実施)】 45分

●テーマ

あなたは6年生の担任をしています。
あなたのクラスのAさんが，普段から仲良くしていたBさんたちに無視をされていることがわかりました。発端は，Aさんが，スマートフォンの無料通信アプリのグループトークで，Bさんたちに誤解を招く書き込みをしたことでした。
あなたは，AさんやBさんたちへの個別の指導とその家庭への連絡，学級全体への指導を行いました。その後，学級懇談会の中で，このことについて保護者に話をすることにしました。
学級懇談会で話すつもりで書きなさい。
※この件に関わっている子どもの保護者も懇談会に参加しており，懇談会で話をする許可をとっている想定とする。
※作文題に書かれている内容以外の設定は自由とする。
※箇条書きや要点ではなく，実際に話す言葉で書きなさい。

●方針と分析

(方針)

スマートフォンのグループトークで周囲の誤解を招く書き込みをしたことで，児童Aが仲の良い友人であるBたちに無視された。問題は解決されたと思われるが，その後の学級懇談会で，当事者の子どもたちの保護者を含めた全体にどのような話をするのか。学級懇談会で話すつもりで述べる。

(分析)

児童だけではなく，保護者も含めた情報モラル教育の内容を踏まえる必要がある設問である。情報社会の進展により，スマートフォンやパソコンなどを使ったインターネット利用の普及が急速に進んでいる。実際，小学校高学年の児童は保護者からの連絡用にスマートフォンを持たされる場合も多い。その際，児童は問題のようなグループトークでコミュニケーションを行うケースも考えられるが，文章作成能力が未熟であるため誤解を招く表現を行うこと，ネット上に載せた文章等は本人が消去しても，他所で残っている可能性があること等を十分認識させる必要がある。これは学校だけでなく，家庭でも指導すべきことであろう。本問では保護者に学級懇談会で話す許可をとっているが，児童や保護者のプライバシーにも十分配慮しながら話す必要があることも念頭に置くことも必要である。

●作成のポイント

本題は作文題であり，また学級懇談会で話すつもりとなっているので，言葉を選びながら構成する必要がある。注意点としては分析でも述べたように，児童のプライバシーに十分注意すること，トラブルの内容を話すことは必要だが，誰と誰のトラブルだったのか等，不要な情報を関係者以外に教える必要はないことを意識する必要があるだろう。また，親が気をつけなければならないこと，児童に対してどのように指導すべきかを明確にする必要もある。実際の学級懇親会ではポイントをレジュメで配布することも考えられるが，今回は懇談会で話すことを想定しているので，どのように伝えるか工夫したい。論文のように序論・本論といった形式にこだわる必要はないが，起承転結を意識すると内容が構成しやすい。試験時間は短いが，文章を見直す時間を作り，流れはスムーズか，論理に破綻はないかといったこともチェックしたい。

【中学校・2次試験(1次試験で実施)】 45分

●テーマ

あなたは新採用で2年3組の担任をしています。
よいクラスをつくろうと担任として一生懸命取り組んでいます。特に2学期に行われた合唱コンクールでは，生徒に金賞受賞の喜びを味わわせたいという強い思いから，入賞の可能性が高い合唱曲をあなたが中心となって選び，どのクラスよりも多くの練習時間を計画させるなど熱心に取り組みました。しかし，入賞することもできませんでした。
その直後からです。学級文庫の本が隠されたり，掲示物に落書きをされたりする出来事が起こりました。その都度，情報を集めようと無記名のアンケート調査を行い，学級に話をしましたが，誰がやったのかは分かりませんでした。次の日の朝，掲示してある学級通信が破かれているのを見つけました。あなたは学年主任に相談し，その日の帰りの会で自分の想いを語ることにしました。
学級全員に話すつもりで書きなさい。
※作文題に書かれている内容以外の設定は自由とする。
※箇条書きや要点ではなく，実際に話す言葉で書きなさい。

●方針と分析

(方針)

受け持ちクラスの2年生の生徒に，合唱コンクールでの金賞を目指して熱心に指導したはずが，入賞できなかった。その直後から，学級内の備品の紛失や破壊が見られるようになった。かつ，誰がやったのかは判明しなかった。こういう状況になったとき，自分の想いを学級全員に話をするつもりで記述する。

(分析)

本設問は，生徒の内面的な把握の難しさ，教員の対応についての受験者の理解を問う問題である。事例は合唱コンクールだが，主要行事に熱心に取り組み，受賞を目指す努力は，ともすると教員の一方的な押し付けになりやすい。本設問では，学級全員で力を合わせて取り組む活動への生徒の参画意識が低下したこと，そして，教員が生徒の参画意識の低下等に気付かず，表面的な言動を見ただけで進行したと考えられる。その結果，生徒の不満はたまり，各種の破損や紛失を招いたと考えられる。以上の点を踏まえ，生徒に語りかける内容を考えよう。

●作成のポイント

まず考えたいのは，生徒は教員に不信感を持っていることである。つまり，教員のいうことを聞かない，聞いても消極的でしかないことがあげられる。そのため，最初に生徒の気を引くような内容を考えたい。大筋は自分の理想や方針を一方的に押し付けたことについて反省と率直に謝る内容が考えられ，生徒の不満や意見を率直に，かつ真剣に聞く姿勢や決意を示すことも取り入れる。できれば「目的や方法は間違っていたけど，少なくともクラスのことは考えていた」と生徒に思わせる内容が理想である。その上で，学級の備品を壊す行為や隠す行為は他の生徒に被害を及ぼす可能性があるため，やめるように述べることが考えられる。論文のように序論・本論といった形式にこだわる必要はないが，起承転結を意識すると内容が構成しやすい。試験時間は短いが，文章を見直す時間を作り，流れはスムーズか，論理に破綻はないかといったこともチェックしたい。

【特別支援学校・2次試験(1次試験で実施)】　45分

●テーマ

あなたは知的障害特別支援学級の担任です。
1学期末の二者面談で1年生Aさんの保護者から「高等学校の普通科へ進学したいので，特別支援学級を退級して，2年生からは通常の学級で学ばせたい。」と相談がありました。AさんはB2の療育手帳を取得しており，現在，国語，社会，数学，理科，英語の5教科は特別支援学級で小学校中学年程度の内容を学習しています。通常の学級の授業で当該学年の内容を理解することは難しいと思われる状況にあります。Aさんの保護者に対して，あなたはどのように話をしますか。
保護者に話すつもりで書きなさい。
※作文題に書かれている内容以外の設定は自由とする。
※箇条書きや要点ではなく，実際に話す言葉で書きなさい。

●方針と分析

(方針)

特別支援学級を退級して通常学級への進級を希望する，B2の療育手帳を取得した生徒の保護者がいる。その保護者に対して，当該生徒の学習の現状から，現実的ではないことをどのように説明するか。保護者に話すつもりで記述する。

(分析)

まず，療育手帳B2とはどのような状況か理解しておきたい。相模原市の基準によると，B2とは知的障害の中で「軽度」と判定され，療育手帳を持つ障害者の中では最も軽度の部類に入る。また，一般的にはIQは50～70程度と見られ，日常生活での支障はあまり多くないと考えられている。

テーマより，比較的軽度の知的障害を持つ生徒の保護者対応に関する問題とわかる。近年，インクルーシブ教育の浸透，共生社会の重要性への理解が進む中で，障害をもつ人自身やその保護者の社会参加への意欲，権利意識が高まっている。とはいえ，現実としては健常者と障害を持った人には差があり，本問でもAさんの5教科の学力は小学校中学年程度である。一方，保護者から見れば健常者よりも不利な条件で進学や就職する不安があるため，通常学級への進級を希望する傾向がある。

以上より，親の不安や希望を理解しつつ，Aさんの現状を認識してもらう必要がある。保護者は通常学級に進めば，特別支援学級では受けられるべき合理的配慮が十分に行き届かず，かえって，生徒の個性を伸ばせない可能性を見失うケースが多い。教員としては，この点について保護者に説明し，冷静な判断をしてもらうように仕向ける必要がある。

●作成のポイント

まず，注意したいのは，保護者の希望を頭ごなしに否定せず，気持ちを理解する態度で挑みたい。そのため最初に通常学級に進んで学びたいという意欲を讃えることが考えられる。

その上で，どうすればAさんが気持ちよく学校生活が送れるかについて，保護者と一緒に考える。具体的には2年生から通常の学級で行うには，2学期間で小学校高学年，中学校1年の学習内容を終了させなければならないこと，仮に2年生から通常の学級になったとして，Aさんが授業についてこられるかといった問題点を示すことも必要であろう。さらに，特別支援学級に在籍したほうが，障害における必要な支援や情報を得やすいこと，さらには，日々の授業においても，適切なフォローができることを述べ，保護者に再度検討してもらうことを促すような内容にしたい。論文のように序論・本論といった形式にこだわる必要はないが，起承転結を意識すると内容が構成しやすい。試験時間は短いが，文章を見直す時間を作り，流れはスムーズか，論理に破綻はないかといったこともチェックしたい。

【養護教諭・2次試験(1次試験で実施)】 45分

●テーマ

あなたは小学校で勤務しています。

あなたは，よく保健室に来室する6年生のAさんの衣服の襟元が汚れていることが気になっていました。ある日，Aさんは，「担任の先生に言わないでほしい」と前置きをして，毎日朝ご飯を食べていないことや，家でいつもお腹がすいていることをあなたに打ち明けました。あなたがもう少し詳しく聞こうとすると，Aさんは話したくない様子で，黙りこんでしまいました。この後，あなたはAさんに対してどのようなことを話しますか。

Aさんに話すつもりで書きなさい。

※作文題に書かれている内容以外の設定は自由とする。

※箇条書きや要点ではなく，実際に話す言葉で書きなさい。

●方針と分析

(方針)

小学6年生のAさんはいつも衣服の襟元が汚れていたが，ある日毎朝食事を食べておらず，家でいつも空腹であることを打ち明けたが，担任には内緒にするように言われ，詳しい事情については話したがらない。このあとのAさんにどのように話すか。

(分析)

養護教諭は，体の不調を訴えて頻繁に来室する児童生徒，担任の教員に心を開かない児童生徒との接触の機会が多い。本問の場合，Aさんは衣服の襟元が汚れていること，家では常に空腹状態であることから，ネグレクトが疑われる。したがって，Aさんのことを心配する旨を伝え，状況を詳しく聞く必要がある。親が多忙すぎて，子供の世話までまわらないのか，虐待なのか等を判断する必要がある。また，このままではAさんの健康を害するといったことも考えられるため，場合によっては担任と連携する必要もある可能性があることを了解してもらうことも考慮したい。

なお，実際には，いわゆる児童虐待防止法第6条で児童虐待が疑われる児童生徒については，児童相談所への通告が義務づけられているため，関係する教職員と対処法について相談することも視野に入れるべきであろう。

●作成のポイント

前提として，実際に話すことを想定しているので口語調で書く，また，語彙力が十分でない小学6年生という年代を意識しつつ，文章の長さも意識すること。内容としては，まずAさんの話したくない心情を理解しつつ，Aさんの健康や生活が心配である旨を伝えるべきだろう。児童によっては親が咎められることを恐れているため，最小限になるよう努力するといったことを伝え，児童の不安を和らげることも必要である。その上で，食事や普段の生活，親の状況などを聞くことが考えられる。その際，虐待などの先入観を持たず，状況を並べ，客観的に判断することを踏まえ，話す内容を考える。最後に，現時点でAさんは心的に弱くなっていることを考慮し，困ったときはいつでも来室してよいことを伝えることも重要であろう。試験時間は短いが，文章を見直す時間を作り，流れはスムーズか，論理に破綻はないかといったこともチェックしたい。

2018年度　論作文実施問題

神奈川県

【小，中，高等学校・2次試験(1次試験で実施)】 60分

●テーマ

[小，中学校]

小学校(中学校)学習指導要領(平成29年3月告示)では，質の高い理解を図るための学習過程の質的改善に向けて，どのようなことが求められていますか。また，そのことを踏まえ，あなたは授業実践においてどのように取り組みますか。あなたの考えを600字以上825字以下で具体的に述べなさい。

[高等学校]

平成28年12月に示された中央教育審議会答申で示されている「知識の量を削減せず，質の高い理解を図るための学習過程の質的改善」に向けた取組として，どのようなことが求められていますか。また，このことを踏まえて，あなたは高等学校の授業において学習過程の質的改善に向け，どのように取り組みますか。あなたの考えを600字以上825字以下で具体的に述べなさい。

●方針と分析

(方針)

質の高い理解を図るための学習過程の質的改善に向けて，どのようなことが求められているか。また，そのことを踏まえ，受験者は授業実践においてどのように取り組むかを具体的に述べる。

(分析)

平成29年告示の小・中学校学習指導要領(以下，学習指導要領)では，社会に開かれた教育課程の実現に向けて，「何ができるようになるか」「何を学ぶか」「どのように学ぶか」で構成されている。学習過程の質的改善については「どのように学ぶか」に該当し，「主体的・対話的で深い学び(アクティブラーニング)の視点からの学習過程の改善」が示されている。平成30年2月現在，正式な高等学校の学習指導要領は未公表だが，基本的方針は変わらないだろう。

これまでの授業は講義形式が主体で，知識の量を重視する傾向があった。しかし，現在はパソコン等の普及により，小学校の児童でも情報を瞬時に入手することが可能である。そのような時代になったからこそ，今後は問題を解決する力，困難を乗り越える力，コミュニケーション力といった，変化の激しい時代を生き抜くための力が重要になり，教育はこうした要請に応えていく責務がある。何をどう学ぶのか，そして学んだことをどう生かすのかを重視し，課題を解決する力，他者とともに学び高め合う力の育成が大切になる。

そういった視点から，授業をどう実践するのかをまとめていくことが求められる。

●作成のポイント

本問では①学習過程の質的改善に向けて求められているもの，②それを踏まえ授業でどう実践するのかという2点を解答することが求められている。したがって，まず①を，続いて②を述べるのが，最も一般的な手法である。ここでは，この方法で考えていきたい。

まず，①についてはアクティブラーニングを中心にまとめるとよい。参考資料として，中央教育審議会答申「幼稚園，小学校，中学校，高等学校及び特別支援学校の学習指導要領等の改善及び必要な方策等について(答申)」があげられる。ここは知識を論じる箇所，つまり個人的な見解などを必要としないので，効率よくまとめることを重点に考えたい。さらに，②との関連性を意識することも求められる。文字量の目安は225字までであろう。

次に②だが，ここでは具体性が求められているため，実際の授業を想定しながら，どう展開するかを述べるのも一つの方法である。例えば地理や歴史分野について，ある地域の特徴的な産業がどういう歴史的かつ自然環境の中で育ったのか，その産業と関連性のあるものはないかど，班ごとに調べさせ，分かったことを発表し合う，といった方法があげられる。教育実習など自身の経験を踏まえて論じるのもよいだろう。文字量の目安は500字程度とする。

まとめはこれまでの内容を踏まえ，自身が授業にどのように取り組むかを簡単に論じまとめとする。文字量は①と②の残りだが，約100字を目安としたい。

【養護教諭・2次試験(1次試験で実施)】 60分

●テーマ

養護教諭には，子ども一人ひとりをその発達課題や教育的ニーズに応じて，きめ細やかに支える重要な役割があります。このことについて，今日的な教育課題，学校組織の一員としての役割を踏まえ，あなたはどのように取り組みますか。600字以上825字以下で具体的に述べなさい。

●方針と分析

(方針)

子ども一人ひとりをその発達課題や教育的ニーズに応じて，きめ細やかに支える重要な役割を，養護教諭としてどう果たすのか。今日的な教育課題を踏まえて具体的に説明する。

(分析)

課題の通り，今日，児童生徒に関わる健康問題は複雑化・深刻化しているため，養護教諭の役割はますます大きいものとなっている。中央教育審議会答申「子どもの心身の健康を守り，安全・安心を確保するために学校全体としての取組を進めるための方策について」にもあるとおり，養護教諭は学校保健活動の中核的な役割を果たしており，在校生の持つ持病や食物アレルギーへの対応や心的健康といった現代的な健康課題解決に向けて重要な責務を担っている。特に近年では，校内の教職員や家庭だけでなく，専門家との連携も問われており，コーディネーターとしての資質，具体的には「自ら意思決定・行動選択する力」「他者と関わる力」なども求められている。

このようなことを踏まえ，学校組織の一員としてどのように取り組むかを考えるとよい。

●答案作成のポイント

論文を「序論・本論・結論」で考える。

序論では，今日的な教育課題を養護教諭にかかるものを中心にまとめる。文字量は250字程度を目安とする。

本論では学校組織の一員としての養護教諭の役割と取組について述べる。自身で必要と感じている取組を中心に論じるとよいだろう。なお，分析のほかにも学校保健安全法を根拠とする健康相談，保健指導，日常的な健康観察などもあげられる。文字量としては425字程度を目安とする。

結論は序論・本論の内容を踏まえ，養護教諭としての意気込みなどを簡潔にまとめる。文字量は150字程度を目安とする。

【特別支援学校・2次試験(1次試験で実施)】 60分

●テーマ

神奈川県では，共生社会の実現に向け，支援教育の理念のもと，インクルーシブ教育を推進しています。平成28年10月には，「ともに生きる社会かながわ憲章」が策定されました。これらを踏まえ，これからの特別支援学校と地域等の協働・連携の意義について，どのように考えますか。また，そのことについて特別支援学校の教員としてあなたはどのように取り組みますか。あなたの考えを600字以上825字以下で具体的に述べなさい。

●方針と分析

(方針)

神奈川県ではインクルーシブ教育を実践しており，平成28年10月には「ともに生きる社会かながわ憲章」を策定した。これを踏まえ，これからの特別支援学校と地域等の協働・連携の意義と具体的な取組について600字以上825字以下で述べる。

(分析)

まず，「ともに生きる社会かながわ憲章」について考えてみたい。本憲章は平成28年7月に県立津久井やまゆり園で発生した，元職員による施設利用者，職員の殺傷事件を踏まえて作成されたものである。この殺傷事件の原因の一つとして，元職員の障害者に対する偏見や差別的思考があげられている。県職員が，このような思考で勤務していたことは，県にとっても大きな衝撃だったと思われる。問題にあるとおり，神奈川県ではインクルーシブ教育を推進していたが，県職員でさえ偏見思考を持っていたのであれば，地域等との特別支援教育に対する理解がそれ以上に進んでいないのではないか，といった疑念が浮かぶのは当然であろう。本問はそのような趣旨で出題されたものと思われる。

次に，インクルーシブ教育における地域等との連携などについてみてみたい。本来，インクルーシブ教育は「これまで必ずしも十分に社会参加できるような環境になかった障害者等が，積極的に参加・貢献していくことができる社会」であるため，地域との連携は欠かせない。そのため，「共生社会の形成に向けたインクルーシブ教育システム構築のための特別支援教育の推進(報告)」では，「普段から地域に障害のある人がいるということが認知され，障害のある人と地域住民や保護者との相互理解が得られていることも重要であり，また，学校のみならず地域の様々な場面において，どう生活上の支援を行っていくかという観点も必要」と，コミュニティづくりの必要性について述べられている。例えば，地域社会に特別支援学校や障害者である児童生徒の存在を知ってもらうため，学校側が交流の機会を設けることが考えられる。こうした取組を自身の体験などを踏まえて，展開させるとよいだろう。

●作成のポイント

ここで論じる内容は①特別支援学校と地域等との協働・連携の意義，②特別支援学校の教員としての取組についてである。つまり，①が理論，②が実践と考えることができるので，①→②の順で論じるのが一般的である。ただし，②について，教育実習などでの経験例を取り上げる場合には，論文構成を考える段階で②→①のほうがやりやすいといったケースは十分考えられる。

以上を踏まえ，論文を「序論，本論，結論」の3段構成で考えると，序論が①，本論が②，結論が①と②を踏まえたまとめとなる。文字量は2：3：1を目安に考えるとよいだろう。

【特別支援学校(自立活動担当)・2次試験(1次試験で実施)】 60分

●テーマ

神奈川県では，児童生徒の自立と社会参加をめざし，自立活動教諭(専門職)を特別支援学校に配置しています。他機関の専門職との違いを踏まえ，学校における自立活動教諭(専門職)の役割について，どのように考えますか。また，あなたは自立活動教諭(専門職)として，担任，保護者等とどのように連携しますか。あなたの考えを600字以上825字以下で具体的に述べなさい。

●方針と分析

(方針)

専門職としての自立活動教諭の役割，そして担任や保護者などの連携をどのように行うかを600字以上825字以下で具体的に述べる。

(分析)

神奈川県の特別支援教育の特徴の一つとして理学療法士，作業療法士などを自立活動教諭(専門職)(以下，本教諭)として配置していることがあげられる。神奈川県教育委員会が発行した資料「協働支援チーム宣言」(以下，本資料)によると，本教諭の役割について「教職員チームの一員として個別教育計画の作成等の校内支援にかかわります」とある。ここでいう「個別教育計画」とは神奈川県独自の指導計画であり，特別支援教育で作成が義務づけられている「個別の指導計画」にライフステージや地域生活などの要素を考慮に入れたものとされている(「個別教育計画活用ケースブック」神奈川県立総合教育センター)。

テーマに「他機関との専門職との違いを踏まえ」とあるが，本資料によると本教諭がサポートするのは児童生徒ではなく，児童生徒を指導する教員であることが，医療・福祉の専門家との相違点であるとしている。また，本教諭の特徴として日常性(日常生活にかかわる点から評価できる)，同僚性(いつでも相談できる)，連続性(毎日の学校生活を見て評価できる），発展性(教育・医療・福祉の連携をより発展させる)といったことがあげられているので，それらを踏まえてまとめるとよいだろう。

●作成のポイント

ここで論じる内容は①本教諭の役割，②本教諭として担任や保護者などとどのような連携をするか，である。①は知識的な内容に近いので，本資料の内容を参考に文章をまとめればよいと思われる。②については担任との連携は本資料の内容を読めばよいだろうが，保護者等との連携についてはあまり触れられていない。ただし，「個別の指導計画」の作成や実施の際，保護者の意見の聴取や理解が必要であるため，「個別教育計画」作成の際も同様に保護者の意見を聞きながら，専門的立場として助言などを行う必要があると思われる。

以上を踏まえ，論文を「序論，本論，結論」の3段構成で考えると，序論が①，本論が②，結論が①と②を踏まえたまとめとなる。文字量は2：3：1を目安に考えるとよいだろう

横浜市

【小学校・2次試験(1次試験で実施)】 45分

●テーマ

誰もが幸せに暮らす共生社会を目指して，障がいの有無に関わらず，インクルーシブ教育が推進されていますが，授業におけるユニバーサルデザインの基本的な考え方を説明するとともに，授業での具体的な工夫について例を挙げて述べなさい。(800字以内)

●方針と分析

(方針)

小学校の授業におけるユニバーサルデザインの基本的な考え方，および授業での具体的な工夫例について800字以内で説明する。

(分析)

ユニバーサルデザインとは「全ての年齢や能力の人に対し，可能な限り最大限に使いやすい製品や環境のデザイン」のことであり，「誰にでも公平に利用できること」「使う上で自由度が高いこと」「使い方が簡単ですぐわかること」「必要な情報がすぐに理解できること」「うっかりミスや危険につながらないデザインであること」「無理な姿勢をとることなく，少ない力でも楽に使用できること」「アクセスしやすいスペースと大きさを確保すること」の7つを原則としている。

ユニバーサルデザインの視点に基づく授業(以下，本授業)について，ある自治体では「個別的な調整または特別な設計を必要とすることなく，最大限可能な範囲で，すべての子どもがよくわかる授業をつくること」と定義している。本授業は特別支援教育を意識していることが多いが，健常者の授業でも必要であり，特に基礎事項を学習する小学校にとっては欠かせないものとなっている。ただし，本授業は授業のレベルを下げることではない。すべての児童が授業・学習に対する意欲を高めたり，理解を深めたりすることを目指すものであることに注意したい。

具体例については自身で体験・学習したものを踏まえて述べるとよい。手がかりがない受験生は，他自治体の教育委員会のホームページを検索する方法もある。掲載されている事例を参考に，自分なりの工夫例を事前に準備するとよいだろう。

●作成のポイント

求められている内容は①授業におけるユニバーサルデザインの基本的な考え方について，②授業例の具体的な工夫例，である。

①については自身なりの定義があれば，その定義を示したうえで，補足説明する形式が考えられる。定義がない場合は自身の考えに沿って説明するが，その場合，冗長すぎないよう，かつ論理が破綻しない

ように注意すること。

②については，分析で述べたとおりである。

以上を踏まえ，論文を「序論，本論，結論」の3段構成で考えると，序論が①，本論が②，結論が①と②を踏まえたまとめとなる。文字量は2：3：1を目安に考えるとよいだろう。

【中学校・高等学校，高等学校(商業)，高等学校(情報)・2次試験(1次試験で実施)】 45分

●テーマ

「多様性を認める柔軟さ」や「協働・共生する姿勢」を育成するため，あなたは担任として，自発的・自治的な活動をどのように展開したいと考えるか，具体的に述べなさい。(800字以内)

●方針と分析

(方針)

「多様性を認める柔軟さ」や「協働・共生する姿勢」の育成を目的とした，自発的・自治的な活動の展開について，具体的な取組を示しながら，800字以内で説明する。

(分析)

問題のキーワードとしては「多様性を認める柔軟さ」，「協働・共生する姿勢」，「自発的・自治的な活動」があげられる。前2つは一見すると，人権教育，特別支援教育に関する内容と思われがちだが，この2つは「横浜市教育大綱」(平成27年9月)の第1章〈世界で活躍できるためのグローバルな視点〉で示されているものであり，「開港の地・横浜の進取の気風のもと，多様性を認める柔軟さを持ちつつ，世界の人々と積極的にコミュニケーションを取り，協働・共生する姿勢を養います」とある。さらに，将来の姿について「国際社会の中で，バランス感覚を持ちつつ，自ら挑戦する気概を持つ」「横浜の歴史や伝統文化に対する理解を深め，様々な国の人々と理解し合い協働できる」とある。さらに，横浜市の教育に関する「5つの目標」の中で「多様な文化・価値観への理解を深め，世界的視野や問題解決能力等を養い，国際社会で活躍できる人材を育成します」とある。

一方，「自発的・自治的な活動」は，特別活動が思い付くだろう。特に学級活動，生徒会活動において，中学校学習指導要領では「指導内容の特質に応じて，教師の適切な指導の下に，生徒の自発的，自治的な活動が効果的に展開されるようにする」としている。そして，具体的内容として，中学校学習指導要領解説(特別活動編)では「生徒が自らの力で組織を作り，活動計画を立て，協力し合って望ましい集団活動を行うように導く」とある。

●作成のポイント

論文としては，「多様性を認める柔軟さ」や「協働・共生する姿勢」とは具体的にどのようなことを指すかを自身なりに解釈し，特別活動において生徒にどう展開させるかを論じればよいと思われる。当然，「横浜市教育大綱」に示されている内容などを中心に，論じることが理想である。

具体例も「横浜市教育大綱」，および学習指導要領の内容に則った形で展開すればよい。例えば，学級や校内に外国人の生徒がいれば，その保護者などに自国の特徴や文化，言語などを説明してもらい，他国への理解が深まるといったことも考えられるだろう。

以上を踏まえ，論文を「序論，本論，結論」の3段構成で考えると，序論は解釈，本論は具体例，結論はまとめとなり，文字量は2：3：1を目安に考えるとよいだろう。

なお，「横浜市教育大綱」の内容に気付かなかった場合は，キーワードの意味に注意しながら，論文を展開することになる。その際，各キーワードの原義を理解していないと，テーマの趣旨から外れてしまうことに注意したい。例えば，「共生(社会)」はインクルーシブ教育などでよく使用されることから，特別支援教育に限ると考えがちだが，元々は「すべての人がお互いの人権や尊厳を大切にし，支え合い，誰もが生き生きとした人生を送ることができる社会」であり，障害者に限ったことではない。限られた時間の中で詳細な分析は難しいが，普段から用語の意味は丁寧に学習しておくこと，そして問題文は慎重に読み，趣旨は何かを分析する力を身につけるようにしてほしい。

【特別支援学校・2次試験(1次試験で実施)】 45分

●テーマ

特別支援教育では，児童生徒一人ひとりの能力やニーズに配慮した「個に応じた指導」が特に求められています。そこで，特別支援教育の授業において，「個に応じた指導」のために，タブレット端末などのICT機器をどのように活用したらよいと考えますか。あなたの考えを具体的に述べなさない。(800字以内)

●方針と分析

(方針)

特別支援教育における「個に応じた指導」のための，ICT機器の活用法を800字以内で具体的に述べる。

(分析)

文部科学省の「ICTを活用した指導方法の開発」では，デジタル教材を用いて，学習課題の試行を容易に繰り返すことにより，学習課題への関心が高まり，理解を深めることが可能となること，そして，デジタル教材のシミュレーション機能や動画コンテンツ等を用いることにより，通常では難しい実験・試行を行うことが可能となる，ことが示されている。

特別支援教育におけるICT機器の具体的な活用例としては，自身で実践したこと，学習したこと等が基礎となるが，「特別支援教育でICTを活用しよう」(国立特別支援教育研究所)なども参考になる。インターネットで資料が公開されている事例も多数あるので，十分に研究しておきたい。

●作成のポイント

まず，テーマで児童生徒の障害の種類，学校種などが示されていないため，モデルとなる児童生徒を設定するとよいだろう。論文を「序論・本論・結論」で考える場合，一例として，序論では自身が特に注目するICT機器の利用とそのメリット，本論では序論の内容を受けて，障害を持つ児童生徒がどう利用するのかを詳しく説明し，結論でICT機器の可能性とその研究についてまとめるといった方法があげられる。文字量は序論2，本論3，結論1の割合を目安とするとよいだろう。

【養護教諭・2次試験(1次試験で実施)】 45分

●テーマ

> 児童生徒の心のケアやアレルギー対応などは，専門的な対応が要求される課題であり，学校だけですべてに対応することはできません。そこで，家庭や地域の専門機関との連携を強化し，効果的な対応を行う体制が求められます。あなたは養護教諭として，関係機関とどのように連携を進めるか，具体的な事例を想定して述べなさい。(800字以内)

●方針と分析

(方針)

児童生徒が有する病症の中には，学校だけでは対処できないものもあるため，学校としては家庭や地域の専門機関との連携を強化し，効果的な対応を行う必要がある。養護教諭として，関係機関とどのように連携を進めていきたいか。具体的な事例を想定して述べる。

(分析)

養護教諭の役割はだんだんと進化しており，中央教育審議会答申「子どもの心身の健康を守り，安全・安心を確保するために学校全体としての取組を進めるための方策について」では「医療関係者や福祉関係者など地域の関係機関との連携を推進することが必要となっている中，養護教諭はコーディネーターの役割を担う必要がある」としている。

本問では「アレルギーへの対応」が示されているが，「学校のアレルギー疾患に対する取組ガイドライン」(日本学校保健会)等で，アレルギー症状のある児童生徒の状況把握について示されており，その情報に基づいて専門機関と連携をとる方法が考えられる。また，心のケアについてはスクールカウンセラー等との連携を踏まえ，関係機関との連携を検討することになると思われる。

いずれにしても養護教諭は，「学校保健活動の推進に当たって中核的な役割」を担う存在であり，専門機関と児童生徒をつなぐ役割をもつ。そのため，専門知識だけでなく，コミュニケーション能力や地域とのコネクションをもつといったことも必要になる。それらのことを踏まえながら，論文を作成するとよいだろう。

●作成のポイント

本問はアレルギー疾患をもつ児童生徒の把握から対応まで，ほぼシステム化されている事項と心のケアに関する問題などのようにあまり連携には言及されていない事項とがある。当然，書きやすいのはアレルギー疾患に関する連携だろう。具体的にはアレルギー疾患を有する児童生徒の情報については，保護者の同意の下，専門機関と共有し，アレルギー反応があった場合の学校での対処，および専門機関での対処などを事前に打ち合わせておくといったことが考えられる。一方，心のケアについては「分析」にあるとおり，スクールカウンセラー等と連携をもちながら，専門機関と相談し，対処するといった方法も考えられる。

論文を「序論・本論・結論」で考えると，具体的事例の設定が序論，連携の進め方の事例が本論，そして序論・本論のまとめが結論になり，文字量としては序論1.5，本論5.5，結論1が目安となるだろう。

川崎市

【小論文A　小学校，中学校，高等学校，特別支援学校，養護教諭・1次試験】 60分

●テーマ

[養護教諭以外]

あなたが「今の児童生徒に身に付けさせたい力」は，どのような力ですか。その力を育むためにどのような取組をしますか。具体的に600字以内で述べてください。

[養護教諭]

養護教諭として「今の児童生徒に身に付けさせたい力」は，どのような力ですか。その力を育むためにどのような取組をしますか。具体的に600字以内で述べてください。

●方針と分析

(方針)

「今の児童生徒に身に付けさせたい力」と，その力を育むための取組を具体的に説明する。

(分析)

まず，「今の児童生徒に身に付けさせたい力」は数多くあるはずなので，確たる解答がないテーマといえる。したがって，「身に付けさせたい力」を選択した理由が適切であるか，そして取組が適切であるか，といったことが採点対象になるだろう。

「身に付けさせたい力」を絞る根拠としてあげられる要因として，①自身が教育実習などで体験した中で感じた，②自身で「いまどきの児童生徒」について分析し，その中で特に身に付けさせたいと感じた，③データ等で全国平均より劣っているとわかった等が考えられる。①は自身の経験に基づくものであり，③はきちんとした数値で表れるので，採点者は共感しやすいだろう。例えば，③に関して「全国学力・学習状況調査結果」(平成29年度)によると，川崎市の児童生徒の学力はほぼ全国平均並み，また「神奈川県児童生徒体力・運動能力調査報告書」(平成28年度)によると，神奈川県の体力テストの結果は，どの年代でも総じて全国平均以下という結果であった。したがって，身に付けさせたい力で「体力」を選択することは，一定の説得力があるといえる。

取組についても，これといった制限がないため，自由に設定できる。各教科だけでなく，特別活動や部活動など，学校における教育活動全体を視野に入れて考えていきたい。

●作成のポイント

論文を「序論・本論・結論」の3段階で考えると，序論は身に付けさせたい力についての説明，本論はその取組，結論はまとめとなるだろう。

分析でも述べたとおり，序論の身に付けさせたい力の選択理由は，採点者が共感を憶えるような内容が望ましいので，序論の中でも力を入れたいところである。文字量は200字を目安とする。

本論では序論で述べた力の育成への取組について述べる。当然，序論との連結を意識しながら述べること。また，自身が実際に取り組んだことがあれば，それを述べるのもよい。その際は，効果があった点と反省点，そして改善方法をまとめておくのもよいだろう。文字量は300字を目安とするとよい。

結論は序論・本論の内容を受け，まとめを書く。文字量は100字を目安としたい。

【小論文A　特別選考Ⅳ中学校(英語)・1次試験】 60分

●テーマ

次期学習指導要領においては，主体的・対話的で深い学びの実現が求められています。あなたは主体的・対話的で深い学びを英語の授業の中でどのように実現しますか。自分の英語力をどのように生かすかについても触れながら，具体的に600字以内で述べてください。

●方針と分析

(方針)

次期学習指導要領で求められている，主体的・対話的で深い学びを英語の授業の中でどのように実現するか。自分の英語力をどのように生かすかについても触れながら，具体的に600字以内で述べる。

(分析)

問題のキーワードである「主体的・対話的で深い学び」は，アクティブ・ラーニングの視点からの英語の授業改善に関わるものである。ここでいう「主体的」とは「学ぶことに興味や関心を持ち，自己のキャリア形成の方向性と関連づけながら，見通しをもって粘り強く取り組み，自己の学習活動を振り返って次につなげる」こと，「対話的」とは「子供同士の協働，教職員や地域の人との対話，先哲の考え方を手掛かりに考えること等を通じ，自己の考えを広げ深める」こととしている。そして，英語教育に関しては「互いの考えや気持ちなどを外国語で伝え合う対話的な言語活動を重視するとともに，具体的な課題等を設定するなどして学習した語彙や表現等を実際に活用する活動を充実させ，言語活動の実質化」を図るものとしている。

一方，文部科学省は英語を通じて，①言語やその背景にある文化を尊重しようとする態度，②自律的・主体的に英語を用いてコミュニケーションを図ろうとする態度，③他者を尊重し，聞き手・読み手・話し手・書き手に配慮しながら，外国語で聞いたり読んだりしたことを活用して，情報や考えなどを外国語で話したり書いたりして表現しようとする態度，外国語を通じて積極的に人や社会と関わり，自己を表現するとともに他者を理解するなど互いの存在について理解を深め，尊重しようとする態度を身に付けることを推奨している。これらの態度は多様な価値観が併存し，かつ変化の激しい社会にあっては必須のものとされる。英語などの外国語教育を通じて，こうした態度を育むことの重要性を受験者が理解しているかどうかを問うものである。

●作成のポイント

ここでは論文を「序論・本論・結論」の3段構成で考えるものとする。

序論では子どもの主体的・対話的な学びの定義について述べ，なぜ今の英語教育でそれが必要なのかを説明する。このとき，分析で示した態度のうち，一つ提示するとよいだろう。

本論では，具体的な英語教育の実践について説明する。一例として，「外国語を通じて積極的に人や社会と関わり，自己を表現するとともに他者を理解するなど互いの存在について理解を深め，尊重しようとする態度」を身に付けてほしいとする。その場合，受験者自身の留学体験や海外滞在経験，また，受験者自身が養った，「読む，聞く，話す，書く」という4つの総合的な英語力の生かし方を述べる。

結論は序論・本論の内容を受けてまとめる。英語教員として，主体的・対話的で深い学びに携わる自身の意気込み，理想的な英語学習の展望について，簡潔にまとめればよい。

【小論文B　小学校，中学校，高等学校，特別支援学校，養護教諭・2次試験(1次試験で実施)】 60分

●テーマ

［養護教諭以外］
すべての児童生徒が生き生きと学校生活を送るためには，どのようなことが必要だと考えますか。そのためにどのような取組をしますか。具体的に600字以内で述べてください。
［養護教諭］
すべての児童生徒が生き生きと学校生活を送るためには，どのようなことが必要だと考えますか。そのために養護教諭としてどのような取組をしますか。具体的に600字以内で述べてください。

●方針と分析

(方針)

すべての児童生徒が生き生きと学校生活を送るためにはどのようなことが必要だと考えるか。その実現のためにどのような取組をするのか。具体的に600字以内で述べる。

(分析)

まず，問題にある「生き生きと」は，川崎市の教育を語る上で一つキーワードとなっていると考えるべきだろう。川崎市では，昭和61年に教育のあり方を示した「いきいきとした川崎の教育を目指して」が公表されている。その内容は「元気」をキーワードに，子ども，大人，地域が連携しつつ学校教育を推進するといったものであり，その考え方は今も引き継がれている。さらに，第2次川崎市教育振興基本計画「かわさき教育プラン」第1期実施計画では，「基本政策Ⅳ 良好な教育環境を整備する」で「子どもたちが安全安心で快適な環境の中でいきいきと学び，活動できるよう，子どもたち自身に自らの安全を守るための能力を身に付けさせる安全教育を推進するなど，学校等における児童生徒の安全を確保します」と述べている。一方，「基本政策Ⅲ 一人ひとりの教育的ニーズに対応する」では「すべての子どもがいきいきと個性を発揮できるよう，障害の有無にかかわらず，一人ひとりの教育的ニーズに応じた適切な支援を実施していきます」としている。

ただし，「生き生きと」は抽象的であるため，漠然と理念だけを述べても，高い評価にはなりにくい。そこで，受験する学校種に絞った形で論じることが一つの方法として考えられる。例えば，特別支援教育の場合，「合理的配慮」や「インクルーシブ教育」など，教育の平等性に関わるテーマを設定することができる。合理的配慮とは，障害のある児童生徒が，他の子どもと平等に教育を受ける権利を享有し，かつ行使することを確保するために，指導する内容を必要かつ適当に変更し，調整を行うことである。近年は通常学級の中にも，実はADHD等で意思疎通に特別な配慮がいる児童生徒も存在する。目に見えやすい障害だけでなく，こうした見えにくい点で障害のある児童生徒等への対応も課題となるだろう。

●作成のポイント

論文を「序論・本論・結論」の3つに分けて考える。

序論では児童生徒が「生き生きと」学校生活を過ごすために必要な要素を考える。当然，川崎市の資料などから「生き生きと」についてどのように考えているかといったことを学習した受験生は，その概要を述べるのもよい。

本論では，その具体策について述べる。分析で述べた特別支援教育を例にとると，合理的配慮について物理的環境への配慮と意思疎通の配慮などが考えられる。ただし，あまり詳細に書きすぎて，結論を書くスペースがないという事態にならないように注意しながら，構成したい。

結論では序論，本論の内容を踏まえ，すべての児童生徒が「生き生きと」活動するために必要な事項を改めて述べるとともに，その意気込みなどを述べることが考えられる。文字量としては序論が2，本論が3，結論が1の割合が目安になると思われる。

相模原市

【小学校教諭・1次試験】 45分

●テーマ

あなたは，学級担任として新学年のスタートを切りました。子どもたちは生き生きと学校生活を送り，自主的に活動する姿も多く見られます。

そんな中，休み時間中，黒板に落書きをしている子や，給食着の帽子から前髪を出したままにしている子など気になる様子が見えてきました。そこで，声を掛けてみると「前のクラスの時は，何も言われなかったのに。」と答えが返ってきました。

前年度のクラスのルールで動いている子どもたちに違和感を覚えたあなたは，帰りの会で話をすることにしました。

クラスの児童全員に対して話をするつもりで書きなさい。

なお，想定学年を解答用紙に記入しなさい。

※作文題に書かれている内容以外の設定は自由とする。

※箇条書きや要点ではなく，実際に話す言葉で書きなさい。

●方針と分析

(方針)

新学年のスタートを切ったある日の休み時間中，黒板に落書きをしている子や給食着の帽子から前髪を出したままにしている子など気になる様子が見えてきた。声を掛けてみると「前のクラスの時は，何も言われなかったのに。」と答えが返ってきた。前年度のクラスのルールで動いている子どもたちに違和感を覚えたため，帰りの会でクラスの児童全員に対して話をするつもりで，答案を作成する。

(分析)

設問には，前年度のクラスのルールとあることから，想定される学年は第2学年以上と考えられる。前年度までの担任は，児童の自主性や積極性を高く評価していた反面，黒板の落書きや，給食着の帽子から前髪を出したままにするのは好ましくないということを教わっていない状況がうかがえる。したがって，前年度までの児童の自主性や積極性の評価を尊重しつつ，黒板に落書きをすること，給食着の帽子から前髪を出したままであるのがなぜいけないのかを，指導する必要がある。学校内の備品を目的外で使用しないこと，食事時の衛生観念の重要性が話の中心となるだろう。

●作成のポイント

テーマの※に「実際に話す言葉」とあるので，口語調で書くこと，起承転結などの論法を要しないこと，特に低学年では指導が長すぎると飽きる可能性があり，また短すぎると児童の心に入らないといったこともあるので，指導の長さも意識すること等がポイントになるだろう。

指導の内容は分析で述べたとおり，学校内の備品を目的外で使用しないこと，食事時の衛生観念の重要性だが，特に前者は生活科で学習する公共物の取扱いと比べながら考えさせるのもよいだろう。また，いわゆる落ち度があった児童を責めるのではなく，クラス全体の問題として考える必要がある。そのため，当事者を名指ししない等の配慮も求められるだろう。指導の方法はいろいろ考えられるが，分析にあるとおり，積極性は認めつつも新たな問題を提起する場合は，いわゆる「Yes，But」の方法が一例となるだろう。テーマの※にあるとおり，テーマで示された事項は自由に設定してよいこととなっているので，事前に特定の状況を想定するほうが書きやすいと思われる。以上のことを踏まえながら，書いてみるのもよいだろう。

【中学校・1次試験】 45分

●テーマ

あなたが担任をしているクラスで，生徒同士のトラブルがありました。日頃から落ち着きのないAさんが，Bさんに対してちょっかいを出したことがきっかけでした。その様子を見ていたあなたは，Bさんが怒ってつかみ合いの喧嘩になったところで仲裁に入りました。先にちょっかいを出したAさんにまず注意をし，その後Bさんにも話をして，その場は収まりました。

その日の放課後，Aさんの保護者から電話が入りました。「どうしていつもうちの子ばかり注意をするのか。もう，学校には行きたくないと言っている。」と早口であなたに伝え，電話は切れました。

そこであなたは，これからの対応について学年主任と相談し，Aさんの保護者に会って話をすることにしました。

保護者に対して話をするつもりで書きなさい。

※作文題に書かれている内容以外の設定は自由とする。

※箇条書きや要点ではなく，実際に話す言葉で書きなさい。

●方針と分析

(方針)

日頃から落ち着きのないAさんがBさんに対してちょっかいを出したことがきっかけで，生徒同士のトラブルがあった。その様子を見ていた受験者は，Bさんが怒ってつかみ合いの喧嘩になったところで仲裁に入った。先にちょっかいを出したAさんにまず注意をし，その後Bさんにも話をしてその場は収まった。あとでAさんの保護者から電話が入り，「どうしていつもうちの子ばかり注意をするのか。もう，学校には行きたくないと言っている。」と早口で受験者に伝えられただけで電話が切れた。そこで受験者は，これからの対応について学年主任と相談したうえで，Aさんの保護者に会って話をすることにした。どのように対応するか。

(分析)

まず，Aについて考える。テーマを見ると，①AのちょっかいにBは非常に迷惑していることにAは気付いていない，②Aは喧嘩を仕掛けたのはBだから，注意されるのはむしろBであると考えていると思われる，といったことがポイントとしてあげられる。このことを踏まえると，Aはちょっかいを出す時点で，Bがいやがらないかといった他人の心を思いやる気持ちに欠けていた，喧嘩の原因をつくったのは自分自身であるという考えに至らなかった，ということになる。放課後，Aが不満に思ったのは特に②についてであろう。さらに，Aは保護者には自分に都合悪いことは省略していると思われること，保護者は一部始終を見ておらず，Aの言葉を頼りとしているので，担任はAばかり悪くいっていると考えていると思われる。

保護者の意見やクレームへの対応で重要なのは，今回の場合Aさんの気持ちを汲むこと，問題行動の裏にある不安や不満の解決に力点をおくべきことがあげられる。近年，こうした保護者からのクレーム対応も重要な業務の一つになっている。参考資料としては自治体が作成した保護者の接遇マニュアルがあげられるので，学習しておきたい。

●作成のポイント

まず，電話口の話しから，Aの保護者は興奮状態であることをおさえておきたい。ここで，今回の件についてただAに非があるといっても，火に油を注ぐ状態になることが考えられるので，Aの保護者に落ち着いてもらう必要がある。そこで，まずはAの気持ちに添えなかったことに対してお詫びする。そして，今回のトラブルについて，見たままを伝え，またA，Bへの指導内容も正確に伝える。一般的に，保護者は状況が見えてくると，善悪等の判断が冷静にできるようになるので，この時点で納得する場合が多いと思われる。そして，担任は生徒を平等に見ていること，今回至らなかった点については反省し，今後の指導に生かすといった内容が一例として考えられる。

【特別支援教育・1次試験】 45分

●テーマ

あなたは，自閉症・情緒障害特別支援学級の担任です。あなたのクラスのAさんは，交流学級である通常の学級に行くときは，タブレット型端末を利用しています。

ある日の数学の授業で，いつものようにタブレット型端末を使っていたAさんに対し，交流学級のBさんが，「Aだけタブレット型端末なんか使って…。そんなのずるいよ！」と強い口調で言いました。学級の中には，うなずく生徒も何人かいたようです。交流学級の担任が学級の生徒全員に対して話をしましたが，あなたからも話をしてほしいと依頼がありました。そこで，あなたは交流学級で話をすることにしました。

交流学級の生徒全員に話をするつもりで書きなさい。

※作文題に書かれている内容以外の設定は自由とする。

※箇条書きや要点ではなく，実際に話す言葉で書きなさい。

●方針と分析

(方針)

受験者は自閉症・情緒障害特別支援学級の担任である。クラスのAは，交流学級である通常の学級に行くときにタブレット型端末を利用している。ある数学の授業でAに対し，交流学級のBがタブレット端末を使用することに不平を言った。このことは他の生徒も考えていたようだ。交流学級の担任が学級の生徒全員に対して話をしたが，受験者からも話をしてほしいと依頼があった。そこで，交流学級の生徒全員に話をするつもりで，答案を作成する。

(分析)

Aは，数学などの座学中心の読み書きを伴う授業において，通常学級の生徒のように，教員の話を聞いて理解し，黒板の板書をノートに記録すること，一つの物事について，頭の中で組み立てていく授業には，興味関心を持てない。このため，特別にタブレット端末の使用を許されていると予想される。

ただし，交流学級の中で，不満を訴えた児童・生徒の思いは受け止めなくてはならない。その上で，児童・生徒たちがAを排除の対象とみなすきっかけをつくらないように気をつけながら，Aの抱える障害について説明する。同時に交流学級の意義として，自分たちとは異なる価値観を持ち，かつ，異なる環境に生きている人と共に生きていくことの大切さを学ぶ貴重な機会を大切にしてほしいという趣旨の内容にすることが考えられる。

●作成のポイント

まずは，交流学級の時間中に，Aと一緒に勉強をしてくれていることに感謝の意を示す。その後，周囲の生徒の不満が高じてAを排除したり，いじめが生じたりしないように，障害の特徴(タブレット型端末を使用する理由)を説明する必要がある。ここで，Aは，自分の好きなことに落ち着いて取り組める力を長所として持っていることなどを話すのもよい。次に，教育上の意図から，タブレット型端末をあえて使わせてもらえていない通常学級の生徒たちの気持ちをしっかり理解していることを，明確に伝える。最後に，交流学級の授業の趣旨について説明する。生徒たちが社会に出たとき，いろいろな人と共に生きていく力をつけるのが交流学級の意義であることも示す必要があるだろう。

【養護教諭・1次試験】 45分

●テーマ

あなたは中学校に勤務しています。中学校2年生のAさんは，クラスメートや友人との間で，自分の思うとおりに物事が進まなくなると，度々保健室に来て「誰も私の気持ちをわかってくれない。」とこぼしていました。そのAさんが3日間連続で欠席しています。欠席がはじまる日の前日の放課後，保健室にAさんが来たとき，あなたは健康診断の準備をしていました。Aさんは話をしたい様子にみえましたが，「先生も忙しそうね。」と言ってさっと帰っていきました。欠席3日目の放課後，学級担任と学年主任が，Aさんの家に家庭訪問に行くことがわかり，あなたはAさん宛に手紙を書くことにしました。

Aさんへの手紙の文面を書きなさい。

※作文題に書かれている内容以外の設定は自由とする。

※箇条書きや要点ではなく，実際に手紙に書く文を書きなさい。

●方針と分析

(方針)

中学校2年生のAは，自分の思うとおりに物事が進まなくなると，度々保健室に来てこぼしていた。そのAが3日間連続で欠席している。欠席する前日の放課後，保健室にAが来たが，受験者は健康診断の準備をしていていたので「先生も忙しそうね。」と言って帰った。欠席3日目の放課後，学級担任と学年主任が，Aの家に家庭訪問に行くことがわかった。受験者はAに書く手紙の文面を記述する。

(分析)

テーマでは，不登校の状態になりつつあると思われる生徒のケースが示されている。中学2年生になると，クラス替えを経たあとで，新たな友人関係の中で物事を進めていかなくてはいけない場合が多くなる。男女を問わず，こうした環境の変化に適応できずに，心理的なストレスが蓄積して，クラスから逃げ出すような行動をとる生徒が出てくる。また，担任教諭が男性の場合，女子生徒のAは年長者の男性に対して心を閉ざすなど，心身の不安定さを抱えていることも十分考えられる。このため，A にとってはクラス内のあらゆる出来事を感情的に受け付けられない状態になっていて，担任もAの対応に困惑していると想定される。こうした状況設定をしながら，養護教諭の立場でどういう対応が必要だろうか。このように考えて，答案を作成していくとよい。

●作成のポイント

生徒に対して寄り添う姿勢，共感する気持ちを文章に表すことを考える。まず，Aが保健室を訪れた際，話ができなかったことをわびる。そして，忙しくてもAの話を聞く用意があるので，遠慮なく来てほしいことを書く。また，登校がつらいのであれば，保健室登校など，自分に合った方法で登校することを促すことも考えられる。ここで注意したいのは登校を急かすのではなく，Aのペースで徐々にそのようにもっていくといったニュアンスにすることであろう。まとめとして，自分も担任も含め，同じ学校の教諭として，Aのために協力して解決する姿勢があることをアピールするとよい。

2017年度　論作文実施問題

神奈川県

【小学校全科・中学校・高等学校・2次試験(1次試験で実施)】 60分

●テーマ

[小学校]

かながわ教育ビジョンの中では，夢や希望の実現に向けた自分づくりを支援していく営みを「人づくり」ととらえています。生涯を通じた「人づくり」をめざすために，あなたは教員としてどのように取り組みますか。小学校における今日的な教育課題を踏まえ，協働と連携の観点から，あなたの考えを600字以上825字以下で具体的に述べなさい。

[中学校]

神奈川県では，かながわ教育ビジョンの中で，夢や希望の実現に向けた自分づくりを支援していく営みを「人づくり」ととらえています。生涯を通じた「人づくり」をめざすために，あなたは教員としてどのように取り組みますか。中学校における今日的な教育課題を踏まえ，協働と連携の観点から，あなたの考えを600字以上825字以下で具体的に述べなさい。

●方針と分析

(方針)

「かながわ教育ビジョン」で提唱される「人づくり」をめざすため，小学校(中学校)においてどのような今日的課題があるかを指摘したうえで，協働と連携の観点から教員としてどのように取り組むかについて自分なりの考えを論述する。

(分析)

「かながわ教育ビジョン」の「第3章　人づくりの視点」では，生涯を通じた人づくりにおけるそれぞれの段階と目標，人づくりをめぐる状況，そしてこれを踏まえたうえで学校・家庭など主体ごとのそれぞれの役割と具体的な取組みの方向性が記載されている。児童期(概ね6歳頃から12歳頃まで)においては「大切にしたい育ちの姿」として「自分らしさを探究する時期です」「健全な生活・運動習慣を身に付ける時期です」「確かな学力を身に付ける時期です」「豊かな人間性・社会性を身に付ける時期です」と4つの点が示されている。また，青年期(概ね12歳頃から18～22歳頃まで)においては，1つ目の姿は児童期と共通で，その他「家庭など将来の生活を考える時期です」，「発展的な知識・技能を身に付ける時期です」「豊かな人間性・社会性を向上させる時期です」の3点が記載されている。この2段階の「人づくりをめぐる状況」としては，学校生活や授業に上手く適応できない子どもが増えていること，基本的な生活習慣が身に付いていなかったり，コミュニケーションが上手くとれない，好ましい人間関係が築けない子どもが以前より多く見受けられることが指摘されている。青年期ではこれらに加えて，校種の移行に伴い学校生活や授業に上手く適応できない人が増えていることが指摘されている。また「各主体のそれぞれの役割と具体的な取組みの方向性」に付いて，まず「学校」は「学校間・校種間の連携・協力の促進と，家庭・地域・企業などと一体となった学校づくり」を示し，本問で問われている「協働と連携」に関連することとして，「学校間・校種間の連携・協力を促進し，確かな学力・豊かな心・健やかな体などの生きる力の育成に取り組む」，「PTAなどを仲立ちとして家庭や地域などと協力し，生活習慣や学習習慣をしっかりとはぐくむ」，「乳幼児とのふれあい体験や高齢者との交流体験などを通じて，「いのちの大切さ」や「生命の尊厳」についての理解を，家庭・地域・企業などと一体となって深める」などが具体的方向性として示されている。これらの記述をベースに，小学校(中学校)の今日的課題について教員としてどのような取組みをしていきたいのかを自分なりに考察し，論述する。

●作成のポイント

試験時間，記述分量とも一般的なものなので，一般的な小論文の構成である序論・本論・まとめの3段階構成がよいであろう。

序論ではまず，小学校(中学校)における今日的な教育課題について指摘し，本論につなげたい。分量は200字程度がよいであろう。

本論はその課題について，自分が教員としてどのような取組みをするかを論述したい。この点，本問には「具体的に述べなさい」とあるので，抽象論にとどまることがないようにしよう。分量は450字程度がよいであろう。

まとめは簡単に100字程度でよいと思われる。字数に余裕があれば，記述した取り組みについて教員として熱心に取り組みたい旨の熱意をアピールする内容を盛り込んでおきたい。

【高等学校・養護教諭・2次試験(1次試験で実施)】60分

●テーマ

[高等学校]

神奈川県では，子ども一人ひとりの個性と能力を大切にし，共に成長する場としての学校づくりを進めています。これを踏まえて，高等学校ではどのように教育活動を行うべきであると考えますか。協働と連携の観点から，あなたの考えを600字以上825字以下で具体的に述べなさい。

[養護教諭]

神奈川県では，「かながわ教育ビジョン」に基づく人づくりを進めています。学校を子ども一人ひとりの個性と能力を大切にし，共に成長する場としていくために，養護教諭としてどのように取り組みますか。今日的な教育課題を踏まえ，協働と連携の観点からあなたの考えを600字以上825字以下で具体的に述べなさい。

●方針と分析

(方針)

子ども一人ひとりの個性と能力を大切にし，共に成長する場としての学校づくりについて，協働と連携の観点から，どのように教育活動を行うかについて考察し，具体的に論述する。

(分析)

「子ども一人ひとりの個性と能力を大切にし，共に成長する場としての学校づくり」は「かながわ教育ビジョン」の「第4章　展開の方向」の基本方針4に示されている。その「取組みの方向」の1つ目に「学ぶ楽しさやわかる喜びを実感できる授業の実践と個に応じた支援を大切にする学校教育に取り組みます」とあり，その説明には，子ども一人ひとりの学習への興味・関心を高めることなどの確かな学力の向上や，課題を抱える子どもへの支援を充実することなどが示されている。その具体例として，「いじめ・暴力行為対策の推進と不登校への対応」，「教育相談体制の充実」，「食育・健康教育の充実」などが示されている。こうした今日的な教育課題について，高等学校教員や養護教諭の立場で，他の教諭，スクールカウンセラー，スクールソーシャルワーカーや外部機関と連携しながら具体的にどのような取組みをするのかについて，考察・論述していきたい。また，「取組みの方向」の2つ目には「信頼と期待に応える主体的な学校運営に取り組みます」とあり，その説明には，「家庭と地域との連携・協力を深め，学校評価などを活用して，信頼され，活力と魅力にあふれた学校づくりに取り組みます」とある。問題文の「協働と連携の観点から」という部分は，この記述をベースに考察していけばよいと考えられる。

「協働と連携」を重視した教育活動について，より具体的な取組みを知りたい人は，神奈川県教育委員会の「地域との協働による学校づくり」ホームページも参照するとよい。

●作成のポイント

試験時間，記述分量とも一般的なものなので，一般的な小論文の構成である序論・本論・まとめの3段階構成がよいであろう。

序論では，「子ども一人ひとりの個性と能力を大切にし，共に成長する場」としての学校をつくっていくためには，学校や家庭・地域等が協働・連携することが必要である旨を自分なりの説明を加えて論述し，本論につなげたい。分量は150字程度がよいであろう。

本論はそのための教育活動を論述することになるが，「具体的に述べなさい」とあるので，抽象論に終わらないように注意したい。分量は500字程度がよいであろう。

まとめでは，自分が論述した教育活動について熱心に取り組んでいく旨を説明し，教職への自分の熱い思いをアピールしたい。分量は150字程度がよいであろう。

【特別支援学校・2次試験(1次試験で実施)】60分

●テーマ

神奈川県では，支援教育の理念のもと，共生社会の実現に向け，できるだけすべての子どもが同じ場で共に学び，共に育つことを基本的な考え方としています。これからの特別支援学校にはどのような役割が期待されますか。それを踏まえ，特別支援学校の教員としてあなたはどのように取り組みますか。あなたの考えを600字以上825字以下で具体的に述べなさい。

●方針と分析

(方針)

特別支援学校の役割と，その教員としてどのようなことに取り組むかについて考察し，論述する。その際，「支援教育」の理念等についてかならず考慮する。

(分析)

神奈川県教育委員会は様々な課題を抱えた子どもたち一人ひとりのニーズに適切に対応していくことを「学校教育」の根幹に据えるとし，このような教育を「支援教育」と称している。支援教育の対象の子どもは，障害の有無にかかわらず，すべての子どもたちである。したがって，特別支援教育も支援教育の一部であるという位置である。

特別支援教育の近年のキーワードがインクルーシブ教育である。「かながわ教育ビジョン」では，「第4章　展開の方向」の基本方針5の「取組みの方向」において，インクルーシブ教育の推進に努めることを示している。「第5章　重点的な取組み」の「Ⅱ　共生社会づくりに関わる人づくり」においてそのより詳しい説明がなされている。すなわち，インクルーシブ教育を実現するため「多様な学びの場」のしくみづくりに取り組むこと，また，特別支援学校は「子どもたちが集団の中で楽しく充実した学校生活を送れるよう，そして地域社会でいきいきと暮らせるよう，一人ひとりの教育ニーズに応じた専門的な指導や支援の充実」に取り組むとある。

さらに「支援を必要とする児童・生徒の教育のために」(平成28年3月，神奈川県総合教育センター)では「今後の取組み」として「障害の有無に関わらず，できるだけ地域の学校で学ぶためのしくみづくり」，「障害の有無に関わらず，できるだけ通常の学級で学ぶためのしくみづくり」，「障害の有無に関わらず，できるだけ高校で学ぶためのしくみづくり」，「多様な教育の場の整備」，「障害の有無に関わらず，地域で共に生きるしくみづくり」の5点を示している。このような取組みを進めるためには，特別支援学校のセンター的機能の充実をより図る必要がある。また，同資料では「より良い授業づくりを目指して」として「ユニバーサルデザインによる授業づくり」について説明しており，このような取組みについて今後教員は考察しなければならないものと思われる。本問は，上記を前提にして，インクルーシブ教育実現のためにどのような取組みを行うかについて，考察・論述させる問題といえる。

●作成のポイント

試験時間，記述分量とも一般的なものなので，一般的な小論文の構成である序論・本論・まとめの3段階構成がよいであろう。

序論では，論文題の「基本的な考え方」がインクルーシブ教育である旨を指摘したうえで，特別支援学校はそのセンター的機能を担うことが期待されていることを示し，本論につなげたい。分量は200字程度がよいであろう。

本論は特別支援学校の教員としての取組みを説明する。分量は500字程度がよいであろう。

まとめにおいては説明したことに熱心に取り組む旨を述べ，教職に対する熱い思いをアピールしたい。分量は100字程度がよいであろう。

【特別支援学校(自立活動担当)・2次試験(1次試験で実施)】60分

●テーマ

神奈川県では，児童生徒の自立と社会参加をめざし，自立活動教諭(専門職)を教員チームの一員として配置しています。これを踏まえ，あなたは専門性を活かすため，どのように取り組みますか。校内における協働と連携の観点から，自立活動教諭としての取り組みと留意点について，あなたの考えを600字以上825字以下で具体的に述べなさい。

●方針と分析

(方針)

自立活動教諭としての取組みとその留意点を考察・論述するが，その取り組みは自分の専門性を活かしたものであり，かつ校内における協働と連携の観点からのものでなければならない。

(分析)

現在，神奈川県では特別支援学校に自立活動教諭(専門職)として，理学療法士，作業療法士，言語聴覚士，心理職の4職種が配置されている。自立活動教諭は教職員チームの一員として個別教育計画の作成等の校内支援に関わるなど，児童・生徒の指導にあたる教員に協力し助言を行うことになる点が外部の専門家と違うところである。「協働支援チーム宣言　自立活動教諭(専門職)とのチームアプローチによる支援が必要な子どもの教育の充実」(平成22年3月，神奈川県教育委員会)はその特徴について，①日常性，②同僚性，③連続性，④発展性の4点をあげている。このように自立活動教諭(専門職)は，他の教員と協働・連携しながら自らの職務を進めることになるが，本問は自立活動教諭としての取組みを自分の専門を踏まえて考察し，その留意点にも言及することが求められる問題といえる。どのような取組みが考えられるかについては各職種について異なるため，上記資料にさまざまな実践事例や今後の課題等が詳細に説明されているので，各自検討されたい。

●作成のポイント

試験時間，記述分量とも一般的なものなので，一般的な小論文の構成である序論・本論・まとめの3段階構成がよいであろう。

序論は「あなたの専門性を活かすため」とあるので，まず自分の職種を明示して今後の論述の方向性を示し，本論につなげたい。分量は100字程度がよいだろう。

本論は自立活動教諭としての取組みと留意点について論述することになる。「具体的に述べなさい」とあるので，抽象論・一般論に終わらないように注意したい。

まとめでは，論述したことに熱心に取り組んでいきたい旨を示して教職に対する自分の熱意をアピールしたい。分量は100字程度がよいであろう。

横浜市

【小学校全科・2次試験(1次試験で実施)】45分

●テーマ

> 学校と地域が連携し，地域の人材を活用することは，授業の活性化につながります。そこで，子どもの学習意欲を高めるために，授業で，どのように地域の人材を活用したらよいと考えますか。あなたの考えを具体的に述べなさい。(800字以内)

●方針と分析

(方針)

子どもの学習意欲を高めるために，授業で，地域の人材を活用する取り組みについて，自分の考えを具体的に論述する。
(分析)

「第2期横浜市教育振興基本計画」(平成26年12月，横浜市教育委員会)では，「今後5か年で重点的に取り組む施策」の施策11に「子どもの成長を社会全体で支える体制づくり」がある。その中の重点取組1「地域の人材を活かした学校運営の推進」として「①学校運営協議会を中心とした学校と地域の連携推進」と「②「学校支援ボランティア」等の活性化」の2つをあげている。本問では授業における地域の人材の活用について論じるので，後者に焦点を当てるとよいだろう。地域の人材は，地域の教育力であり，どのように活用するかを今までの取り組みを踏まえて考えていく必要がある。現状としては，英語教育，読書活動，環境や福祉に関する活動，キャリア教育などが具体的な取り組みとしてあげられる。また，さまざまな取り組みの中で課題も出てくる。それに対して，どのような解決策があるかを自分なりに考えるということも，自身の考えを深めるにあたっては，とても重要なこととなる。

●作成のポイント

序論・本論・結論の3段落構成で書くとわかりやすい。段落相互の関係が矛盾しないように，適宜確認しながら書き進めていくことが大切である。

序論では，課題に対する自身の意見を述べる。ここでは「地域人材の活用」に関する自分の考えを書く。ここで，児童を取り巻く環境についても論じるとよい。本論で書く具体的な取り組みとつながりがあるように確認しながら書くことが大切である。

本論では，序論で書いた自身の意見に基づいて，実際に取り組みたいことをそれを選んだ理由とともに述べる。これまでの横浜市の取り組みを参考にしながら，実現可能なものを考えながら書き進めるとよい。

結論では，今までの内容を簡潔にまとめ，小学校教員としての自分の決意を明確にして，文章を仕上げるとよい。

なお，公式の「評価の観点」では，論文試験は次の観点で評価し，総合的に評定するとしている。《基本的事項》として，1　文章の構成，2　わかりやすさ，3　誤字脱字，4　字数(論文用紙の80％以上)。《論文内容》として，1　テーマに沿って論じている，2　テーマを多面的に捉えている，3　自分の考えを具体的に記述している。

【中学校・高等学校・2次試験(1次試験で実施)】45分

●テーマ

> 学校では，生徒の基本的人権に十分配慮し，一人ひとりを大切にした教育が行われることが求められています。あなたが学級を担任するにあたり，生徒の人権を尊重するためにどのような指導を展開したいと考えるか，具体的に述べなさい。(800字以内)

●方針と分析

(方針)

学級を担任するにあたり，生徒の人権を尊重するためにどのような指導を展開したいと考えるか，具体的に論述する。

(分析)

「かながわ人権施策推進指針(改訂版)－人権がすべての人に保障される地域社会の実現をめざして－」(平成25年3月，神奈川県・神奈川県教育委員会)では「人権がすべての人に保障される地域社会の実現をめざします」を指針の目標として，基本理念に「(1)誰もが人権に侵されることなく，個人として尊重される社会をめざします」，「(2)誰もが機会の平等を保障され，能力が発揮できる社会をめざします」，「(3)誰もが個性を尊重されるとともに，孤立したり，排除されることのない，人と人とのつながりを重視した，共に生き，支え合う社会をめざします。」と3点あげられている。また，「横浜市人権施策基本指針(改訂版)」(平成23年10月，横浜市)では，学校教育における人権施策推進のための取組として「人権が尊重される教育環境づくり」，「人権教育カリキュラムなどの工夫と充実」，「教育手法の工夫」，「子どもの意見の尊重」などを示している。これらのことを頭に入れ，自身の考えや具体的な取り組みを考えていきたい。

●作成のポイント

序論・本論・結論の3段落構成で書くとわかりやすい。段落相互の関係が矛盾しないように，適宜確認しながら書き進めていくことが大切である。

序論では，課題に対する自身の意見を述べる。ここでは「生徒の基本的人権」に関しての自分の考えを述べるとよい。基本的人権というのは，人間が生まれながらにして持っている権利である。学校・学級においてそれが侵害されるのはどのような場合かを考えてみることで，具体的な問題点とそれに対する取り組みも見えてくるだろう。本論との関連性を意識しながら書いていくとよい。

本論では，序論で書いた自身の意見に基づいて，生徒の人権を尊重するための指導として実際に取り組みたいことを述べる。個々の教師の力だけでは限界があるので，学校全体の取り組みとして，さらには外部機関等の連携も必要になってくるだろう。どのような問題に対して，どのようなことを取り組んでいきたいのかを考えてみるとよい。

結論では，今までの内容を簡潔にまとめ，中学校・高等学校教員としての自分の決意を明確にして，文章を仕上げるとよい。

なお，公式の「評価の観点」では，論文試験は次の観点で評価し，総合的に評定するとしている。《基本的事項》として，1　文章の構成，2　わかりやすさ，3　誤字脱字，4　字数(論文用紙の80％以上)。《論文内容》として，1　テーマに沿って論じている，2　テーマを多面的に捉えている，3　自分の考えを具体的に記述している。

【特別支援学校・2次試験(1次試験で実施)】45分

●テーマ

特別支援学校卒業者の就労は依然として厳しい状況にあります。障害者の自立と社会参加を促進するため，特別支援学校における職業教育や進路指導について，あなたはどのような取組を進めたいと考えるか，具体的に述べなさい。(800字以内)

●方針と分析

(方針)

障害者の自立と社会参加を促進するため，特別支援学校における職業教育や進路指導についてどのような取組を進めたいか，自分の考えを具体的に論述する。

(分析)

「特別支援教育を推進するための基本指針」(平成21年12月，横浜市教育委員会)では「特別支援学校の目指すべき姿」の1つに「キャリア教育の推進」をあげ，「一人ひとりの実態や希望をふまえて，卒業後の社会参加や社会自立を図るために必要なキャリア教育が推進されています」としている。ここで卒業後の社会参加や社会自立の形態の1つとしての就労を考えるとき，「今後の学校におけるキャリア教育・職業教育の在り方について(答申)」(平成23年1月，中央教育審議会)では，特別支援学校高等部におけるキャリア教育・職業教育の充実について「個々の生徒の個性・ニーズにきめ細かく対応し，職場体験活動の機会の拡大や体系的なソーシャルスキルトレーニングの導入等，適切な指導や支援を行うことが必要である」とし，その際，学校・企業間の連携のみならず，専門的な技能等の育成のために，農業高校や工業高校等との連携交流を図る必要性にも言及している。これらのことから，「一人ひとりのニーズの把握」と「学校内外の連携・協力体制の構築」という観点は外せないものとなる。これは，就労だけではなく進学を希望する場合でも同様と考えられる。個々の生徒の希望に沿う職業教育・進路指導を行うため，細やかで柔軟な体制づくりが求められる。

●作成のポイント

序論・本論・結論の3段落構成でまとめるとよい。段落相互の関係が矛盾しないように，適宜確認しながら書き進めていくことが大切である。

序論では，課題に対する自身の意見を述べる。ここでは，卒業者を取り巻く環境についても論じる必要がある。就労が依然として厳しい状況の原因について，自分なりの考えを示すことで，説得力が増すと考えられる。本論で述べる具体的な取り組みと矛盾しないように気をつけながら書いていくとよい。

本論では，序論で示した自身の意見を踏まえて，実際に取り組みたいことを具体的に書く。どのような取り組みで就労状況を改善できるか，納得のいく結果になるためには日頃からどのようなことに取り組んでいかなければならないのかを考えてみるとよい。また，学校の中だけではなく，外部の専門家や機関と，どのように連携していくかも言及したい。

結論では，今までの内容を簡潔にまとめ，特別支援学校教員としての自分の決意を明確にして，文章を仕上げるとよい。

なお，公式の「評価の観点」では，論文試験は次の観点で評価し，総合的に評定するとしている。《基本的事項》として，1　文章の構成，2　わかりやすさ，3　誤字脱字，4　字数(論文用紙の80%以上)。《論文内容》として，1　テーマに沿って論じている，2　テーマを多面的に捉えている，3　自分の考えを具体的に記述している。

【養護教諭・2次試験(1次試験で実施)】45分

●テーマ

保健室は，子どもの心身の変化を最も早くキャッチできる場所であるといわれています。あなたならば，保健室に訪れる子どもたちの様子から，どのような心身の変化を読み取ることができると思いますか。具体的な事例をあげて述べなさい。(800字以内)

●方針と分析

((方針)

保健室に訪れる子どもたちの様子から，どのような心身の変化を読み取ることができると考えるか，具体的な事例をあげながら論述する。

(分析)

子どもの様子から心身の変化を読み取ることについて論じるにあたり，「子どもの心身の健康を守り，安全・安心を確保するために学校全体としての取組を進めるための方策について(答申)」(平成20年1月，中央教育審議会)，「子どもの心のケアのために－災害や事件・事故発生時を中心に－」(平成22年7月，文部科学省)，「学校における子供の心のケア－サインを見逃さないために－」(平成26年3月，文部科学省)などに記載されている基本的な考え方はある程度思い起こせるようにしておきたい。心身の変化は1つの理由だけで起こるものではない。さまざまな要因が複雑に絡み合って変化していくのである。よって，養護教諭は多方面から観察する視点をもつ必要がある。これらの内容をしっかりと確認したうえで，自身の考えをまとめ，具体的な取り組みを考えてみるとよい。また，子どもの心身の変化は学校だけで起こるものではない。家庭環境も大きく影響するので，保護者の視点も理解する必要があるのは言うまでもないだろう。

●作成のポイント

序論・本論・結論の3段落構成で書くとよい。段落相互の関係が矛盾しないように，適宜確認しながら書き進めていくことが大切である。

序論では，「保健室に訪れる子どもたち」についての自分の考えを書く。その際に，児童生徒を取り巻く環境についても論じることが大切である。本論で書く具体的な取り組みとつながるように意識して書くこと。

本論では，序論で示した内容を踏まえて，実際に取り組んでいきたいことを述べる。保健室には当然ながら，ただお腹が痛いだけだったり，校庭で転んでけがをしたという子どもも多くやってくる。そのような子たちとは別に「精神的に」苦しんでいる子どもが来た場合に，子どもからの信号を受け取るにはどうすればいいのかも考えてみるとよいだろう。一方で，自身がどんなに頑張っても，子どもが心を開いてくれなければなかなか進展しない。子どもが心を開いてくれるには，日ごろからどのような心掛けをするべきかを示すのも，具体的な取り組みの1つであろう。

結論では，今までの内容を簡潔にまとめ，養護教員としての自分の決意を明確にして，文章を仕上げるとよい。

なお，公式の「評価の観点」では，論文試験は次の観点で評価し，総合的に評定するとしている。《基本的事項》として，1　文章の構成，2　わかりやすさ，3　誤字脱字，4　字数(論文用紙の80％以上)。《論文内容》として，1　テーマに沿って論じている，2　テーマを多面的に捉えている，3　自分の考えを具体的に記述している。

川崎市

【小論文A・小学校，中学校，高等学校，特別支援学校・1次試験】60分

●テーマ

あなたは，なぜ教師と児童生徒の信頼関係が大切であると考えますか。また，信頼関係を築くためにどのような取組みをしていきますか。具体的に600字以内で述べてください。

●方針と分析

(方針)

教師と児童生徒の信頼関係が大切である理由を明らかにしたうえで，信頼関係を築くためにどのような取組みをするか，具体的に論述する。

(分析)

平成27年度から概ね10年間を対象期間とする「第2次川崎市教育振興基本計画　かわさき教育プラン」(平成27年3月，川崎市教育委員会)では，「夢や希望を抱いて生きがいのある人生を送るための礎を築く」という基本理念および，「自主・自立」「共生・協働」という基本目標の下で，その実現を目指した各種施策を着実に推進し，「子どもたち，市民の皆様の期待に応え，信頼される教育の推進」に努めるとしている。ここで，本問が問う「信頼関係」とは，川崎市のめざす教育の姿を実現するために必要不可欠なものであることがわかる。また，同計画では，基本目標の「自主・自立」とは「変化の激しい社会の中で，誰もが多様な個性，能力を伸ばし，充実した人生を主体的に切り拓いていくことができるよう，将来に向けた社会的自立に必要な能力・態度を培うこと」，「共生・協働」とは「個人や社会の多様性を尊重し，それぞれの強みを生かし，ともに支え，高め合える社会をめざし，共生・協働の精神を育むこと」と定義している。教師と児童生徒の信頼関係を築くための具体的な取組みについては，これらの定義を踏まえて考えていくとよいだろう。

●作成のポイント

序論・本論・結論の3段落構成で書くとわかりやすい。段落相互の関係が矛盾しないように，適宜確認しながら書き進めていくことが大切である。

序論では，「信頼関係」についての自分の考えを述べる。ここでは，児童生徒を取り巻く現状についても触れておくと論じやすくなる。本論で述べる具体的な取組みと矛盾しないように注意すること。全体の4分の1前後で書くとよい。

本論では，序論で書いた自身の意見に基づいて，教師として児童生徒と信頼関係を築くために実際に取り組みたいことを述べる。信頼関係を築くことで，児童生徒が前向きな気持ちになるだろう。信頼関係があるからこそ，様々な問題が解決できるということも考えられる。ただ，教師側が一方的に取り組んでも児童生徒は心を開いてくれないだろう。児童生徒の立場を理解しようとする気持ちを持ち続けることが大切である。自分のことを理解しようとしてくれている，と思ってくれることが大事なのである。本論が一番重要であるので，全体の半分以上は書きたい。

結論では，今までの内容を簡潔にまとめ，教諭としての自分の決意を明確にして，文章を仕上げるとよい。

なお，公式の評価の観点としては，「課題の把握(課題を深く理解しているか。課題に関する知識や見識はあるか)」，「表現力(わかりやすく適切な表現をしているか。内容に具体性があるか)」，「論文の構成(説得力のある構成になっているか。課題について自分の考えを述べているか)」，「教員としての資質(教員としての適正が感じられるか)」があげられているので，参考にされたい。

【小論文A・養護教諭・1次試験】60分

●テーマ

あなたは，なぜ養護教諭は児童生徒や保護者だけでなく，教職員との信頼関係が大切であると考えますか。また，信頼関係を築くためにどのような取組みをしていきますか。具体的に600字以内で述べてください。

●方針と分析

(方針)

養護教諭と教職員との信頼関係が大切である理由を明らかにしたうえで，信頼関係を築くためにどのような取組みをするか，具体的に論述する。

(分析)

「学校保健の課題とその対応－養護教諭の職務等に関する調査結果から－」(平成24年3月，日本学校保健会)では，養護教諭の主な役割を「(1)　学校内及び地域の医療機関等との連携を推進するうえでコーディネーターの役割」,「(2)　養護教諭を中心として関係教職員等と連携した組織的な健康相談，健康観察，保健指導の実施」,「(3)　学校保健センター的役割を果たしている保健室経営の実施(保健室経営計画の作成)」,「(4)　いじめや児童虐待など児童生徒の心身の健康問題の早期発見，早期対応」,「(5)　学級(ホームルーム)活動における保健指導をはじめ，ティーム・ティーチングや兼職発令による保健学習などへの積極的な授業参画と実施」,「(6)　健康・安全にかかわる危機管理への対応」としている。中でも，学校保健全体にかかわるコーディネーターとしての役割は，今後もますます求められるものとなっている。円滑な保健活動実施のためにも，児童生徒等と最も接する教職員との信頼関係は，重要なものとなってくる。ここから，具体的な取組みについていろいろと考えることができるであろう。

●作成のポイント

序論・本論・結論の3段落構成で書くとわかりやすい。段落相互の関係が矛盾しないように，適宜確認しながら書き進めていくことが大切である。

序論では，教職員との信頼関係が大切であると考える自分なりの理由を述べる。また，教職員を取り巻く現状についても触れておくと論じやすくなる。本論で述べる具体的な取組みと矛盾しないように，つながりを意識して書く必要がある。全体の4分の1前後で書くとよい。

本論では，序論で書いた自身の意見に基づいて，実際に取り組みたいことを書く。養護教諭が担うことはたくさんあるが，一人では達成できないものも多い。その場合は，担任教師などとの連携が必要である。しかし，もしその人たちとの信頼関係が生まれていなければ，満足な結果が得られることは難しく，結果的には，児童生徒たちにしわ寄せがきてしまう。常に児童生徒のことを考えて，お互いに様々なことを共有していかなければならないのである。本論が一番重要であるので，全体の半分以上は書きたいところである。

結論では，今までの内容を簡潔にまとめ，養護教諭としての自分の決意を明確にして，文章を仕上げるとよい。

なお，公式の評価の観点としては，「課題の把握(課題を深く理解しているか。課題に関する知識や見識はあるか)」，「表現力(わかりやすく適切な表現をしているか。内容に具体性があるか)」，「論文の構成(説得力のある構成になっているか。課題について自分の考えを述べているか)」，「教員としての資質(教員としての適正が感じられるか)」があげられているので，参考にされたい。

【小論文A・特別選考Ⅳ中学校(英語)・1次試験】60分

●テーマ

学習指導要領改訂に向けて，小学校中学年での外国語活動開始及び，高学年での教科としての英語教育が検討されています。このような動きに対して，中学校及び高等学校ではどのような英語教育を展開する必要があると考えますか。その英語教育に自分の英語力をどのように生かすかについても言及しながら，具体的に600字以内で述べてください。

●方針と分析

(方針)

学習指導要領改訂に向けた動きに対して，中学校及び高等学校ではどのような英語教育を展開する必要があり，その英語教育に自分の英語力をどのように生かしたいと考えるか，具体的に論述する。

(分析)

「グローバル化に対応した英語教育改革実施計画」(平成25年12月，文部科学省)では，「中・高等学校における指導体制強化」のための課題について「小学校における英語教育の高度化に伴い，中・高等学校における英語教育の目標・内容も高度化するため，中学校において授業を基本的に英語で行うことや，高等学校において発表，討論，交渉等の高度な言語活動を行うことが可能となるよう，教員の指導力・英語力を向上させることが急務(全英語科教員について，必要な英語力(英検準1級，TOEFL iBT80点程度等以上)を確保)」としている。また，「グローバル化に対応した新たな英語教育の在り方」として，中学校では「身近な話題についての理解や簡単な情報交換，表現ができる能力を養う」，「授業を英語で行うことを基本とする」，高等学校では「幅広い話題について抽象的な内容を理解できる，英語話者とある程度流暢にやりとりができる能力を養う」，「授業を英語で行うとともに，言語活動を高度化(発表，討論，交渉等)」としている。そして，「小・中・高を通じて一貫した学習到達目標を設定することにより，英語によるコミュニケーション能力を確実に養う」ことが目指されている。以上の内容を踏まえて，中学校及び高等学校で展開すべき英語教育の基本的な考えをまとめるとよい。考え方を明確にすることで，自分の英語力をどのような場面，学習方法で生かすことができるかがはっきりしてくるだろう。

●作成のポイント

序論・本論・結論の3段落構成で書くとわかりやすい。段落相互の関係が矛盾しないように，適宜確認しながら書き進めていくことが大切である。

序論では，「中学校及び高等学校ではどのような英語教育を展開する必要があるか」という自分の考えを述べる。小学校でどのようなことを学び，それを踏まえての中学校での指導とはどういうことか，ということを述べるとまとめやすい。ここでは全体の4分の1前後で書くとよい。また，課題文冒頭の「学習指導要領改訂に向けて」の1文に留意する必要がある。つまり，英語教育と児童生徒の関係についても書くべきであろう。

本論では，序論で書いた自身の意見に基づいて，実際に取り組んでいきたいことを書くとよい。小学校で学習しているとはいえ，苦手なまま中学生になっている生徒もいるはずで，そのような生徒をサポートする必要がある。一方で，英語がとても好きで，相当な学習量をこなしている生徒もいるだろう。そのような生徒に対してはどうすればよいかも考えてみるとよい。画一的な指導ではなく，臨機応変に指導ができるよう，多角的な準備が必要なのである。本論が一番重要であるので，全体の半分以上は書きたいところである。

結論では，今までの内容を簡潔にまとめ，中学校教論としての自分の決意を明確にして，文章を仕上げるとよい。

なお，公式の評価の観点としては，「課題の把握(課題を深く理解しているか。課題に関する知識や見識はあるか)」,「表現力(わかりやすく適切な表現をしているか。内容に具体性があるか)」,「論文の構成(説得力のある構成になっているか。課題について自分の考えを述べているか)」,「教員としての資質(教員としての適性が感じられるか)」があげられているので,参考にされたい。

【小論文B・小学校,中学校,高等学校,特別支援学校,養護教諭・2次試験(1次試験で実施)】60分

●テーマ

川崎市では,求める教師像を4つあげています。この中からあなたが(養護教諭として,)特に力を入れていこうと考えているものを一つ選び,その理由と取組みを具体的に600字以内で述べてください。

〈川崎市が求める教師像〉

・子どもの話にきちんと耳を傾けることができる

・子どもと一緒に考え行動することができる

・子どもに適切なアドバイスを与えることができる

・教材研究がきちんとできる

●方針と分析

(方針)

川崎市が求める4つの教師像の中から,自分が特に力を入れていこうと考えているものを一つ選び,その理由と取組みを具体的に論述する。

(分析)

「第2次川崎市教育振興基本計画　かわさき教育プラン第1期実施計画」(平成27年3月,川崎市教育委員会)では,平成27年度から平成29年度までの取組内容を,8つの基本政策と18の施策,53の事務事業に整理している。特に8つの基本政策(「人間としての在り方生き方の軸をつくる」,「学ぶ意欲を育て,『生きる力』を伸ばす,「一人ひとりの教育的ニーズに対応する」,「良好な教育環境を整備する」,「学校の教育力を強化する」,「家庭・地域の教育力を高める」,「いきいきと学び,活動するための環境づくり」,「文化財の保護活用と魅力ある博物館づくり」)は熟読する必要がある。これらの基本政策を踏まえ,児童生徒を取り巻く環境や,自身が特に力を入れていこうと考えていること,そして,実際にどのようなことに取り組んでいきたいかを考えてみることが大切である。

●作成のポイント

序論・本論・結論の3段落構成で書くとわかりやすい。段落相互の関係が矛盾しないように,適宜確認しながら書き進めていくことが大切である。

序論では,4つの教師像の中から「特に力を入れていこうと考えているもの」のうち,本論で取り上げる1つを,取り上げた理由とともに明らかにする。児童生徒を取り巻く現状についても合わせて触れておきたい。全体の4分の1前後で書くとよい。

本論では,実際に取り組んでいきたいことを論じていく。「理由」については,序論において述べてもよいが,本論で示す具体的な取組みに合わせて適宜書くということも重要である。「かわさき教育プラン」の内容を参考にして,具体的な取組みを考えてみるとよい。教師個人の力だけでは難しいときは,他の教師や外部の専門家との連携をしていくことも大切である。この本論が一番重要であるが,理由と取組みを盛りこんで600字以内だと,書き始めると字数が足りないと感じる受験者も多いと思われる。両者のバランスに留意する必要がある。

結論では,今までの内容を簡潔にまとめ,教諭としての自分の決意を明確にして,文章を仕上げるとよい。

なお,公式の評価の観点としては,「課題の把握(課題を深く理解しているか。課題に関する知識や見識はあるか)」,「表現力(わかりやすく適切な表現をしているか。内容に具体性があるか)」,「論文の構成(説得力のある構成になっているか。課題について自分の考えを述べているか)」,「教員としての資質(教員としての適正が感じられるか)」があげられているので，参考にされたい。

相模原市

【小学校・1次試験】45分

●テーマ

特別支援学級のAさんは，あなたが担任をするクラスを交流学級としています。普段は，好きな絵を描いて穏やかに過ごしているのですが，コミュニケーションをとることが苦手であるため，時々，大声を出したり立ち歩いたりすることがあります。5月のある日，Aさんが授業中に立ち歩き，大きな声で話し始めました。すると，「いつもAさんってうるさいよね。」「全然，勉強できないよ。」と不満の声がクラスの児童からでてきました。そこで，あなたは帰りの会で話をすることにしました。

クラスの児童全員に対して話をするつもりで書きなさい。なお，想定学年を解答用紙に記入しなさい。

※作文題に書かれている内容以外の設定は自由とする。

※箇条書きや要点ではなく，実際に話す言葉で書きなさい。

●方針と分析

(方針)

担任するクラスで，特別支援学級の児童Aとの交流学級に対する不満が上がっている。担任として受け持ちのクラスの児童の理解を得るために，語りかける場面を想像して，具体的に論述する。

(分析)

「交流及び共同学習ガイド」(文部科学省)では，交流及び共同学習の意義を「障害のある子どもの自立と社会参加を促進するとともに，社会を構成する様々な人々と共に助け合い支え合って生きていくことを学ぶ機会となり，ひいては共生社会の形成に役立つもの」と述べている。このような意義のある活動とするには，障害の特性やその子どもの個性についての理解が不可欠である。本問の場合，クラスの中のAの障害への理解が十分に進んでいないことが考えられる。問題文から，Aは発達障害や情緒障害を抱えているため，特別支援学級に属している状況を想定できる。Aは，座学中心の読み書きを伴う授業や，周囲の児童とコミュニケーションを取りながら一つのものを組み立てていく授業には，興味関心を持てない。このため，立ち歩いたり，大声を出してしまうことになる。担任としては，不満を訴えた児童の思いを受け止めたうえで，クラスの児童がAを排除の対象としないよう気を付けながら，Aの抱える障害について説明する。同時に，交流学級の意義として，自分たちとは異なる価値観を持ち，かつ，異なる環境に生きている人と共に生きていくことの大切さを学ぶ必要があることを話す。

●作成のポイント

想定する学年は小学校第4学年以上とすると取り組みやすい課題である。受け持ちクラスの児童全員に話をするつもりで書くので，文体は敬体にするとよい。

まず，交流学級の時間中に，児童の不満が高じてAを排除したり，いじめが生じたりしないように注意する必要がある。次に，担任としての自分は，受け持ちクラスの児童全員が集中して勉強をできなかったつらさ，ぎりぎりまで我慢をしてくれていた気持ちをしっかり理解をしていることを，明確に伝える。最後に，交流学級の授業の進め方について説明する。ここで，Aはじっくりと絵を描くなど，自分の好きなことに落ち着いて取り組める力を長所として持っていること，半面，話し合いや自己主張などのコミュニケーションが苦手であり，周囲がフォローするのが望ましいことを話す。児童が社会に出たとき，いろいろな人と共に生きていく力をつけるのが，交流学級の意義であることも示す必要がある。

なお，公式の「評価の観点」として，「使命感・信頼感」，「社会性・協調性・コミュニケーション能力」，「知識・技能」があげられているので，参照されたい。

【中学校・1次試験】45分

●テーマ

あなたが担任をしているクラスで行った無記名式のアンケートで，「クラスの友達から嫌なことをされている。学校に行きたくない。」という記述が見つかりました。筆跡等からは誰が書いたのか特定できなかったので，その後クラスの生徒の様子を観察したり，他の教員から情報収集したりしました。しかし，特定の生徒が嫌がらせを受けているような状況は確認できませんでした。そこで，あなたは学級活動の時間にクラスで話をすることにしました。

クラスの生徒全員に対して話をするつもりで書きなさい。

※作文題に書かれている内容以外の設定は自由とする。

※箇条書きや要点ではなく，実際に話す言葉で書きなさい。

●方針と分析

(方針)

無記名式のアンケートから発見された問題を明確化し，解決を図るために，学級活動の時間にクラスの生徒全員に対して話をする場面を想像して，具体的に論述する。

(分析)

自分でクラスの生徒の様子を観察しても，他の教員に聞いても，具体的に嫌がらせの事実を把握できなかった。このため，誰が嫌がらせを受けているのか，一方で，誰が嫌がらせをしているのか，または，本当に嫌がらせの事実があるのかということも不確実な状況である。このため，SNSなど教員の目が届かない場所で起きている，人目につきにくい種類の嫌がらせである可能性が高い。実際，「相模原市いじめ防止基本方針」(平成26年3月，相模原市・相模原市教育委員会)によると，平成24年度に認知したいじめの態様のうち，「PCや携帯電話等で，誹謗中傷等」が小学校で12件(3%)，中学校で35件(9%)あったとされる。このほか，教諭や周囲の生徒にはわからないように，身体的な暴力をしないで，ある生徒が別の生徒の弱みに付け込み，心理的に脅しているなどの陰湿で深刻なケースがあることも否定できない。こういう状況に，担任としてどう対応するのか。嫌がらせに苦しんでいる生徒の問題を解決しながら，嫌がらせをしている生徒には即座にその行為を止めさせ，しかもそういう行為は許されないものであることを教え諭す内容を考える必要がある。

なお，公式の「評価の観点」として，「使命感・信頼感」，「社会性・協調性・コミュニケーション能力」，「知識・技能」があげられているので，参照されたい。

●作成のポイント

受け持ちクラスの生徒全員に話をするつもりで書くため，文体は，敬体にするとよい。気をつけなくてはいけないのは，事実を疑う展開にすれば，確証のない状況に，担任としてどう対応すべきかという点について，受験者の考えをアピールできない可能性があることである。また，被害にあっている生徒に名乗り出るよう促す展開も，かえって，その生徒への嫌がらせが増す恐れがある。訴えた生徒への被害が広がらないように配慮しながら，嫌がらせをしている生徒に，自分のしていることを今すぐ止めるべきであると思わせるメッセージを投げかける。たとえば，一般論として，インターネット上で人を傷つける投稿をすることや，人目につかないところで特定の人を言葉で傷つけたり，脅したりすることは，大人になれば犯罪とみなされることを述べるとよいだろう。最後に，嫌がらせを受けているであろう生徒を念頭に，被害にあったときには担任としていつでも相談に乗ること，たとえ放課後であっても，クラス全員の行動に目を向けていることを訴えるとよい。

【養護教諭・1次試験】45分

●テーマ

小学校6年生の児童Aさんは，1学期に不定愁訴を訴えて，保健室に何度か来室していました。2学期が始まってからは，保健室に度々来室し，早退や欠席が目立ち始めました。ある日，Aさんが一人で保健室に来室し，頭痛を訴えました。Aさんに持病等はなく，バイタルサインにも異常は見られません。その日の放課後，担任が「Aさんは学習することから逃れるために保健室に行っているのではないかと思うが，どうしたらいいだろうか。」と相談に来ました。そこであなたは，自分の考えを伝えることにしました。

Aさんの担任に話をするつもりで書きなさい。

※作文題に書かれている内容以外の設定は自由とする。

※箇条書きや要点ではなく，実際に話す言葉で書きなさい。

●方針と分析

(方針)

異常が見られないにもかかわらず不定愁訴を訴えて保健室への来室，早退，欠席を繰り返す児童Aについて，怠業の疑いをもって相談に来た担任に，自分の考えを伝える場面を想像して，具体的に論述する。

(分析)

この設問では，学習面を起因として，保健室登校，不登校の状態になりつつあると思われる児童のケースが示されている。小学校6年生になると，中学年までとは違い，各教科において，本格的な読解力や図形の解読など，単純な暗記や反復練習だけでは対応できなくなることが多い。男児女児を問わず，こうした学びの変化に適応できずに，ストレスが蓄積して頭痛，腹痛，吐き気など内科的な病気があるのと同様の症状を示すことがある。また，児童Aが女児の場合，年齢的に第二次性徴が始まり，心身の不安定さを抱えていることも十分考えられる。こうした状況設定をしながら，養護教諭の立場でどういう対応が必要かを論じていく。Aを適切に指導し，支援しながら学級に復帰させることと並行して，同じ学校の同僚として，担任の戸惑いの原因である問題を，協力して解決することが求められている。

●作成のポイント

設問の指示に従うべく，養護教諭が担任の教諭に相談している状況を想像して，文体に注意する必要がある。正確な敬語表現を使いこなせるかどうかも，表現力の面で評価の対象になってくる。

まず，Aが度々保健室を訪れ，遅刻や欠席に繋がることも多いことについて，クラスの担任には無理に教室に引き戻さないように提案する。理由としては，学習内容の変化や心身の面の不安定さなどをあげる。そのうえで，担任に代わってAの話を聞き，保健室や事務室等で学習を行える環境づくりを提案する。Aの状況については，担任に随時，報告することを忘れないように気をつけることが大事だろう。まとめとして，様子を見ながら教室に復帰できるように支援していくことを申し出て，同時に，担任の抱える問題を，同じ学校の同僚として協力して解決する姿勢をアピールしよう。

なお，公式の「評価の観点」として，「使命感・信頼感」，「社会性・協調性・コミュニケーション能力」，「知識・技能」があげられているので，参照されたい。

【特別支援学校・1次試験】45分

●テーマ

あなたは特別支援学級の担任をしています。体育祭を間近に控えたある日，Aさんの保護者から手紙を受け取りました。内容は，「体育祭に向けて，これまでAは，交流学級や学年で通常の学級の生徒たちと一緒に練習をしてきましたが，当日，みんなと競技に参加できるか，みんなに迷惑をかけないか心配です。どうしたらよいでしょうか。」というものです。そこであなたは返事を書くことにしました。

返事の文面を書きなさい。

※作文題に書かれている内容以外の設定は自由とする。

※箇条書きや要点ではなく，実際に手紙に書く文を書きなさい。

●方針と分析

(方針)

特別支援学級の児童Aの保護者から，体育祭へのAの参加を懸念する旨の相談を手紙で受けた。保護者への手紙の返事という形で，そのことに対する回答を作成する。

(分析)

身体に何らかのハンディがある，あるいは発達障害や情緒障害がある生徒は，体育祭の練習や競技に参加する際，どうしても通常学級の生徒がフォローしなくてはいけない状況になりがちである。体育祭であれば，集団演技の際にAが振り付けの指示の意味を正しく理解できず，練習時間が長引くなどの状況が考えられる。このため，通常学級の児童生徒にとっては不満が募り，Aを受け入れないことにつながる可能性がある。それをきっかけにして，Aが交流学級の中で孤立し，閉じこもりがちになってしまうことを，保護者は心配していると予想される。担任としては，こういう状況を作り出さないように配慮すること，Aもともに参加できるような環境を作る努力をすることを保護者に伝えていく必要がある。

●作成のポイント

保護者への手紙という形での記述を求められているので，敬体を用いつつも，礼儀を弁え，平易な書き言葉を心がけるべきである。

まずは，保護者の不安な気持ちを受け止めていることを伝える。また，練習の場面でのAの失敗をそのまま伝えてしまうのは，保護者が体育祭出場を辞退させたり，Aが練習に行きたがらない可能性があるので避けたい。Aの持つ運動への苦手意識や身体のハンディをはじめとする障害の特性を通常学級の教諭や生徒にわかってもらう努力を自分がすること，通常学級の生徒も理解していることをしっかり伝える。Aや保護者が，過剰な気遣いをされていると思うと，かえって負担に感じるので，そうならないように注意しながら，少しでも前向きな気持ちで，練習や本番に参加する環境づくりをしていることは，明確にしよう。

なお，公式の「評価の観点」として，「使命感・信頼感」，「社会性・協調性・コミュニケーション能力」，「知識・技能」があげられているので，参照されたい。

2016年度　論作文実施問題

神奈川県

【小学校全科・中学校・高等学校・2次試験(1次試験で実施)】 60分

●テーマ

【小学校】

これからの教員は教職生活全体を通じて，実践的指導力やコミュニケーション力，チームで対応する力等を伸ばしていくことが必要であるとされています。これらについて，小学校における今日的な教育課題を踏まえ，あなたの考えを600字以上825字以下で具体的に述べなさい。

【中学校】

教職生活全体を通じて実践的指導力やコミュニケーション力，チームで対応する力等を伸ばしていくことが，これからの教員には必要があるとされています。これらについて，中学校における今日的な教育課題を踏まえ，あなたの考えを600字以上825字以下で具体的に述べなさい。

【高等学校】

これからの教員は，様々な教育的課題に対して，実践的指導力やコミュニケーション力，組織で対応する力を，教職生活全体を通じて主体的に伸ばしていくことが必要であるとされています。このような教員となるため，あなたはどのように取り組みますか，今日的な教育課題を踏まえ，あなたの考えを600字以上825字以下で具体的に述べなさい。

●方針と分析

(方針)

教員が「実践的指導力」「コミュニケーション力」「チームで対応する力」等を伸ばしていくことについての自身の考えを述べることが中心となる。「教員」についての課題であるという点に注意する。その際に，各校種における「今日的な教育課題」を踏まえることを忘れてはならない。

(分析)

『教職員人材確保・育成計画』(平成27年10月神奈川県教育委員会)では，新たな学びを展開できる実践的指導力について，「基礎的・基本的な知識・技能の習得に加えて思考力・判断力・表現力等を育成するため，知識・技能を活用する学習活動や課題探究型の学習，協働的学びなどをデザインできる指導力」としている。また，『教職員のパートナーシップ』(平成26年3月神奈川県総合教育センター)では，「教職に携わる専門家集団としてのパートナーシップ(同僚性)を高め，世代間のコミュニケーションを密にしながら仕事に取り組んでいくこと」の重要性の高まりを指摘している。これらのことを理解した上で，神奈川県の教育の総合的な指針である『かながわ教育ビジョン』(平成19年8月策定，平成27年10月一部改定)であげられる，児童期・青年期の人づくりをめぐる課題を踏まえて，具体的にどのような人材が求められているかを分析して臨みたい。

●作成のポイント

序論・本論・結論の3段落構成で書くとよい。序論では「今日的な教育課題」を述べ，課題に対する自分の考えを明確に表すとよい。ここで明確にしておけば，本論で書く具体的な取り組みがさらにわかりやすいものになる。字数制限があるので，序論に力を入れすぎて本論がなおざりになってしまわないよう注意する。本論では，序論で述べた自分の考えを踏まえて，実際にどのようなことに取り組んでいくかを書く。1つの取り組みに絞って書くか，2つ以上の取り組みをあげるかは「あなたの考え」によるが，ポイントは求められる力を「伸ばしていく」方法である。何をしていけば伸ばせるのかを明確にする必要がある。結論は今までの内容を簡潔にまとめ，どのような教員生活を送ることで求められる力を「伸ばしていく」かという決意を示すことが重要である。

【特別支援学校・2次試験(1次試験で実施)】 60分

●テーマ

神奈川県では支援教育の理念の下，共生社会の実現に向け，インクルーシブ教育を推進することが求められています。このことを踏まえ，特別支援学校の教員として地域社会に開かれた学校づくりの観点からどのような取り組みが考えられますか。あなたの考えを600字以上825字以下で具体的に述べなさい。

●方針と分析

(方針)

神奈川県で「共生社会の実現に向け，インクルーシブ教育を推進することが求められて」いることを踏まえ，「特別支援学校の教員として地域社会に開かれた学校づくりの観点」から，具体的な取り組みを論じる。

(分析)

神奈川県の教育の総合的な指針である『かながわ教育ビジョン』(平成19年8月策定，平成27年10月一部改定)では，神奈川県の教育における展開の方向の1つとして「生涯にわたる自分づくりを支援する地域・家庭・学校をつなぐ教育環境づくり」を掲げている。さらに，特別支援学校に求められる取り組みとして「子どもたちが集団の中で楽しく充実した学校生活を送れるよう，そして，地域社会でいきいきと暮らせるよう，一人ひとりの教育的ニーズに応じた専門的な指導や支援の充実」をあげている。これらのことを踏まえて論じていく。

●作成のポイント

序論・本論・結論の3段落構成で書くとよい。序論では，「インクルーシブ教育を推進すること」に関する現状や自身の考えも述べ，課題に対する自分の考えを明確に表すとよい。ここで明確にしておけば，本論で書く具体的な取り組みがさらにわかりやすいものになる。本論では，序論で述べた自分の考えを踏まえて，実際にどのようなことに取り組んでいくかを書くべきである。ポイントは，「開かれた学校づくり」に直結する方法である。教師間だけでは発見できないこともあるはずである。地域の人への理解とともに，意見に耳を傾けるという姿勢も必要である。結論は今までの内容を簡潔にまとめ，それを踏まえて，どのような教員生活を送りたいかという決意を述べるとよい。

【特別支援学校(自立活動担当)・2次試験(1次試験で実施)】 60分

●テーマ

神奈川県では，子どもたちの多様な教育的ニーズに対応するため，自立活動教諭(専門職)の配置を進めています。配置された自立活動教諭(専門職)は，外部の専門家ではなく教職員チームの一員として校内支援等に関わります。外部の専門家との違いを踏まえ，教職員チームの一員として関わることで，どのような効果が期待できるか，また，教職員チームの一員としてどのように校内支援に取組んでいくのか，あなたの考えを600字以上825字以下で具体的に述べなさい。

●方針と分析

(方針)

自立活動教諭の「外部の専門家」との違いと「教職員チームの一員」であることを踏まえて，自身がどのようなことに取り組んでいくのかを論じる。その際に，「どのような効果が期待できるか」という部分も論じることを忘れてはならない。

(分析)

神奈川県立特別支援学校における自立活動教諭(専門職)は，「自立活動の指導への指導助言等」，「個別教育計画の作成・評価への参加等」，「地域の小中学校への巡回相談等による教育相談への対応」を主な業務内容としている。教職員チームの一員になることで，「専門職」という部分だけではなく「協調」という部分も意識していく必要があるだろう。

●作成のポイント

序論・本論・結論の3段落構成で書くとよい。序論では，課題に対する自分の考えを明確に表すとよい。ここで明確にしておけば，本論で書く具体的な取組みがさらにわかりやすいものになる。本論では，序論で述べた自分の考えを踏まえて，実際にどのようなことに取り組んでいくかを書くべきである。大切なことは，「外部の専門家」ではなく教職員チームの一員となる「専門職」を配置することで効果が期待できる取り組みである。結論は今までの内容を簡潔にまとめ，「専門職」として携わる決意を中心に，どのような教員生活を送りたいかを述べるとよい。

【養護教諭・2次試験(1次試験で実施)】 60分

●テーマ

学校保健の充実を図るために，養護教諭を中核とした組織的な保健指導体制の確立や，心と体の両面への対応を行う健康相談の充実が求められています。あなたは，養護教諭として求められる資質・能力を高めるためにどのような努力をし，どのような実践をしていこうと考えますか。今日的な教育課題を踏まえ，あなたの考えを600字以上825字以下で具体的に述べなさい。

●方針と分析

(方針)

まず，「学校保健の充実を図る」背景として養護教諭の意義や児童生徒を取り巻く環境を書いたうえで，「養護教諭として求められる資質・能力」について自身の考えを述べ，これを踏まえ，自身の資質・向上のために取り組んでいきたいことを述べる。その際，「今日的な教育課題」を踏まえることを忘れてはならない。

(方針)

『学校保健の課題とその対応』(平成24年3日本学校保健会)では，平成9年の保健体育審議会答申に基づき，養護教諭に求められる資質能力として，「保健室を訪れる児童生徒に対応するための知識・理解・技能及び確かな判断力と対応力」,「健康課題を捉える力」,「健康課題を解決するための指導力」,「企画力，実行力，調整能力」などをあげている。これに『かながわ教育ビジョン』(平成19年8月策定，平成27年10月一部改定)であげられる，児童期・青年期の人づくりをめぐる課題を踏まえて，自身の資質・能力の向上を図るための取り組みを述べていく。

●作成のポイント

序論・本論・結論の3段落構成で書くとよい。序論では，課題に対する自分の考えを明確に表すとよい。児童生徒を取り巻く環境とそれに対する養護教諭の必要性から展開するとよいだろう。本論では，序論で述べた自分の考えを踏まえて，実際にどのようなことに取り組んでいくかを書くべきである。自身の資質・能力を高めるための取り組みが，「今日的な教育課題」の解決につながるものとなるように，具体的な取り組み例をあげていくとよい。結論は今までの内容を簡潔にまとめ，どのような教員生活を送りたいかを，決意の形で書くとよい。

横浜市

【小学校全科・2次試験(1次試験で実施)】 45分

●テーマ

体験活動は，思考や行動の基盤として，また，よりよい生活を創り出していくために必要だと言われています。そのため，学習指導要領にも，さまざまな点から体験活動について記載されています。
「第2期横浜市教育振興基本計画」でも，「豊かな体験を通した学習の推進」が重点取組の1つとして掲げられています。あなたが小学校の学級担任になった場合，子どもたちのどのような能力を，どのような体験活動を通して伸ばしたいと考えるか，具体的に述べなさい。
(800字以内)

●方針と分析

(方針)

「子どもたちのどのような能力を，どのような体験活動を通して伸ばしたいと考えるか」という部分が論の軸になるが，「体験活動」そのものについての自身の考えについても論じなければ，取り組みたいことだけを書いても，評価は高くならないことに注意する。
(分析)
学習指導要領では「豊かな心や健やかな体の育成のための指導の充実」を実現するための一環として体験活動を取り上げており，特に道徳教育や総合的な学習の時間で行うものとしている。道徳教育においては体験活動の具体例として，集団宿泊活動，ボランティア活動，自然体験活動などを示している。

一方，「第2期横浜市教育振興基本計画」は，横浜教育ビジョンの実現に向け，平成26～30年度までの5か年の教育施策や取り組みをまとめた計画である。この中で「豊かな体験を通した学習の推進」のための取組事業として，「『横浜の時間』の充実」と「発達の段階に応じたキャリア教育の推進」があげられている。前者は地域や社会，自然と触れ合う機会を持つなど豊かな体験を通じて，社会性や協働性，問題解決能力やコミュニケーション能力を高めることを目的としている。後者は，働くことの意義や尊さを理解し，将来に夢や希望，目標を持てる子どもを育むことをねらいとしている。これらの点をおさえて具体的な体験活動の例をあげていくようにしたい。

●作成のポイント

文章は序論・本論・結論の3段落構成で書くとよい。800字以内とあるので，だいたい150字・450字・150字を目安にして書いていくとよい。

序論は，課題に対する自身の意見を述べる。「体験活動」そのものに関する自分の考えを述べる。児童を取り巻く現状についても書くとわかりやすくなるだろう。

本論は，序論で述べた意見を展開し，具体的な体験活動を述べる。子どもたちに望まれる「能力」と「体験活動」は密接につながっていなければならない。さらに，それが本当に「よりよい生活を創り出して」いけるものなのかも，理由を含めて書くと説得力が増す。

結論は，本論で示した「体験活動」を通して子どもたちが成長していける，ということについてまとめるとよい。さらに，小学校の学級担任としてどのような心構えで児童と接していくか，という決意もあわせて書くことも忘れないでほしい。

【中学校・高等学校・高等学校(商業・情報)・2次試験(1次試験で実施)】
45分

●テーマ

基礎・基本の定着とともに，思考力，判断力，表現力の育成が求められています。そこで，生徒の考える力(思考力)を育むために，どのような授業を展開しようと考えていますか。1つの教科・科目を選び，具体的に述べなさい。(800字以内)

●方針と分析

(方針)

ここでは「思考力」を育むための授業展開を述べるのが中心である。その際に「1つの教化・科目を選び，具体的に述べ」ることを踏まえること。

(分析)

テーマの第1文に主語が明示されていないので，文頭に「生徒には」を入れて検討するとよい。まず，「思考力，判断力，表現力」から学校教育法第30条第2項が想起される。これを踏まえ，中学校学習指導要領解説においても「思考力・判断力・表現力等及び学習意欲を重視」することが，本問の背景として考えられるだろう。

また，「第2期横浜市教育振興基本計画」では，重点取組「考える力を育むための授業改善の推進」のための取組事業の1つとして「問題解決的な授業を通した考える力の育成」をあげている。具体的には，各教科等における言語活動の充実や，社会科における模擬体験，見学や取材活動，理科における実験や観察，音楽における合唱や合奏，などが考えられる。自身の受験教科・科目を踏まえ，展開例を作成したい。

●作成のポイント

文章は序論・本論・結論の3段落構成で書くとよい。800字以内とあるので，150字・450字・150字を目安にして書いていくとよいだろう。

序論は，思考力について自身の考えを述べる。その後に，今の生徒を取り巻く思考力に関する現状についても書くとわかりやすくなるはずである。

本論は，具体的な授業展開を述べる。生徒によっては「考える」という作業だと感じた瞬間にやる気がなくなってしまう者もいる。身近なテーマを用いて，考えやすい環境を作るということも必要であろう。

結論は，思考力について自身の考えを改めて強調してもよい。そして，教員として，どのような心構えで生徒の思考力を育成していくかという決意を書くことも忘れてはならない。

【特別支援学級・2次試験(1次試験で実施)】 45分

●テーマ

「障害者の権利に関する条約」への署名を受け，文部科学省は，平成24年に出された「共生社会の形成に向けたインクルーシブ教育システム構築のための特別支援教育の推進」の報告書において，特別支援教育の今後の方向性を示しています。学校においてインクルーシブ教育を実現するため，あなたはどのような取組を進めたいと考えるか，具体的に述べなさい。(800字以内)

●方針と分析

(方針)

この課題は,「学校においてインクルーシブ教育を実現するため」に「どのような取組を進めたい」かを論じるのが中心になる。ただ,「取組」だけを書いても高評価は得られない。なぜその取組をしたいのかという理由と,「インクルーシブ教育」についての自身の考えも書く必要がある。

(分析)

インクルーシブ教育は,いわゆる障害者の権利に関する条約第24条に基づくもので,出題の資料においては「同じ場で共に学ぶことを追求するとともに,個別の教育的ニーズのある幼児児童生徒に対して,自立と社会参加を見据えて,その時点で教育的ニーズに最も的確に応える指導を提供できる,多様で柔軟な仕組みを整備することが重要」としている。

一方,「第2期横浜市教育振興基本計画」では,インクルーシブ教育を推進するため,地域や保護者等への理解・啓発の推進を行うとしており,その具体例として特別支援学校と小中学校の交流,特別支援学校等での教育活動の周知を積極的に行うとしている。

以上から,インクルーシブ教育は学校内の取り組みだけを充実させるのではなく,地域の人々に対しても積極的に対話をしていく等の取り組みも必要といえる。

●作成のポイント

文章は序論・本論・結論の3段落構成で書くとよい。800字以内とあるので,150字・450字・150字を目安にして書いていくとよいだろう。

序論では「インクルーシブ教育」に関する現状や自身の考えを踏まえ,取り組みの概要について述べるとよい。

本論は序論を踏まえ,取り組みの詳細について述べる。限られた文字数の中で「具体的」な記述が求められていることから,内容を厳選する必要もあるだろう。

結論は今までの内容を簡潔にまとめ，どのような教員生活を送りたいかを，決意の形で書くとよい。

【養護教諭・2次試験(1次試験で実施)】 45分

●テーマ

児童生徒の不登校，いじめ，心の悩みなどの問題を解決するためには，学校の教職員がチーム一丸となって組織的に取り組むことが求められています。そこで，養護教諭として児童生徒をチームで支援するために，どのような取組を行いますか。あなたの考えを具体的に述べなさい。(800字以内)

●方針と分析

(方針)

「児童生徒の不登校，いじめ，心の悩みなど」に関して「養護教諭として児童生徒をチームで支援するため」の取り組みについて述べるのが，この論文試験の中心テーマである。その際に，児童生徒を取り巻く環境や背景，教職員がチーム一丸になることの意義などを書くことも大切である。

(分析)

まず，養護教諭の役割について，学校教育法第37条では「養護教諭は，児童の養護をつかさどる」とある。そして，養護の意味について，辞書等では「児童・生徒の健康を保護し，その成長を助けること」とある。つまり，児童生徒を取り巻く環境は複雑かつ多岐にわたる現在において，養護教諭は児童生徒の健康を保護・促進する立場にあるといえる。

テーマに「学校の教職員がチーム一丸となって組織的に取り組むこ

と」，また「養護教諭として児童生徒をチームで支援」とあるので，養護教諭の専門性をいかした支援が求められており，さらに「児童生徒の不登校…」から学級担任と養護教諭を中心とした児童生徒の「心の悩み」に対する取り組みと考えてよいだろう。その一例として「学校における心のケアーサインを見逃さないためにー」(文部科学省)では「健康問題に対して早期発見・早期対応を的確に行うには，まず，日常の様子との変化に気付くことです。そのためには日頃から，学級担任や養護教諭を中心としたきめ細かな健康観察を実施することが大切」としていることがあげられる。

●作成のポイント

文章は序論・本論・結論の3段落構成で書くとよい。800字以内とあるので，150字・450字・150字を目安にして書いていくとよいだろう。

序論は，課題案に対する自身の意見を述べる。今回はいじめ等の解決に関する養護教諭の必要性について論じるべきである。本論との関連性も踏まえて上で書くことを忘れないでほしい。

本論は，序論で述べた意見を展開する。健康問題などに関しては防止策や早期発見・早期対応が重要である。また，学校の教職員の一人であり，養護教諭という専門的立場からどのようなことができるか，をできるだけ具体的に述べたい。

結論は今までの考えや具体例を踏まえて，養護教諭として意気込みを述べるとよい。意気込みといっても，ただ「がんばる」と書いても意味がない。今回の課題のテーマである「心の問題」について，養護教諭としてどのように取り組んでいくかの決意を表明するとよいだろう。

川崎市

【小論文A・小学校，中学校，特別支援学校・1次試験】 60分

●テーマ

あなたがこれまでの社会人経験(教員経験に限らない)で培ったものの中で，教員として生かしていける資質能力はどのようなものですか。また，その資質能力を実践の中でどのように生かしていこうと考えますか。具体的に600字以内で述べなさい。

●方針と分析

(方針)

課題の中で強調されているのは，「社会人経験で培ったもの」「教員として生かしていける資質能力」「資質能力を実践の中でどのように生かしていくか」である。この3点をおさえて，文章を構成する必要がある。

(分析)

本問は論文なので論拠が必要となるが，受験生と採点者に共通する認識はほぼない。論点は「社会人経験を通して自身が培った資質能力」であるから，自身が培った能力をどのように得たか，教員としてその資質能力をどう生かしていくかを丁寧に説明していく必要がある。600字以内という非常に限られた状況の中で，効率よく論じなければならない。

例えば，今まで営業に就いていた受験生が，コミュニケーション能力をアピールすることが考えられる。コミュニケーション能力は学習指導要領でも育成すべき能力の一つとして位置づけられており重要ではあるが，教員になれば教職員間はもちろん，児童生徒や地域住民などともコミュニケーションを取る必要も出てくる。特に，児童生徒のコミュニケーションは最も重要であるにもかかわらず，経験はほぼな

いのが普通であろう。その問題をどう解消するかといったことを示す必要があるだろう。

●作成のポイント

先述の通り，600字以内で資質能力を示し，それをどう役立てるかを説明しなければならないので，効率よい説明が要求される。そのためには，数少ない共通認識である一般知識・常識を活用することも一つの方法だろう。論文なので，序論・本論・結論の3段落構成を意識する必要があり，100字・400字・100字を目安にするとよい。 序論では，「培った資質能力とは何か」について述べる。100字が目安とはいえ，最低限その資質能力と培った背景については説明すること。余裕があれば，その資質能力が教員として役立つと考えた理由を述べるとよい。

本論では，序論を踏まえて「資質能力」を「生かして」いくことについて述べる。どのような場面において資質能力が生かされるのか，生かすことによって教員としての受験生，ひいては学校などにどのような好影響があるのか等を述べる。採点者がイメージできるよう，できるだけ詳細に示す必要があるだろう。

結論は，今までの内容を簡潔にまとめて，最後に自身の教員としての決意を書いて仕上げるとよい。ポイントは，本論で全く書かれていないことを書かないようにすることである。読み手に何を訴えたいのかを意識してまとめてみること。

【小論文A・養護教諭・1次試験】 60分

●テーマ

児童生徒の心身の健康問題が多様化している現在，健康相談は学校教育において重要な役割を担っています。このことについて，あなたはどのように考えますか。また，養護教諭の果たす役割はどのようなことが考えられますか。具体的に600字以内で述べなさい。

●方針と分析

(方針)

中心は「健康相談についての自身の考えと果たす役割を述べる」だが，「児童生徒の心身の健康問題が多様化」についても言及しないと，説得力のないものになってしまう可能性あるので注意したい。

(分析)

健康相談の法的根拠は，学校保健安全法第8条であり，その重要性については，「教職員のための子どもの健康相談及び保健指導の手引」(文部科学省)で，「健康相談は，児童生徒の発達に即して一緒に心身の健康問題を解決していく過程で，自己理解を深め自分自身で解決しようとする人間的な成長につながることから，健康の保持増進だけでなく教育的な意義が大き」いとしている。さらに養護教諭は「職務の特質から児童生徒の心身の健康問題を発見しやすい立場にある」と位置づけられていること，養護教諭の職務に健康相談が明記されていることを踏まえて考えるとよい。

一方，児童生徒の心身の健康問題の多様化について，どのように理解しているかを示すことは論文の方針が決まりやすくなる，受験生自身の情報力をアピールできるといったメリットが考えられる。キーワードとしては「友達や家族などの人間関係」「不登校・保健室登校・引きこもり等」「発達障害等の集団生活等への不適応」などがあげられる。

●作成のポイント

600字以内で書かなければならないので，効率よい説明が要求される。論文なので，序論・本論・結論の3段落構成を意識する必要があり，100字・400字・100字を目安にするとよい。

序論では，「児童生徒の心身の健康問題の多様化」についての自身の考えを論じるとよい。なぜ多様化になってしまったのか，どのような問題が生じているのか等が考えられる。健康相談の重要性を意識しながらまとめるとよいだろう。

本論では序論の内容を受けて，健康相談についての自身の考えと養護教諭の役割について述べる。以上の2項目を分けて述べてもよいが，具体例などを入れ，まとめて述べるのもよいだろう。自身の考えが採点者に伝わるような工夫を心がけよう。

結論では，今までの考えを簡潔にまとめ，養護教諭としての自分の決意をまとめて終わらせるとよい。一般的に養護教諭は，他の教師では話しにくいことを話せる存在であるので，児童生徒との信頼関係を築きやすいといったメリットもある。そのようなことも踏まえてまとめるとよい。

【小論文A・特別選考Ⅳ中学校(英語)・1次試験】 60分

●テーマ

英語学習において，中学1年の後半から生徒に習熟の差が広がる傾向がありますが，自分の英語力を生かしながらどのように習熟の差に対応しますか。中学校外国語科の目標を踏まえながら，具体的に600字以内で述べなさい。

●方針と分析

(方針)

今回の課題は,「英語力を生かしながら，習熟の差に対応」について書くのが中心であるが,「中学1年の後半から生徒に習熟の差が広がる傾向」について論じることも忘れてはならない。さらに「中学校外国語科の目標」を踏まえることも今回の指示の一つである。

(分析)

まず，中学校外国語科の目標は「外国語を通じて，言語や文化に対する理解を深め，積極的にコミュニケーションを図ろうとする態度の育成を図り，聞くこと，話すこと，読むこと，書くことなどのコミュニケーション能力の基礎を養う」であり，目標の中核は「聞くこと，話すこと，読むこと，書くことなどのコミュニケーション能力の基礎を養う」にあるとしている(中学校学習指導要領解説 外国語編参照)。一方，英語学習における習熟の差が広がる原因として，一般的には①英語独特の綴りを理解していないため文字が読めない・書けない，②be動詞と一般動詞の混同や時制など日本語と英語の文法の違いを理解できていない，といったことがあげられる。

中学1年で学習することは，基本中の基本であり，そこから習熟の差が出るということは，生徒が英語そのものに面白さを感じておらず，逆に英語に少しでも興味を持ってくれれば，解消できると考えることができるだろう。

●作成のポイント

600字以内で書かなければならないので，効率よい説明が要求される。論文なので，序論・本論・結論の3段落構成を意識する必要があり，100字・400字・100字を目安にするとよい。

序論では，習熟の差が出る原因について述べる。分析で述べたような一般論の他に，自身で感じた原因を踏まえてまとめるとよい。

本論では，自分の英語力を生かしながら，どのように習熟の差に対応するかを論じる。まず，自身の英語力をアピールする必要があるだろう。その英語力を踏まえ，習熟の差を解消する対応策を示せばよい。当然のことだが，具体例を示すと採点者によりわかりやすいものになることが多い。その際，中学校国語科の目標にもふれながら論文を展開すること。

結論では，今までの内容を踏まえて，自分の英語教諭としての決意を書いて仕上げるとよい。今までの内容を簡潔にまとめることが必要であり，結論の部分で新しい内容を論じないように気を付けたい。

【小論文B・小学校，中学校，特別支援学校，養護教諭・2次試験(1次試験で実施)】 60分

●テーマ

【小学校等】

学級担任は，学級の教育環境を常に整えておかなければなりません。あなたは，学級のよりよい教育環境とは，どのようなことだと考えますか。また，あなたは学級担任として学級の教育環境を整えるために，どんな実践をしていきたいと考えますか。

具体的に，600字以内で述べなさい。

【養護教諭】

養護教諭は，保健室の教育環境を常に整えておかなければなりません。あなたは，保健室のよりよい教育環境とは，どのようなことだと考えますか。また，あなたは養護教諭として保健室の教育環境を整えるために，どんな実践をしていきたいと考えますか。

具体的に，600字以内で述べなさい。

●方針と分析

(方針)

「学級(保健室)のよりよい教育環境」についての考えを述べることと，整えるための実践を示すのが，この課題の中心である。その際に「学級(保健室)の教育環境」についての現状等も踏まえるとよい。

(分析)

まず，「教育環境」とは具体的に何を指すのか，を検討する必要があるだろう。「平成24年度 文部科学白書」では「特集2　安全・安心な教育環境の構築」で，教育環境を「いじめ・体罰等の課題への対応」(以下，ソフト面)，学校施設の耐震化・老朽化対策などの「子供たちの安全の確保」(以下，ハード面)，地域による学習サポート等の「地域で子供を育てる体制づくり」(以下，コミュニティ面)に分けて考えられている。一方，「かながわ教育ビジョン」では平成27年の改定に伴い，コミュニティ面における教育環境づくりを基本方針の一つとしている。さらに，「かわさき教育プラン(第2次川崎市教育振興基本計画)」(以下，計画)では，基本施策Ⅳで良好な教育環境を整備することをあげ，主にハード面について言及している。

本問だが，問題文に養護教諭以外では「学級の教育環境」，養護教諭は「保健室の教育環境」とある。「学級」は集団を，「保健室」は施設を意味するため，求める内容も変わってくる。具体的には養護教諭以外ではソフト面，養護教諭はハード面について述べる必要があると思われる。ソフト面とは人間関係を指すことから，いじめなどに対する防止策，いじめを早期発見・早期対応できる体制の構築や児童生徒同士，教員と児童生徒間などに信頼関係を構築するといったことが求められるだろう。一方，養護教諭受験者は日常における学校安全について述べればよいと考えられる。計画では，学校安全に関する指導について「学校教育活動全体を通じて，安全に関する教育の充実や組織的な取組の推進，さらに，地域社会や家庭との連携を図った学校安全の推進を図ること」としている。自身の学校種などを踏まえ，日常における学校安全への考えと実践をまとめるとよい。

●作成のポイント

600字以内で書かなければならないので，効率よい説明が要求される。論文なので，序論・本論・結論の3段落構成を意識する必要があり，250字・250字・100字を目安にするとよい。

序論では「よりよい教育環境」の定義について述べる。先述の通り「教育環境」には複数の意味があるため，ここでの「教育環境」の解釈，そして「よりよい教育環境」とは何かについてまとめるとよい。

本論では序論の内容を踏まえて，「よりよい教育環境」を実現するための実践方法を述べる。実践方法は机上の空論とならないよう，身近なことから述べるとよいだろう。

結論は序論，本論の内容をまとめ，教員としての決意を述べまとめるとよい。結論で新た内容を展開すると，論点が散漫になる恐れがあるので，あくまでも今までの内容をまとめるといったスタンスを維持すること。

相模原市

【小学校・1次試験】 45分

●テーマ

今日は，あなたが初めて学校に着任する日です。着任式を終え，新しい学級の担任としてスタートするにあたり，子どもたちに話をする時間がきました。子どもたちの中には，楽しみに目をきらきらさせている子や不安そうにうつむいている子，また，全く先生に対して関心のないような子も見受けられます。さて，あなたは，そんなさまざまな子どもたちを前にして，どのようなことを話しますか。子どもたちに話をするつもりで書きなさい。

なお，文頭に想定学年を明記しなさい。

●方針と分析

(方針)

新任の先生として，学級で最初に話す内容を述べる。

(分析)

学級で最初に話す内容は，児童にとっては第一印象を形成する材料である。第一印象の重要性は大人よりも，むしろ子どものほうが重要かもしれない。したがって，「先生」としての威厳を持つ，親しみを持ってもらう等，自身が児童に持ってもらいたいイメージを軸に話を展開することになるだろう。自己紹介から始まり，最終的には児童が「先生」に興味を持つような内容にしたい。そのためには，テーマやいいたいことを整理し，児童に理解してもらえるような表現を使う必要がある。そのため，想定学年は意外と重要である。基本的には，教育実習等で経験した学年を軸に考えるとよい。必要であれば，国語の教科書などで使われている表現を調べる，先輩の先生に聞くなどして事前に確認することも必要であろう。

●作成のポイント

まず，「子どもたちに話をするつもりで書きなさい」と指示されているので，そのように書く必要がある。自身が考えた想定学年と話の仕方や内容が一致しているかを絶えず確認しながら進めていくとよい。特に，自己紹介などはその場の雰囲気などで変わってくるものだが，児童が共感できる話題かを確認すること。一般的に「先生」として学級を引っ張るという意識ではなく，一緒に学んで成長するといった態度のほうが児童からの共感は得やすいだろう。そういったことを踏まえ，まとめること。

【中学校・1次試験】 45分

●テーマ

あなたが勤務している中学校の部活動では，3年生が中心となり，中学校生活最後の夏の大会に向け練習に取り組んでいます。ある日，バスケットボール部部長のAさんから，顧問であるあなたに次のような相談がありました。「3年生になってからレギュラーをはずれてしまったBさんは，やる気をなくしてしまったようで，今日は補欠の部員と一緒に帰ってしまいました。」

そこで，帰ってしまった部員を含めた部員全員を集めミーティングを開くことにしました。あなたはミーティングで部員にどのようなことを話しますか。部員全員に話をするつもりで書きなさい。

●方針と分析

(方針)

具体的な事例に対して，どのような解決策を示すかが，今回の課題の中心である。実際のミーティングの中で，特にやる気がなくなっているBさんにどう対処するかがポイントになるだろう。生徒たちに語りかけるという形で書くということにも留意しなければならない。

(分析)

本来ならばBさんや補欠の部員から事情や心情を聞き取り，それを受けた形で話すのがよいと思われるが，今回は途中で帰ってしまったことに焦点を絞って話すことが適当と思われる。

文部科学省の報告書によると，運動部の意義について「体力を向上させるとともに，他者を尊重し他者と協同する精神，公正さと規律を尊ぶ態度や克己心を培い，実践的な思考力や判断力を育むなど，人格の形成に大きな影響を及ぼすものであり，生涯にわたる健全な心と身体を培い，豊かな人間性を育む基礎となるもの」と定義されている。

特に，バスケットボールなどのチームスポーツはレギュラーだけでなく，バックアップするプレーヤー，チームを支えるスタッフなどで構成されており，チームが一丸となって取り組む必要性がある。そういったことを踏まえて，話す内容を構成するとよい。その際の注意点は，特定の人間を攻撃するのではなく，チーム全体の問題であることを話すことであろう。

●作成のポイント

今回はミーティングでの話を書くので，生徒に話しかける気持ちで書く必要がある。課題文に「部員全員に話をするつもり」とあるので，全体に対してチームの大切さを説くとよい。分析にあるようにチームには，いろいろな役割があり，自分で今何をすべきかを考えてみる必要がある。ミーティング後に部員たちで，いろいろと考えられるようにするため，問題提起をするだけでもよいだろう。運動部の意義，チームスポーツの意義，バスケットボールというスポーツの特性などを踏まえながら，話を構成するとよい。

【特別支援・1次試験】 45分

●テーマ

あなたは特別支援学級の担任になりました。クラスの中には，交流学級の授業に参加している生徒もいます。生徒Aは，交流学級の生徒と何かあったようで，今まで毎回楽しみにしていた交流学級の授業に「もう行きたくない」と言ってきました。あなたは，生徒Aと話した後，交流学級の生徒に帰りの会で話をすることになりました。あなたは交流学級の生徒にどのような話をしますか。交流学級の生徒に話をするつもりで書きなさい。

●方針と分析

(方針)

「交流学級の生徒」に対してどのような話をするのかが，この課題の中心である。背景にある，生徒Aの「もう行きたくない」という発言に対して，どのように交流学級の生徒に対して伝えていくかを考えていかなければならない。

(分析)

素晴らしい交流学級をつくるため，まずは生徒Aの思いをしっかりと聞き，それを適切に交流学級の生徒に伝えなければならない。「適切」にとは，必要であれば生徒Aと特定できないよう，一般論の形で言い直すといった工夫を指す。そして，話の後で生徒自身が何かを考えることをしてくれるようにしなければならない。

●作成のポイント

今回は「交流学級の生徒に話をするつもり」で書く必要がある。一般的には生徒Aの思いを，一般論に形を変えて話を展開したほうが適切であるといえる。問題点を生徒たちに明示し，それを踏まえて，どのようにしていけば，楽しい交流学級の授業になるかを考えさせる機会になるように話を進めたい。みんなに考えることを促しながら，話を展開していくことが重要である。

【養護教諭・1次試験】 45分

●テーマ

あなたの勤務する小学校では，不用意なことばからけんかに発展してしまい，そのことが原因で児童がけがを負うことが少なくありません。

ある日，4年生の児童Aがクラスメートと一緒に保健室に来ました。児童Aは気持ちがイライラしており，腕にはひっかき傷があります。クラスメートの話から，児童Aが一緒に遊んでいた児童Bに嫌なことばを何度も言ったことでけんかに発展していたことがわかりました。児童Bにけがはありません。

あなたは児童Aにどのようなことを話しますか。児童Aに話をするつもりで書きなさい。

●方針と分析

(方針)

児童Aが原因となったけんかについて，Aに諭す内容を示す。また，勤務している小学校では，不用意なことばからけんかに発展しているということにも留意する必要がある。

(分析)

まず，児童Aがイライラしている原因を明確にする必要があるだろう。その原因が児童Bにあるのか，その他にあるのかによって話す内容も変わるが，自我が強い，相手に対する配慮が足りないといったことも一因であろう。いずれにしても自分がイライラしたときは深呼吸するなど，時間をおいて冷静になること等をアドバイスすることが考えられる。けんかになると我を忘れるが，後味が悪いことも多く，今回はたまたま児童Bにけがはないようだが，相手にけがを負わせるとさらに後味が悪くなるといったことも踏まえて話すとよい。

●作成のポイント

今回は児童Aに話をするつもりで書く必要がある。本来ならばAとのやりとりがあるが，それがすべて済んだと仮定して，諭す内容を記せばよい。ポイントは本問では，クラスメートの話があるので，それを踏まえてAに事情を聞いたと仮定すること。さらにAの言い分を肯定した上で，けんかになった原因を一緒に考えるといったスタンスをとることである。本問ではけんかの直接の原因は不用意なことばであり，それをしないための方法を分析を踏まえ，的確にアドバイスするとよい。

2015年度　論作文実施問題

神奈川県

【小学校教諭・2次試験(1次試験で実施)】　60分

●テーマ

神奈川県では，「めざすべき教職員像」の要素の一つに「授業力」(子どもが自ら取り組む，わかりやすい授業の実践のために必要な力)を掲げています。「授業力」を向上させるために，あなたは教師としてどのように取り組もうと思いますか。600字以上840字以内で具体的にまとめなさい。

●方針と分析

(方針)

「授業力(子どもが自ら取り組む，わかりやすい授業の実践のために必要な力)」を向上させるための取り組みについて述べる。

(分析)

本問のテーマである「授業力」については，『教職員人材確保・育成基本計画』(神奈川県教育委員会)でテーマの通りに定義しており，具体的内容として「子どものやる気を引き出し，意欲を高めることができる」等をあげている。それらを踏まえ，『小学校初任教師のための授業づくりハンドブック』(平成21年3月)が作成されている。その中で，授業づくりのポイントとして「教材研究，授業構想，授業展開，授業改善，指導技術」の5点をあげている。いわゆる「小1プロブレム」など授業づくり・学級運営の困難さが社会問題化している現状なども考察しながら，「子どもが自ら取り組む」自主性・主体性を育む「わかりやすい授業」づくりについて実践的・具体的な提言・提案をこころみる必要がある。

●作成のポイント

構成は序論・本論・結論からなる三段構成に考えたい。序論では，「授業力」の重要性に触れ，自身が行う取組の概要について述べる。

本論では序論で述べた概要を受け，具体的な方法について展開することが考えられる。実際に取り組む中で直面するであろうさまざまな問題を予測し，その対処法について触れるのもよい。教育実習などで，授業づくりをした経験などを踏まえると，より説得力が増すと思われる。

結論では，序論・本論で述べた提言・提案が，「授業力」を向上させる目的に適うものであること，自身の授業力向上への意気込みなどを端的にまとめておくとよい。

【中学校，高等学校，養護教諭・2次試験(1次試験で実施)】　60分

●テーマ

(中学校)
　あなたは，信頼される教師になるために，どのように取り組みますか。中学校における今日的な教育課題を踏まえ，学校の組織的な対応の視点も含め，あなたの考えを600字以上825字以下で具体的に述べなさい。
(高等学校)
　昨今，「信頼される教師」が求められています。
　「生徒に信頼される教師」，「同僚に信頼される教師」とは，どのような教師だと考えるか，それぞれについて述べなさい。
　また，「信頼される教師」になるために，あなたはどのように取り組もうと考えているか具体的に述べなさい。600字以上825字以下でまとめなさい。
(養護教諭)
　神奈川県では，信頼される学校づくりを推進しています。信頼される学校づくりのために，養護教諭としてどのように対応しますか。今日の教育課題と，養護教諭の役割をふまえ，具体的に述べなさい。600字以上825字以下でまとめなさい。

●方針と分析

(方針)
(中学校)…中学校における今日的な教育課題を踏まえ，学校の組織的な対応の視点も含めて，信頼される教師になるための取組について述べる。
(高等学校)…「生徒に信頼される教師」「同僚に信頼される教師」について，それぞれ述べる。また，「信頼される教師」になるための取組について述べる。

(養護教諭) …信頼される学校づくりのため，養護教諭としてどのように対応するか。今日の教育課題と養護教諭の役割を踏まえて具体的に述べる。

(分析)

神奈川県教育委員会の『かながわ教育ビジョン』(平成19年)によると，基本方針(子どもの学びと学校づくりという視点から，県として責任をもって取り組むべき展開の方向)の一つとして「教職員の資質・能力と組織力向上を通して，信頼される学校づくりを進めます」があり，取組の方向として「高い指導力と意欲をもつ教職員の確保・育成」「学校や地域との相互理解と関わりを深めた豊かな学び場としての信頼あふれる学校づくり」を示している。

本問において，中学校では生徒を含めた地域から信頼される教師像，高等学校では生徒，または同僚から信頼される教師を述べることが指定されていることから，専門能力だけでなく，社会人としての資質についても触れる必要があるだろう。一方，養護教諭では「組織の一員」としての要素が中学校・高等学校と比較して，やや強い印象を受けるが根本的な視点は大きく変化しないだろう。論文を構成するにあたっては信頼されるために，してはならないこと等から考えるのも一つの方法だろう。また，参考となる論拠も少ないことから，自身の経験や先輩等から聞いた経験談などを使うことも視野に入れたい。

●作成のポイント

構成は，序論・本論・結論からなる三段構成を基本としたい。序論では，信頼される教師，または学校づくりについて，自身の考える条件など概要を述べる。

本論では，序論の内容を踏まえ，実際に取り組んでいきたいことを具体的に述べる。本問は論文課題であるため，原則的に論拠が必要となる。そのことを留意しつつ，答案を形作る一つ一つのプロセスを丁寧に行おう。

結論では，自分の主張が，論理的・客観的にみても「信頼される」

という目的に適うものであることを端的に確認して締めるとよいだろう。

横浜市

【小学校・2次試験(1次試験で実施)】　45分

●テーマ

いじめの防止については，対症療法的な指導のみならず，日常の授業を通して，児童生徒に心情の豊かさや生き方への自覚と実践力を深めていく指導が必要です。横浜市では，「横浜市いじめ防止基本方針」を平成25年12月に策定しましたが，この方針は，いじめの防止等の取組を市全体で円滑に進めていくことを目指し，すべての児童生徒の健全育成及びいじめのない子供社会の実現を方針の柱としています。あなたが小学校の学級担任になった場合，いじめのない子供社会の実現のために，どのように児童指導に取り組みたいと考えますか，道徳教育に関連づけながら，具体的にまとめなさい。(800字以内)

●方針と分析

(方針)

小学校の学級担任になった場合，いじめのない子供社会の実現のため，日常の授業などを通して，どのように児童指導に取り組むか。特に，道徳教育に関連づけながら，具体的にまとめる。作成に際しては「横浜市いじめ防止基本方針」を踏まえる。

(分析)

作成にあたり，「小学校学習指導要領解説 道徳編」「横浜市いじめ防止基本方針」の内容は知っておかなければならない。特に，「横浜市いじめ防止基本方針」は場面指導や個人面接でも問われる可能性が高いため，必読といえる。具体的方針については，『いじめ根絶！横浜メソッド』，国立教育政策研究所の生徒指導リーフなども参照するとよい。「いじめ」のきっかけはさまざま考えられるが，未然に防ぐ児童指導の一つとして「人間尊重の精神と生命に対する畏敬の念を培う」ことがあげられるだろう。

●作成のポイント

作成にあたっては，「朝のホームルーム」といった具体的な場面を設定し，いわゆる「5W1H」を意識しながらまとめるとよい。また，論文は読み手(採点官)が理解できることが重要であるため，いきなり具体案から入ることも避けたい。そのため，序論・本論・結論で構成するとよい。

序論では，いじめの現状分析と自身の認識について簡記するとよい。現状分析については統計などの数値を出すと，より説得力が増すが，数値を間違えると，説得力が落ちる危険性もあるため，注意を要する。中盤の具体的提案へ展開できる内容でまとめたい。

本論では，具体案を示すことになるが，最も重要なことは読み手に納得してもらうことである。先述の通り，「5W1H」を意識しながら，自身の知見と工夫をまとめていきたい。その際，そうした提案の実効性を客観的に示していければ，評価は飛躍的に高まるだろう。

結論は，その提案が「いじめ防止」という本来の目的に適い，道徳教育としての意義があることを確認し，問題の指示に沿ったものであることを訴求して締めくくるとよいだろう。

【中学校，高等学校・2次試験(1次試験で実施)】　45分

●テーマ

中央教育審議会「今後の学校におけるキャリア教育・職業教育の在り方について(答申)」(平成23年1月)では，キャリア教育を「一人一人の社会的・職業的自立に向け，必要な基盤となる能力や態度を育てることを通して，キャリア発達を促す教育」と定義しています。更に，答申ではキャリア教育を通して育みたい基礎的・汎用的能力として，「人間関係形成・社会形成能力」「自己理解・自己管理能力」「課題対応能力」「キャリアプランニング能力」を挙げています。

そこで，様々な授業や教育活動から1つを選び，人間関係形成・社会形成能力を育成する視点から，実践してみたいと思うキャリア教育の構想を具体的に述べなさい。

(800字以内)

●方針と分析

(方針)

授業や教育活動において，キャリア教育で育成しようとする基礎的・汎用的能力の1つである「人間関係形成・社会形成能力」を育成する構想を具体的にまとめる。

(分析)

問題で示されている資料において，人間関係形成・社会形成能力とは「多様な他者の考えや立場を理解し，相手の意見を聴いて自分の考えを正確に伝えることができること」「自分の置かれている状況を受け止め，役割を果たしつつ他者と協力・協働して社会に参画し，今後の社会を積極的に形成すること」ができる力としており，「社会とのかかわりの中で生活し仕事をしていく上で，基礎となる能力」と位置づけている。具体例として，コミュニケーション・スキルやチームワーク，リーダシップ等があげられている。

●作成のポイント

「キャリア」の定義からわかるように，その教育においては継続性，展開性を持ったものが求められている。問題文で「案」ではなく，「構想」という文言が使われているのもそのためだと思われる。こうした推察を踏まえ，例えばグループワークを積極的に取り入れる等の工夫がされていることが考えられる。

論文を序論・本論・結論で構成すると，序論では概要，例えば人間関係形成・社会形成能力の定義と問題点などをまとめる。読み手(採点官)と「問題意識の共有化」をした上で，自身の考える育成方法の概要を述べ，本論へと展開するのがよい。

本論では授業や教育活動を1つあげ，具体的な構想を展開する。その際，注意すべきことは，授業内容のみでは説明不足ということである。例えば，地域の商店街などの協力を得て，販売員の仕事を短期間体験させてもらう，ということだけではなく，その体験から生徒が何を考え，何を学んだか振り返るフィードバック学習やクラスで意見交換するなど，多面的・重層的なプラン内容にすることができればよいだろう。

結論は述べた構想が，人間関係形成・社会形成能力の育成に役立ち，生徒の就業観やスキルの養成に資するものであることを再度確認して締めくくるとよい。

【特別支援学校・2次試験(1次試験で実施)】　45分

●テーマ

特別支援教育の対象となる児童生徒には，様々な教育的ニーズに配慮した「個に応じた指導」が求められます。そのために，全校における校内委員会の設置や特別支援教育コーディネーターの配置等が行われ，「チームによる支援」の推進が図られてきました。特別支援教育の対象となる児童生徒の様々な教育的ニーズを整理した上で，なぜ「チームによる支援」が重要であるのかについて，あなたの考えを述べなさい。(800字以内)

●方針と分析

(方針)

児童生徒に対し「個に応じた指導」が求められる中，「チームによる支援」の重要性について述べる。

(分析)

横浜市は「特別支援教育を推進するための基本指針」を策定している。これは2014年に発効した「障害者の権利に関する条約」が提唱する「包容する教育制度(inclusive education system)」,「合理的配慮の提供(reasonable accommodation)」といった理念を踏まえ，一人ひとりの子どもの持てる能力や可能性を最大限に伸ばすことを目的として，障害のある子どもとない子どもとが，可能な限り同じ場で教育を受けられるようにしようとする「インクルージョン」の考え方を根底に据えた方針となっている。そこでは，問題文にもある「校内委員会」「特別支援教育コーディネーター」等を取り上げ，それがどのような役割や意義を持つものか示され，個別的・多角的支援のあり方を明らかにしている。また,「横浜版学習指導要領 特別支援学校編」なども参照しておきたい。

●作成のポイント

本問のポイントは，なぜ「チームによる支援」が重要であるのか，という問いに対する理由を述べることにある。分析で示した資料の内容を踏まえ，論述に一貫性を持たせればよいだろう。

解答例として，序論では自閉症ひとつをとっても，その程度や発現の仕方は児童生徒ごとに異なること。したがって，画一的一律的な支援・指導は意味をなさず，個別的・多角的な対応が必要であり，一教員の資質・努力では十分ではない可能性が考えられる。そのため，各種専門スキルを身に付けたメンバーが力を合わせて，各児童生徒に応じた最適なサポートを提供していく「チームによる支援」という取り組みが重要になる，といったことが考えられる。本論では序論の内容について，具体性を持たせて説明していく。教育実習などで培った知識や経験を基に論文を展開すればよい。拡散想起・収集選定の発想プロセスを駆使して，ひとつの具体例を取り上げ，考察していくことが考えられる。結論では「概念として」の「チームによる支援」の意義を改めて説くとよい。

【養護教諭・2次試験(1次試験で実施)】　45分

●テーマ

近年，地震などの自然災害や，児童生徒が犯罪に巻き込まれる事件・事故などが発生しています。児童生徒が，災害等に遭遇して強い恐怖や衝撃を受けた場合，その後の成長や発達に大きな影響を受けることがあるため，児童生徒の心のケアが重要な課題となります。
文部科学省は，「子どもの心のケアのために－災害や事件・事故発生時を中心に－」(平成22年7月)で，児童生徒の心のケアの進め方を提示しています。あなたが養護教諭になったと仮定し，災害や事件・事故発生時における児童生徒の心のケアにどのように取り組みたいと考えますか。具体的に述べなさい。(800字以内)

●方針と分析

(方針)

災害や事件・事故発生時における児童生徒の心のケアへの取り組みについて述べる。

(分析)

「子どもの心のケアのために災害や事件・事故発生時を中心に－」(以下，本資料)では第1章で「心のケア」の意義，災害や事件・事故発生時におけるストレス症状，および，そうした症状のある子どもへの対応の説明が，第4章で「子どもの心のケアに関する対応事例」が掲載されており，以上を踏まえた論文が求められているといえよう。また，本資料の他に「学校における子供の心のケア」(平成26年，文部科学省)もある。「トラウマ反応への対応」などが示されているので，参照するとよい。

●作成のポイント

テーマが「キーワード」であり，論文を序論・本論・結論で構成する場合，定石的な方法として，序論ではキーワードの意味内容を確認するところから書き出す，ということがあげられる。本問では「災害や事件・事故発生時における児童生徒の心のケア」と考えられるので，その必要性，もっと絞って「心のケア」の必要性について述べてもよいだろう。

本論では具体的方法について述べるが，自身の知識をアピールするために多項目述べる受験生もいるが，論点が散漫になる，具体性に欠けるといったケースがある。問題文に指定がない限り，論点は1～2で十分なので，丁寧に掘り下げることを心がけたい。

結論では中盤で説示した具体的なレベルの説明と対比する形で，抽象的・理念的なレベルで自分が取り組もうとする「心のケア」の意義を端的に再確認するとよい。「具象」と「抽象」といった二項対立的な観点からモノゴトの説明や意見の主張ができれば，複眼的な思考力が示せ，読み手の首肯も得やすくなるだろう。

【指導案問題・特別選考①，②，④，⑤・1次試験】　60分

●テーマ

以下の設問を読み，指導案を作成しなさい。
【設問】横浜市の歴史や文化を学ぶことはいうまでもなく，日本の各地に残されている史跡や郷土芸能の由来を学習したり，様々な国の言葉や文化に触れて異文化を理解したりすることは，子どもの人間性を豊かにし，やがては国際的視野を培うことに大きく寄与します。

各教科，道徳，外国語活動，総合的な学習の時間及び特別活動から1つ選び，子どもたちから郷土，伝統，他国への関心や興味を引きだせるような授業づくりを考え，指導案を作成しなさい。

<解答にあたっての留意点>
・校種，教科・領域，児童・生徒数，学年，指導日時を指定の記入欄に記載し，そこから下の枠内に指導案を作成してください。
・指導案で扱う校種は，受験区分に合わせてください。ただし，中学校・高等学校区分においては中学校又は高等学校，特別支援学校区分においては特別支援学校の小学部又は中学部，養護教諭区分においては小学校，中学校，特別支援学校の小学部又は中学部を扱うものとします。
・児童・生徒の学年，児童・生徒数等は，自由に設定してください。
・授業時間(本時)は，小学校段階45分間，中学校段階50分間，高等学校段階50分間と仮定します。
・表分けや項目は自由に記載してください。その際・定規の使用を許可します。
・指導案は表面の枠内に収めてください。枠外や裏面への記載はできません。

●方針と分析

(方針)

各教科，道徳，外国語活動，総合的な学習の時間及び特別活動から1つ選び，子どもたちから郷土，伝統，他国への関心や興味を引きだせるような授業づくりを考え，指導案を作成する。

(分析)

本問に取り組むにあたり，まず，教育基本法第2条第5号にある教育の目標「伝統と文化を尊重し，それらをはぐくんできた我が国と郷土を愛するとともに，他国を尊重し，国際社会の平和と発展に寄与する態度を養うこと」を思い出したい。さらに，今回の学習指導要領改訂でも「生きる力」の育成にあたり，道徳教育などで本号の実現が求められている。例えば，小学校の総合的な学習の時間では「指導計画の作成に当たっての配慮事項」において，「地域の伝統，文化，行事，生活習慣，産業，経済などにかかわる，各地域や各学校に固有な諸課題」を学習内容として取り上げることとしている。

●作成のポイント

本問では「郷土，伝統，他国への関心や興味を引きだせるような…」とあるので，前段にあるように「横浜市の歴史や文化」についての学習指導案がオーソドックスといえよう。自分の住む地域の伝統や習慣を学習することで，他の地域の伝統や習慣に興味を持たせる，といった視点である。したがって，題材としては他の地域と比較しやすいものが考えられる。取り上げる教科・領域，生徒数などは自由に設定できるが，できるだけ横浜市の実情に沿った内容にすることが望ましい。また，授業内容については講義形式でもよいが，グループワークを活用するなど，児童生徒が興味を持って参画できるものが求められる。作成にあたっては，読み手(採点官)が理解しやすい内容を心がけよう。表形式や簡易な図の活用など，自身の考えが十分に読み手に伝わるような工夫を研究したい。

川崎市

【特別選考Ⅰ～Ⅲ(小中学校)・1次試験】　60分

●テーマ

学校の教育活動において，「指導と評価の一体化」の重要性が指摘されています。この「指導と評価の一体化」についてどのように考えますか。また，教員として「指導と評価の一体化」の充実を図るために，どのような実践をしていきたいと考えますか。具体的に600字以内で述べなさい。

●方針と分析

(方針)

「指導と評価の一体化」における自身の考え，および教員として「指導と評価の一体化」の充実を図るための実践内容を，具体的に述べる。

(分析)

「指導と評価の一体化」について，文部科学省教育課程審議会答申「児童生徒の学習と教育課程の実施状況の評価の在り方について」(平成12年12月)では「指導と評価とは別物ではなく，評価の結果によって後の指導を改善し，さらに新しい指導の成果を再度評価するという，指導に生かす評価を充実させること」と定義されており，文部科学省中央教育審議会「児童生徒の学習評価の在り方について」(平成22年3月)でも，「各学校における学習評価は，学習指導の改善や学校における教育課程全体の改善に向けた取組と効果的に結び付け，学習指導に係るPDCAサイクルの中で適切に実施されることが重要」としている。川崎市では『新学習指導要領とこれからの評価』(平成13年11月)を公表している。本資料は「指導と評価」をテーマにしていることから，参照するとよい。

●作成のポイント

論文は序論・本論・結論の三段構成を基本に考えるとよい。序論では，「指導と評価の一体化」が，なぜ重要で，今必要とされているのかを述べる。テーマの意義を確認し，テーマを正しく捉え，深く理解できていることを示すとよい。

本論では序論の内容を踏まえて，具体的な論述を行うとよい。評価のための評価ではなく，指導と評価が循環関係にあり，螺旋をのぼるように両者の質が高まってゆくような「一体化」のあり方を具体的な授業づくりを通して考察する等，実践的な内容を論述していく。

結論では，本論で述べた具体的・実践的な提言・提案が，論理的・客観的にみても「指導と評価の一体化」の充実を図るという目的に適うものであることを端的に確認して締めくくろう。

【特別選考Ⅰ～Ⅲ(特別支援学校)・1次試験】　60分

●テーマ

特別支援学校の教育活動において，「指導と評価の一体化」の重要性が指摘されています。この「指導と評価の一体化」についてどのように考えますか。また，特別支援学校の教員として「指導と評価の一体化」の充実を図るために，どのような実践をしていきたいと考えますか。具体的に600字以内で述べなさい。

●方針と分析

(方針)

「指導と評価の一体化」における自身の考え，および特別支援学校教員として「指導と評価の一体化」の充実を図るための実践内容を，具体的に述べる。

(分析)

「指導と評価の一体化」について，文部科学省教育課程審議会答申「児童生徒の学習と教育課程の実施状況の評価の在り方について」(平成12年12月)では「指導と評価とは別物ではなく，評価の結果によって後の指導を改善し，さらに新しい指導の成果を再度評価するという，指導に生かす評価を充実させること」と定義されており，文部科学省中央教育審議会「児童生徒の学習評価の在り方について」(平成22年3月)でも，「各学校における学習評価は，学習指導の改善や学校における教育課程全体の改善に向けた取組と効果的に結び付け，学習指導に係るPDCAサイクルの中で適切に実施されることが重要」としている。さらに，川崎市では『新学習指導要領とこれからの評価』(平成13年11月)の中で，評価において，自己評価が低くなりがちな子どもの心理的傾向に配慮して，自己有能感を高め次の学習意欲を引き出せるような評価のあり方が提唱されているので，参照してほしい。

●作成のポイント

論文は序論・本論・結論の三段構成を基本に考えるとよい。序論では,「指導と評価の一体化」が,なぜ重要で,今必要とされているのかを述べる。テーマの意義を確認し,テーマを正しく捉え,深く理解できていることを示すとよい。

本論では序論の内容を踏まえて,具体的な論述を行うとよい。児童生徒が有する学習上の困難さや行動上の問題を乗り越える指導のあり方などを踏まえ,特別支援学校独自の指導と評価,その一体化の具体像を自分なりに示していこう。

結論では,本論で述べた具体的・実践的な提言・提案が,論理的・客観的にみても「指導と評価の一体化」の充実を図るという目的に適うものであることを端的に確認して締めくくるとよい。

【特別選考Ⅰ～Ⅲ(養護教諭)・1次試験】　60分

●テーマ

児童生徒の健康観察を日々行うことは,学校の教育活動を推進する上で重要な役割を果たしていますが,健康観察についてどのように考えますか。また,養護教諭として健康観察の充実を図るために,どのような実践をしていきたいと考えますか。具体的に600字以内で述べなさい。

●方針と分析

(方針)

健康観察における自身の考えと健康観察の充実を図るための実践方法について述べる。

(分析)

まず,健康観察は学校保健安全法第9条を根拠とする重要な活動であることを意識しておきたい。目的としては，「教職員のための子どもの健康観察の方法と問題への対応」(平成21年，文部科学省)で，①子どもの心身の健康問題の早期発見・早期対応を図る。②感染症や食中毒などの集団発生状況を把握し，感染の拡大防止や予防を図る。③日々の継続的な実施によって，子どもに自他の健康に興味・関心をもたせ，自己管理能力の育成を図る，の3つがあげられている。基本的な問題であるため，受験生で差がつきにくく，内容も同じようなものになりがちともいえる。対策の一つとして川崎市が行っている具体的な施策や取り組みを取り上げ，それを起点に考察を展開するといった方法がある。例えば，川崎市子どもの権利に関する条例第10条第5号「健康に配慮がなされ，適切な医療が提供され，及び成長にふさわしい生活ができること」から，健康観察の意義を説示していくことが考えられる。さらに，児童生徒の安全を守るためにあるべき健康観察を考察することもできるだろう。

●作成のポイント

論文は序論・本論・結論の三段構成を基本に考えるとよい。序論では，健康観察の必要性と重要性について述べる。本問の「意義」を確認して，テーマを正しく捉え深く理解できていることを示すとよい。

本論では，序論を踏まえて持論を展開させるが，例として健康観察における課題を提起し，それへの対応策を具体的・実践的に述べていく方法もありえるだろう。

結論では，自分なりに考えた具体的・実践的な意見・考えが，論理的・客観的にみても「健康観察」の充実を図るという目的に適うものであることを端的に確認して締めくくるとよい。

【特別選考Ⅳ(中学英語)・1次試験】　60分

●問題

グローバル化が進展する中で英語教育の充実が求められています。生徒の英語力の向上を図るためには，どのような授業展開が適切と考えますか。あなたが培ってきた英語力を，その授業でどのように生かしていくかにも触れながら，600字以内で述べなさい。

●方針と分析

(方針)

生徒の英語力の向上を図るための授業展開を，自身が培ってきた英語力をどのように生かしていくかにも触れながら述べる。

(分析)

英語教育の充実について述べるにあたり，まず現状を知っておきたい。ある統計では英語を苦手と感じている中学生は約6割おり，苦手と感じようになったのは第1学年の後半からとしている。したがって，苦手意識を持った生徒が授業に興味を持つようになることも一つのテーマとなり得るだろう。そして問題にある「あなたが培ってきた英語力を，その授業でどのように生かしていくかにも触れながら」という条件は，自身の英語力に関する自己アピールの場と捉えるとよい。以上の2点を踏まえて論じるだけでも，オリジナリティのある論文が作成できると思われる。

なお，「今後の英語教育の改善・充実方策について 報告 ～グローバル化に対応した英語教育改革の5つの提言～」(平成26年9月，文部科学省)では，中学校英語の改善の方向性について，「身近な話題についての理解や表現，簡単な情報交換ができるコミュニケーション能力を養う。文法訳読に偏ることなく，互いの考えや気持ちを英語で伝え合う学習を重視する」としており，具体的な授業方法については「英語の教科書の本文や，そこで取り上げられている題材や言語材料を，生徒が関心を持てるように指導すべき」としている。

●作成のポイント

論文は序論・本論・結論の三段構成を基本に考えるとよい。序論では，「グローバル化が進展する中」で，どのような英語教育が求められているか，日本の情勢などを踏まえながら述べるとよい。また，自身が持つ「英語力」とはどのようなものかにも触れること。

本論は序論の内容を踏まえながら，授業展開方法を具体的に述べる。その際，学習指導要領や川崎市の教育方針などを大きく逸脱したものにならないように注意する。授業展開方法に現実味がなければ，説得力がなくなるからである。

結論では，自分なりに考えた具体的・実践的な意見・考えが，論理的・客観的にみても「生徒の英語力の向上を図る」という目的に適うものであることを確認して締めくくるとよい。

【全教科・2次試験(1次試験時に実施)】　60分

●テーマ

(小学校，中学校)

人権教育については，人権教育が目指すものについて明確にし，教職員がこれを十分理解した上で組織的・計画的に取り組みを進めることが重要ですが，人権教育が目指すものとはどのようなことでしょうか。また，あなたは，教員として人権教育をどのように実践していこうと考えますか。具体的に600字以内で述べなさい。

(特別支援学校)

人権教育については，人権教育が目指すものについて明確にし，教職員がこれを十分理解した上で組織的・計画的に取り組みを進めることが重要ですが，人権教育が目指すものとはどのようなことでしょうか。また，あなたは，特別支援学校の教員として人権教育をどのように実践していこうと考えますか。具体的に600字以内で述べなさい。

(養護教諭)

人権教育については，人権教育が目指すものについて明確にし，教職員がこれを十分理解した上で組織的・計画的に取り組みを進めることが重要ですが，人権教育が目指すものとはどのようなことでしょうか。また，あなたは，養護教諭として人権教育をどのように実践していこうと考えますか。具体的に600字以内で述べなさい。

●方針と分析

(方針)

人権教育が目指すものについて明確にし，教員として人権教育をどのように実践していくかを述べる。

(分析)

論点は2つあるが，まず1つめで問われていることが「人権教育とはどのようなものか」ではなく，「人権教育が目指すものとはどのようなことか」であることに注意が必要である。つまり，人権教育を行う趣旨(ねらい)・目的を明らかにし，児童生徒が人権教育を通じて最終的に学び取ってほしいモノ・コトを示すことが求められる。

なお，人権教育及び人権啓発の推進に関する法律第2条では「人権教育とは，人権尊重の精神の涵養を目的とする教育活動」としており，『人権教育・啓発に関する基本計画』では，学校教育では「教育活動全体を通じ，幼児児童生徒，学生の発達段階に応じて，人権尊重の意識を高める教育を行っていく」といったことが示されている。人権教育の実践については，『川崎市人権施策推進基本計画』や『人権教育の指導方法等の在り方について［第三次とりまとめ］』を参考にしながら，実践内容を構築するとよい。

●作成のポイント

論文は序論・本論・結論の三段構成を基本に考えるとよい。序論では，「人権教育が目指すもの」について述べる。人権教育の趣旨・目的を明らかにしておくことが求められよう。

本論では，教員などの立場から，具体的に人権教育にどのように取り組んでいくか説明する。その際，「組織的・計画的に取り組みを進める」ことを踏まえること。

結論では，具体的・実践的な意見・考えが論理的・客観的に「人権教育」の趣旨・目的に適うものであることを端的に確認して締めくくるとよい。

相模原市

【小学校教諭・1次試験】　45分

●テーマ

核家族化や少子化が進み，子どもが命の尊さを実感する機会が減っていると言われる中で，学校教育において「命を大切にする心」を育むことは大変重要なことです。あなたは学級担任として，命を大切にする心を育むためにどのような学級経営を心掛けますか。具体的に取り組んでいきたいことを含め，学級通信で保護者に伝えるつもりで本文を書きなさい。(作文題に書かれている内容以外の設定は自由です。)

●方針と分析

(方針)

学級担任の立場で，命を大切にする心を育むためにどのような学級経営を心掛けるか，具体的に取り組んでいきたいことを含めて，学級通信で保護者に伝えるつもりで示す。

(分析)

作文は論拠を必要としないなど，論文よりはやや自由に文章を書くことができるが，それでも作文題に関する知識は欠かせない。「命を大切にする心」は，教育基本法第2条にある教育の目標の一つ(第4号)であり，そこでは「生命を尊び」という文言で示されている。また，学習指導要領において「命を大切にする心」は，「生命に対する畏敬の念の育成」として道徳教育の目的に位置づけている。また，生活科でも動物や植物の飼育を通して，生命の尊さについて学習するとしている。

●作成のポイント

今回のような作文の基本として，問題の指示に則って書くことがあげられる。「命を大切にする心」を育む，というテーマにおいて，「どのような学級経営を心掛けるか」が問われている。「具体的に取り組んでいきたいこと」を含めて，「学級通信で保護者に伝えるつもりで」という条件も示されているので，設定に則した文章になるよう配慮すること。

論文ではなく「作文」であること，「保護者に伝えるつもりで」とあるので，構成はかなり自由度が高いと推察される。例えば，小見出し(タイトル)や箇条書きを使うといった表現の工夫も考えられるので，自身で考えるとよい。

【中学校教諭・1次試験】　45分

●テーマ

あなたが担任をしている1年2組では，6月に入り生徒同士のけんかやトラブルが絶えません。また，乱暴な発言も多く，学級は落ち着きのない状態が続いています。そこであなたは，「生徒が自ら，思いやりの心があふれる学級を目指すようになってほしい」と考えました。担任としての考えや思いを，学級通信を使って生徒に伝えるつもりで書きなさい。(作文題に書かれている内容以外の設定は自由です。)

●方針と分析

(方針)

生徒同士のけんかやトラブル，乱暴な発言が多く，落ち着きのない状態が続く学級の担任として，「生徒が自ら，思いやりの心があふれる学級を目指すようになってほしい」という考えや思いを，学級通信を使って生徒に伝えるつもりで書く。

(分析)

作文は論拠を必要としないなど，論文よりはやや自由に文章を書くことができるが，それでも作文題に関する知識は欠かせない。「思いやりの心」は主に道徳の学習内容の一つであり，中学校学習指導要領解説 道徳編では「思いやりの心の根底には，人間尊重の精神に基づく人間に対する深い理解と共感」があるとしている。したがって，「思いやりは，単なるあわれみと混同されるべきものではない」という考えも必要であろう。

本問で注意すべきポイントの一つとして，「生徒に伝えるつもりで」ということがあげられる。生徒の発達段階を考慮して文言を選択するだけでなく，文章や表現方法を工夫する必要がある。本問は作文であるため，表現方法に制限があるが，それでもわかりやすく伝える努力をすべきである。また，生徒は第2反抗期に入っている場合があるため，「教師の説教を聞きたくない」といった反応も予測できる。その中で，生徒に興味を持ってもらうようにするには，どうすればよいか。例えば，自身の経験則や著名人のエピソードなどから題材を選択するなどの工夫をしてみよう。

●作成のポイント

学級通信という設定があることから，言葉で生徒の心情に訴えかけることが基本となる。問題文に「担任としての考えや思い」とあることから，感情的にならず，自分の思いを伝えることが必要になる。例えば，より深刻な崩壊状態にある学級事例を提示し，「学級とは何か」といったことを，学級全員で考えたいという提案を行い，その話し合いの基礎となる自身の考えを学級通信で示すということもありえる。

先述の通り，構成については自由度が高く，作文題に示された設定を無視しない限り，許容されると思われる。創意工夫して，自分なりの構成に挑戦してみてもよいと思われる。

【養護教諭・1次試験】　45分

●テーマ

あなたの学校では，朝の健康観察を保健係に任せ，子どもの健康状態を把握していない担任がいるなど，その活動が形骸化している状況があります。また，昨年度は校内でインフルエンザやノロウィルスが流行し，多くの学級が閉鎖となり，養護教諭として危機感を感じています。そこであなたは，健康観察の重要性について，一人ひとりの教職員に再認識をしてもらいたいと考えています。職員会議で教職員に話すつもりで書きなさい。(作文題に書かれている内容以外の設定は自由です。)

●方針と分析

(方針)

健康観察が形骸化されており，昨年度は校内でインフルエンザやノロウィルスが流行し，多くの学級が閉鎖となった学校で，健康観察の重要性について，一人ひとりの教職員に再認識をしてもらうための内容について，職員会議で教職員に話すつもりで書く。

(分析)

作文は論拠を必要としないなど，論文よりはやや自由に文章を書くことができるが，それでも作文題に関する知識は欠かせない。まず，健康観察の法的根拠は学校保健安全法第9条であり，「養護教諭その他の職員は，…健康相談又は児童生徒等の健康状態の日常的な観察により，…当該児童生徒等に対して必要な指導を行う…」としている。また，健康観察の位置づけとして「教職員のための子どもの健康観察の方法と問題への対応」(平成21年，文部科学省)では「学級担任等により行われる朝の健康観察をはじめ，学校生活全般を通して健康観察を行うことは，体調不良のみならず心理的ストレスや悩み，いじめ，不登校，虐待や精神疾患など，子どもの心の健康問題の早期発見・早期対応にもつながる」としている。

本問について考えると，上記から「朝の健康観察を保健係に任せ」では不十分，かつ不適切な状態と考えられる。それは学級閉鎖するほどの感染拡大を許してしまう危機意識の欠如，認識の甘さといった「意識」のあり方が問題になる。

対策の一つとして，綿密な現状分析など，資料・データの活用がある。その学校単体の児童生徒の病欠者数だけでなく，自治体内や全国の学校の当該数値を比較した統計資料を示しながら，感染症対策のあり方を具体的に説示するといった方法が考えられる。

さらに健康観察にはいじめ，不登校などの早期発見・早期対応にもつながることを明示する必要がある。

教職員の認識を改めてもらうため，健康観察のさまざまな役割について認識してもらう内容にするとよいだろう。

●作成のポイント

対象は教職員であるため，法律用語などを使用しても問題ないと思われるが，専門用語の使用をできるだけ控えるといった，理解しやすい内容を心がける必要があるだろう。具体的な内容は，分析で示した事項を踏まえ，自分なりの創意工夫を凝らすこと。その際，健康観察を面倒と感じ，反発している教職員がいることを想定すると，より強い説得力を持つ文章を意識するようになるだろう。具体的な学校を想定しながら内容を構成し，文章化するとよい。

【特別支援教諭・1次試験】　45分

●テーマ

通常の学級の生徒と保護者が，あなたが学級担任をしている知的障害学級に入級すべきかどうか悩んでいます。数年前から学習で理解できないことが多くなり，今では自信をなくし，級友と話すことも消極的になっているとのことですが，入級については保護者が躊躇している様子です。不安を抱いている保護者にどのようなことを話しますか。入級相談を想定してまとめなさい。(作文題に書かれている内容以外の設定は自由です。)

●方針と分析

(方針)

通常の学級にいる生徒が数年前から学習で理解できないことが多くなり，今では自信をなくし，級友と話すことも消極的になっている。しかし，知的障害学級への入級に，保護者が躊躇している。不安を抱いている保護者にどのようなことを話すか，入級相談を想定してまとめる。

(分析)

テーマに関連する資料として，『新・相模原市支援教育推進プラン【中期改定版】』(平成26年3月)を参照したい。まず，生徒が「自信をなくし，級友と話すことも消極的になっている」状態にもかかわらず，保護者が入級することを躊躇しているのかについて，理由を聞くことが求められるだろう。理由はさまざま考えられるが，本問では，その理由設定は自由であるため，自身が最もよく理解している内容についてまとめればよい。例えば，健常な生徒とは全く別に活動することといった懸念があるとすれば，国，および相模原市が推進する「インクルーシブ教育システム」について理解が不足していることが考えられるので，相模原市が実施している内容について詳説する等があげられる。保護者の心情を理解しながら，生徒の現状を踏まえ，自信を回復する等，適切な対処が必要であることを説明し，理解してもらうような内容を考えたい。

●作成のポイント

通常学級から知的障害学級へわが子を転級させるべきか悩み不安を抱く保護者に対して，アドバイス・助言という観点にたって行う必要があるだろう。保護者への「配慮すべき事情」を考慮しながら，保護者の躊躇を解きほぐしつつ，的確なアドバイスをしたい。

構成としては，「入室相談を想定してまとめなさい」とあるので，保護者からの入室相談を受けた後に作成した「記録書」や「報告書」という設定の文章体裁で書いていくこともできるだろう。保護者の発言や，それを受けて自分はどんなアドバイスしたか，あるいは，俯瞰的視点から保護者の心情や不安の核心を推察するなど，自分なりの観点から構成された答案づくりを考慮してもよいだろう。

面接試験　実施問題

2024年度　神奈川県

◆模擬授業(第2次試験)

指定されたテーマに沿った1単位時間の授業計画を立て，導入から展開にかけての最初の10分間(準備，片付けを含む)を模擬授業として行う。

〈内容及び留意点〉

○受験する校種等・教科(科目)等の授業を行ってください。

○授業は教室で行います。机やいすの移動，着替えなどはできません。また，会場の電源は使用できません。なお，危険物(火気，劇薬等)の持込みは禁止します。

○同じグループの受験者が児童・生徒役になります。授業者から発問し，児童・生徒役が答えても構いません。ただし，児童・生徒役の受験者から質問をしたり，意見を言ったりすることはできません。

○指導案は，A4サイズの紙片面1枚にまとめてください。受験区分が英語の方は，表面に英語の指導案，裏面に日本語の指導案を作成し，1枚にまとめてください。

〈評価の観点〉

○指導力・表現力

・板書・指示は的確か

・教材作成に創意工夫はあるか

・柔軟な対応ができているか

・子どもの意欲を引き出す構成か

○姿勢・態度

・活気や熱意があるか

・児童・生徒と向き合っているか

・安心感があるか

・誠実に取り組んでいるか

▼小学校

【模擬授業テーマ】

□確かな学力の向上をめざし，児童一人ひとりが「主体的・対話的で深い学び」を実現するよう工夫された授業

▼小学校　面接官3人　受験者4人　10分

・4～5人グループ。Aさんから順に準備・片付け含めて10分で実施(残りの人は児童役)。

・コロナ対策が緩んだようで，プリントの配布，グループワーク等も可能だった。

・白チョークのみ用意されている。皆教具を持参していた。

※面接会場配置イメージ

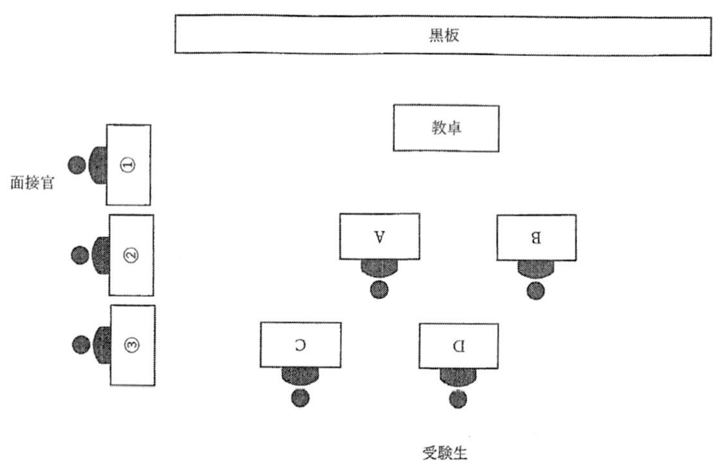

▼中学校

【模擬授業テーマ】

□確かな学力の向上をめざし，生徒一人ひとりが「主体的・対話的で深い学び」を実現するよう工夫された授業

▼中学国語　面接官3人　受験者5人　10分
・生徒役同士の話し合い活動はできる。
・配布物(ワークシート等)も可能だが，最後に回収される。

▼中学数学　面接官3人　受験者4人　10分
・単元，学年等は自由に設定してよい。
・当日3～4人のグループになり，同じグループの人が生徒役となり，授業を受ける。面接官3人は，授業に関与はしない。
・模擬授業で自分の番になったら前に出て，受験番号と学年，単元を全体に伝える。時間は面接官が計ってくれ，「やめ」と言われるまで授業を行う。タイマーは見ることができない。架空の生徒を想定してもよいし，同じ受験者をあててもよい。
・ホワイトボード，赤と黒のペンが用意されていた。

▼高等学校
【模擬授業テーマ】
□教科等横断的な視点をもち，各教科・科目等の相互の関連を図りながら，「主体的・対話的で深い学び」が実現するよう工夫された授業

▼高校国語　面接官3人　10分
・受験者が生徒役を行う。
・氏名ではなく，AさんBさんと呼びあう。
・他の受験者に資料を配布することができる。
・受験番号，対象学年，教材名の説明をしたらスタートする。

▼高校英語　面接官3人　受験者4人　10分
・A→Dの順番で模擬授業を行った。
・All Englishで行う。
・黒板等は自由に使える。
・導入部分のみ実施。

▼特別支援
【模擬授業テーマ】
□各教科等の特質を踏まえ，児童・生徒等一人ひとりの発達の段階等に応じた活動を通した自己肯定感を高めることにつながる授業

▼養護教諭
【模擬授業テーマ】
□児童・生徒等の現状と課題を養護教諭の視点でとらえ，豊かな人間性や健康・体力を育み，自分や相手，一人ひとりを尊重することを大切にした授業

◆個人面接(第2次試験)
〈評価の観点〉
○姿勢・態度
・社会人としてのマナーを身につけているか
・落ちついているか
・まじめに対応しているか
・礼儀正しいか
・明朗快活か
○判断力・表現力
・質問を正しく理解しているか
・考えていることを十分に述べているか
・話はわかりやすいか

・音声は明瞭か
・用語は適切か
〇堅実性・信頼感
・高い倫理観があるか
・計画性があるか
・公平・公正であるか
・肯定的に物事を捉えられているか
・情緒は安定しているか
〇協調性・社会性
・リーダーシップがあるか
・仲間と協力して活動できるか
・保護者・地域の方と協力して活動できるか
・組織の一員として行動できるか
・他者を共感的に理解できるか
〇専門性・多様性
・教育に対する情熱があるか
・自ら学ぶ姿勢があるか
・得意分野の向上と活用について考えているか
・豊富で多様な経験を教職に生かせるか
・決断力・主体性があるか
〇適応性・使命感
・豊富な生活体験があるか
・子どもへの教育的愛情があるか
・粘り強く指導することができるか
・職務についての自覚があるか
・人権に対する認識を持っているか

▼小学校　面接官3人　30分
【質問内容】
□最近毎日暑いが体調はよいか。

□志望理由(なぜ神奈川かは特に聞かれなかった)。
□ICTなども含め，学校には新しいものが色々取り入れられているが，小学校の英語の授業で大切にしたいこと。
□合唱団で学生指揮者をしていたとあるが，歌い手と違う立場ということで何を大切にした。
□実習で1番心に残っていること。
□不祥事はなぜ起こると思うか。
→(不祥事からの流れで)ストレスは感じる方か。
→解消法。
□音楽専攻だが，なぜ外国語の模擬授業をしたのか。
□研究授業以外に実習でした授業。
→何が1番楽しかったか。
→逆に難しかったもの。
□(実習の体育の話の流れで)高学年になると得意・苦手がはっきりしてくるが(特に実技教科)，苦手な児童への対応。
□特別支援教育，インクルーシブ教育という視点で大切にしたいこと。
□学級経営，授業，保護者対応などなど色々な仕事があるが，何を1番大切にしたいか。
□担任になると思うが，新年度にどんな話をするか。

▼小学校　面接官3人　30分
【質問内容】
□教員を目指す理由。
□理想の教師像。
□育成したい子どもの姿。
→そのための取り組みについて。
□不祥事について。
□児童とのコミュニケーションのとり方について。
□模擬授業で工夫した点は。
→模擬授業で児童との関わりで意識したこと。

□人権教育をどのような場面で実施するか。
□ICTを活用することのメリット，デメリット。
□保護者と関わる上で意識すること。

▼中学国語　面接官3人　20分
【質問内容】
□なぜ神奈川県を志望したのか。
□模擬授業の重点は何か(学習指導要領を踏まえて)。
□学生時代のボランティアについて。
【場面指導課題】
□授業時間中に廊下を歩いている生徒を見かけたら何と声をかけるか。

▼中学数学　面接官3人　30分
【質問内容】
□模擬授業はどうだったか。
□導入部分で大切にしたことは何か。
□教員を志望したきっかけ。
□どのような学級をつくりたいか。
□教員に必要だと思う資質，能力をあえて1つ挙げるとしたら何か。
□SNS上でしかいじめの相談をできない生徒に対して，どのように接していくか。
・自己アピール書，面接カードからの質問が多い。

▼中学数学　面接官2人　30分
【質問内容】
□教員を志望する理由。
□憧れの先生は具体的にどのように褒めてくれたのか。
→その先生の専門教科は何か。
→その先生の専門は理科ということだが，なぜ数学の教員を目指しているのか。

□数学を好きになってもらうためにどのような工夫をするのか。

□生徒会長の活動は何をしたのか。

□生徒の意見を校長先生に話にいくことは緊張したと思うが，どのような心がけをしていたか。

□困難だったことに生徒会活動，部活動，勉強の両立と書いているが，より詳しく。

□スケジュールはどのように作成していたのか。

□計画にはない予定が急に入った場合はどのように対処していたのか。

□教員は多忙で，教員で働く上でも計画的にいかない場面が多いが，そのような場合はどうするのか。

□陸上をやられていたが，陸上は個人で取り組むものでもあると思うが，それについてどう思うか。

□自分の専門外の部活を任された場合はどうするか。

→本当に自分の専門外の部活でもできるか。

□自分の意見を学年主任に言った時，もし通らなかったらどうするのか。

→自分の意見を通すことを諦めないということか。

□数学の授業のアイデアは瞬時に浮かぶか。

□教員の仕事の魅力は何か。

□アイカレッジで最も学んだことはなにか。

【場面指導課題】

□朝，保健室の前で立ちすくんでいる生徒がいる。どう対応するか。

→この対応で最も意識したことは何か。

・構想時間は特になかった。

・試験官は演技に対して何も反応せず，一人で架空の生徒を立てて演技をする。

▼中学社会　面接官2人　30分
【質問内容】
□模擬授業の自己採点とその理由について。
□自己の経歴について。
□志望動機について。
□保護者が学校に乗り込んできたらどうするか。
【場面指導課題】
□いじめられている生徒への対応。

▼中学音楽　面接官3人　30分
【質問内容】
□志望理由。
□神奈川県の志望理由。
□神奈川県の不祥事が増えてることについて。
□どんな学級をつくりたいか。
□不登校の対応。
□生徒指導で反抗してくる生徒への対応。
□自分の強みについて。
□長所，短所について。
□どのような時にストレスを感じるか。
□周りの人にどのように見られているか。
□保護者に課題を要求された時の対応。
□働き方改革について。
□実習で大変だったこと。
□新任で担任を持ちたいか。
□教員のやりがい。
□実習で思い出に残っていること。
□部活で大変だったこと。
□模擬授業の反省について。

▼高校国語　面接官3人　30分

【質問内容】

□ストレスはどのような時に感じるのか。

□国語で育みたい力は何か。

□距離が近い生徒にはどう対応するか。

□想像力をどう育むのか。

□生徒に2人きりで話したいと言われたらどうするか。

→生徒に2人だけの秘密と言われたらどうするか。

□理想の教育とは何か。

□国語と道徳の違いは何か。

□学習指導要領が変わったことについてどう考えているか。

□高校を志望した理由は。

□他の教師が何かよくないことをしていたらどうするか。

□生徒が何かよくないことを考えていたらどうするか。

□校務においてどんな役割ができるか。

▼高校英語　面接官3人　30分

【質問内容】

□教師を目指すきっかけ。

□いじめがクラスにあった時どうするか。

□インクルーシブ教育について。

□どうして高校の先生なのか。

□学生時代に力を注いだこと。

▼養護教諭　面接官3人　30分

【質問内容】

□どうして養護教諭を志望したのか。

□いつから志しているのか。

□大学卒業してすぐに養護教諭にならなかったのか。

□社会人になってずっと臨任の登録をしていたのか。

□今実際，養護教諭として働いてみてどうか。高校生の頃思い描いていた仕事とは違うのではないか。
□中学では部長，高校では副部長をやっているみたいだが，どういう感じで部長をまとめていたのか。
□部活では生徒たちにどんなことを伝えたいと思ってやっているか。
□自分は緊張するとどうなる人だと思うか。

▼特別支援学校　面接官3人　30分
【質問内容】
□名古屋市で教員をやっている理由（一度神奈川県から名古屋市に異動して，再度受け直しているため）
□友人からどのような人だと言われているか。
□自分よりベテランの先生が児童生徒に暴力をふるっている場面に遭遇したら，どのように対応するか。
□いじめとけんかの違いはなにか。
→いじめといじりの違いはなにか。
→どのような対応をするのか。
□現在小学校で勤務しているが，特別支援学校で生かせることはなにか。
□特別支援をやっていていいなと思うところはどんなところか。
□保護者が虐待をしてる疑いがあるという情報が入った。どのような対応をしていくか。
□合格すると年下だが，特別支援の経験年数が長い職員がいるが，その職員の意見を聞くことができるか。
□なぜ神奈川の特別支援がいいのか。

◆実技試験(第2次試験)
▼中高英語
【課題】

□英語コミュニケーション能力試験(英語教育や英語教授法等についての意欲，知識，技能を含む)

▼高校英語　試験官3人　受験者1人　15分
【課題】
□テーマ「尊敬する人物について」について1分半考え，その後発表と質疑応答
【質問内容】(すべて英語で質問，回答)
□合唱コンクールをALTに説明する。
□楽しい授業を実施するために何をするか。
□英語を勉強したくない生徒に何と言うか。

▼中高音楽
【課題】
□歌唱(楽譜を見て歌うことも可)
・コールユーブンゲン第1巻第39章「短調和音練習，拡張された長調の和音練習」までのうち，当日指定される1曲を歌います(無伴奏，固定ド・移動ドのどちらかで歌うこと)。
□ピアノ演奏(暗譜演奏)
・次の4曲のうち1曲を選択し，ピアノ演奏を行います(繰り返し省略)。
①　W.A.Mozart ソナタ イ短調 K.310より1楽章
②　L.v.Beethoven ロンド ハ長調 Op.51-No.1
③　R.Schumann 「こどもの情景」作品15より 1.見知らぬ国(知らない国国)　2.不思議なお話(珍しいお話) 3.鬼ごっこ
④　S.Rachmaninoff 練習曲集「音の絵」(絵画的練習曲集) Op.33-No.8
□リコーダーによる独奏(アンプ演奏)
・リコーダーはソプラノリコーダー又はアルトリコーダーのいずれかとします。
・演奏する曲は，中学校又は高等学校の音楽の教科書の中から，楽器の特徴を生かした表現が十分にできるものを各自で選曲してくださ

い。
・演奏する曲の楽譜を2部用意し，当日持参してください(使用するリコーダーの音域に合わせて移調して演奏する場合は，その教科書の写しも提出すること)。
□弾き歌い(楽譜を見て歌うことも可)
・次の6曲のうち1曲を選択し，ピアノでの弾き歌いを行います(⑤及び⑥については原語又は日本語訳詞のいずれも可とする)。
①「浜辺の歌」　林 古溪 作詞／成田 為三 作曲
②「赤とんぼ」　三木 露風 作詞／山田 耕筰 作曲
③「この道」　北原 白秋 作詞／山田 耕筰 作曲
④「椰子の実」　島崎 藤村 作詞／大中 寅二 作曲
⑤「Santa Lucia」　ナポリ民謡
⑥「Caro mio ben」　作詞者不詳／Giordani
・調については自由とします。
・使用する伴奏譜については，①～④は中学校又は高等学校の教科書に掲載されているもの，⑤～⑥は自由とします。

▼中高美術
【課題】
□「素描」鉛筆によるデッサン
□「デザイン」与えられたテーマについて，アクリルガッシュ等を用いて表現
□「立体」与えられたテーマについて，配付された紙等を用いて立体的に構成

▼中高保体
【選択課題1】
□ハンドボール・バドミントン・ソフトボールの中から1つを選択
【選択課題2】
□柔道・剣道の中から1つを選択

【選択課題3】

□マット運動・ハードル走・水泳(クロール及び平泳ぎ)・現代的なリズムのダンスの中から2つを選択

▼中学技術

【課題】

□技術分野の内容に関する基礎的実技

・中学校学習指導要領「第8節 技術・家庭」より「第2 各分野の目標及び内容」[技術分野]「2 内容」の「A 材料と加工の技術」,「C エネルギー変換の技術」及び「D 情報の技術」に関するもの(中学校技術・家庭科分野の検定済教科書に掲載されている程度の課題，情報の技術に関する実技では，Scratch3.0というプログラミング言語を使用する)

▼中高家庭

【課題】

□「衣生活」に関する基礎的実技

2024年度　横浜市

◆適性検査　70分以内

□性格検査

□場面適応検査

※webでの実施。

※検査結果は個人面接(第二次試験)の補助資料とする。

◆個人面接(第2次試験)　面接員2人　30分

面接員2名の評定(A～E)の平均点を得点とする。

評定	A	B	C°	C	C’	D	E
点数	100	80	60	50	40	20	10

※各試験の得点に，受験区分ごとの「評定比率」を掛けて合計する。この合計点を受験者の得点とする。合計点は100点満点とする。

▼小学校

【質問内容】

□主に事前に提出してある面接シートから質問される。

【場面指導】

□水道で並んでいるところに，Aさんが横入りした。周りの児童は注意し，Aさんは泣き出してしまった。あなたはどのように対応しますか。

・問題を2回読まれて，すぐに実演する。

・約2分で実演するよう指示あり。

→なぜそういう指導をしたか。

→保護者からクレームがきたらどうするか。

→こういう場合も考えられるが，どう思うか。

▼中学英語

【質問内容】

□なぜアメリカでインターンシップに参加しようと思ったのか。

□アメリカと日本の教育の違い。

□インターンシップではアシスタント教師だったが，現場では1人でクラスを見なければならない。どんなことが大切だと考えるか。

□卒論は書き進めているか。

□なぜ横浜を受験することに決めたのか。

・質問内容は，面接カードの深掘りが中心であった。

【場面指導】

□いつも授業に5分遅れてくる生徒がいます。今日もあなたの授業に遅れて来ました。どこに居たかあなたが尋ねると，「保健室にいた」と言いました。あなたはどんな指導をしますか。

▼中学英語

【質問内容】

□昨夜はよく眠れたか。

□どうして中学校の先生になりたいか。

□先生になりたいと思ったきっかけは。

□自分はどんなところが先生に向いていると思うか。

□大学でどんなことを学んでいるのか。

□教育実習はどうだったか。

→教育実習に行ってみて，理想と違うなと思ったことはあるか。

→教育実習で大変だったことは。

→教育実習で生徒にどのように接したのか。

→教育実習に行く前と行った後で教員になりたい気持ちはどう変化したのか。

□教員として大切なこと。

□心を中々開いてくれない生徒に対して生徒にどう接するか。

□模擬授業を自分で点をつけるなら何点か。

→どうして75点か。

□前半の面接は自分的に何点か。

□教員の働き方改革についてどう思うか。

→教員は多忙だが，ブラックだと思うか。

□本当に困った時，ちゃんと人に相談できるか。

□どうやって多忙な仕事をこなすか。

→優先順位をつけて多忙な仕事に取り組むといったが，自分の仕事が手一杯の時に他の先生に別の仕事をお願いされたらどうするか。

□教育実習で私が子供に「先生みたいな先生になりたい」と言われたことに対して，どんなふうに子供に接したから言われたと思うか。

□教育実習中のチャイム着席をどう指導したか。
→自分が教育実習で担当した学級において，自分のおかげでチャイム着席が改善されたという自負はあるのか。
□なぜ高校からハンドボールを始めたのか。
→部長をやっていて大変だったこと。
→それをどう解決したか。
→その解決の仕方は学校現場でも活かせるか。
□部活動で楽しかったこと，嬉しかったことは。
□後半の面接は何点か。
【場面指導】
□体育祭の種目決めにおいて，中々学級対抗リレーの選手が決まりません。どうしますか。

◆模擬授業　面接員2人　15分
面接員2名の評定(A～E)の平均点を得点とする。

評定	A	B	C°	C	C'	D	E
点数	100	80	60	50	40	20	10

※各試験の得点に，受験区分ごとの「評定比率」を掛けて合計する。この合計点を受験者の得点とする。合計点は100点満点とする。
※養護教諭は模擬対応(場面指導)を行う。

▼小学校
【模擬授業テーマ】
□「学級会」，「食事の役割」，「筆算」の中から1つを選ぶ。
・構想を5分間，実演10分間で実施する。
・白，黄のチョークと黒板は自由に使ってよい。
・面接官2人と各1回ずつ指名しなければならない。

▼中高英語

【模擬授業テーマ】

□「料理について」「アニメについて」(※1テーマ不明)の中から1つ選んで授業を行いなさい。

・控室にてテーマが3つ掲示され，5分の制限時間内に1つ選択し，内容を考える(消しゴム，鉛筆，メモ紙支給)。

・教室を移動し，準備が整い次第，自分でタイマーを押し，スタート。授業のどこを切りとってもよい。

▼中高保体

【模擬授業テーマ】

□「健康と環境」「スポーツの効果と安全」「道徳関係の題」の3つの中から1つ選ぶ。

◆実技試験

各実技試験の総合得点(音楽：45点満点，美術：40点満点，保健体育：30点満点，英語：20点満点)をAからEの5段階で評定し，得点化する。

評定	A	B	C	D	E
点数	100	80	60	20	10

▼中高英語

【課題】

□プレゼンテーションにおける英語運用能力試験

・成人の英語のネイティブスピーカーを想定して，当日提示された課題に対してプレゼンテーションを行う。

▼中高保体

【課題】

□器械運動　マット，鉄棒，平均台，跳び箱のいずれか(当日は，体操の技の組み合わせ5つが指定された。なお，必ず倒立で静止する技を入れるよう指示があった。)

□陸上競技　ハードル走，走り幅跳び，走り高跳びのいずれか(当日は雨のため，屋内での走高跳びが指定された。)

□水泳　泳法はクロール，平泳ぎ，背泳ぎ，バタフライのいずれか(当日は，行きは平泳ぎ，帰りはクロールで泳ぐよう指定された。)

□球技　ゴール型，ネット型，ベースボール型のいずれか(当日は，バレーボールが指定され，2人1組でアンダーとオーバーを混じえた対面パスを行った。)

□武道　柔道，剣道のいずれか1種目を受験申込時に選択(柔道は，学習指導要領に載ってる投技と投げられたあとの受身を行った。)

□ダンス　創作ダンス，フォークダンス，現代的なリズムのダンスのいずれか(当日は，「自然」をテーマにした創作ダンスが指定され，6～7人組で3分話して1分発表を行った。)

※武道以外の種目及び泳法は，上記から当日に掲示される。

▼中高音楽

【課題1】

□自らのピアノ伴奏による歌唱(弾き歌い)

・次の曲の中から任意の一曲を選び演奏する。

①「夏の思い出」江間章子作詞　中田喜直作曲

②「花」　武島羽衣作詞　滝廉太郎作曲

③「浜辺の歌」　林古渓作詞　成田為三作曲

○伴奏は原曲又は教科書によることを原則とするが，各自の声域に合わせて移調したり，多少の編曲をしたりしてもかまわない。

○楽譜を見て演奏してよい。楽譜については各自で用意する。

【課題2】

□アルト・リコーダーによる演奏(リコーダー演奏)

・次の曲の中から任意の一曲を選び演奏する。
① G.Ph.テレマン作曲　ソナタ ハ長調「忠実な音楽の師」TWV41:C2 第1楽章Cantabile(繰り返しなし)
② N.シェドヴィル(伝ヴィヴァルディ)作曲　ソナタ「忠実な羊飼い」作品13 第3番 ト長調 第5楽章Giga Allegro
③G.F.ヘンデル作曲　ソナタ ハ長調 作品1-7 HWV365 第5楽章Allegro(繰り返しなし)
○無伴奏とする。
○楽譜を見て演奏してもよい。楽譜及びアルト・リコーダーについては各自で用意する。
【課題3】
□任意の楽器による独奏又は独唱(暗譜による演奏)
・任意の一曲を選び，独奏又は独唱する。
○独奏する場合の楽器について，ピアノを選択する場合は，試験会場に設置してあるものを使用する。ピアノ以外を選択する場合は，試験会場に搬入可能な次のものを受験者が各自で用意する。「和楽器，管楽器(リコーダー以外)，弦楽器(ギターや二胡を含む)，打楽器，アコーディオン」
○楽器を当日又は事前に試験会場へ，自家用車等で搬入することはできない。
○2～3分程度の楽曲(楽曲の一部を抜粋してもよい)とする。また，原曲に伴奏のある曲でも，試験は無伴奏で行う。
○当日使用する楽曲の楽譜を3部持参する。
○電子楽器は使用できない。
※弾き歌い，リコーダー演奏，暗譜による演奏ともに，時間の関係で途中までの演奏となることがある。

▼中高美術
【課題】
□授業を想定した平面及び立体作品の制作

・平面作品　画用紙等に着彩して表現(水彩絵の具，アクリル絵の具等の画材を持参のこと)
・立体作品　紙粘土等，与えられた材料を使っての表現

◆指導案(特別選考①②④で実施)

次の【課題1】，【課題2】のうち，どちらか一つを選び，条件1～3のすべてに応える指導案を作成しなさい。

【課題1】

条件1　単元の学習プログラムが，プログラミング的思考にもとづく活動を含む単元構成であること。

条件2　単元構成3時間以上，内1時間を本時とすること。

条件3　①単元名，②単元設定の理由，③児童生徒の実態(授業クラスを想定)，④単元の目標，⑤単元の構成(指導計画)，⑥本時の展開，⑦評価，の7項目を記載すること。

【課題2】

条件1　「共生の実現」をテーマとした総合的な学習(探究)の時間の単元構成であること。

条件2　単元構成3時間以上，内1時間を本時とすること。

条件3　①単元名，②単元設定の理由，③児童生徒の実態(授業クラスを想定)，④単元の目標，⑤単元の構成(指導計画)，⑥本時の展開，⑦評価，の7項目を記載すること。

〈解答にあたっての留意点〉

・指導案で扱う校種は，受験区分に合わせて，次のとおりとし，校種の欄に記入する。
・小学校区分においては小学校
・中学校，高等学校区分においては中学校又は高等学校
・特別支援学校区分においては特別支援学校の小学部又は中学部
・養護教諭区分においては小学校，中学校，特別支援学校の小学部又は中学部

・高等学校(商業・情報)区分においては高等学校
・教科・領域の欄については，課題1を選択した場合は，「課題1(作成する指導案の教科)」，課題2を選択した場合は，「課題2(総合)」とそれぞれ記入する。
・学年，人数の欄については，指導案で扱う学級を想定し，それぞれ記入する。
・児童生徒の学年，児童生徒数等は，自由に設定する。
・「単元」については，各教科・領域等を関連させ，横断的・総合的な単元としてもよい。
・授業時間(本時)は，小学校段階45分間，中学校段階50分間，高等学校段階50分間と仮定する。
・表や項目は自由に記載してよい。その際，定規の使用は可。
・指導案は縦向きに使用し，表面の枠内に収める。枠外や裏面への記載はできない。
・問題の内容に関する質問は一切受け付けない。

2024年度　川崎市

◆集団討論(1次試験)　受験者10人　35分

〈実施方法〉

与えられたテーマについて10人程度のグループで討論を行う。進行は試験官が行う。時間は1グループ35分間。

〈評価の観点〉

7段階評価

○意欲…討論に積極的に臨んでいるか。

＜具体例＞

・前向きな姿勢で考えたり，意見を述べたりしている。
・討論を通して，課題についての思考を深めている。
・自分の意見を論理的にわかりやすく述べている。

○対人関係能力…他者と協力し，討論を円滑に進める能力があるか。
<具体例>
・場や目的に応じた発言ができる。
・多様な見方や考え方を受止め，関連づけて意見を述べている。
・態度や言葉に他者への気遣いや配慮がある。
○人柄・適性…教員としてふさわしい姿勢・視点をそなえているか。
<具体例>
・明るく朗らかで，言動からまじめさや誠実さが感じられる。
・ものごとに対して，広い視野で考えることができる。
・子どもを大切にしていることが伝わってくる。

▼小学校・中学校・高等学校・高等学校(工業)・特別支援
【課題】
□川崎市教職員育成指標では「子どもや保護者・地域，同僚等との良好な人間関係を構築し，協働的に職務を遂行する」ことが求められています。あなたが心がけたいことや実践したいことは何ですか。また，そのことを進めるうえで大切なことについて，グループで話し合ってください。
□いじめは，いかなる理由があっても決して許されるものではありません。いじめに対する未然防止，早期解決に向けて「チーム学校」としてどのように対応しますか。また，そのことを進めるうえで大切なことについて，グループで話し合ってください。
□児童生徒同士のトラブルが起こった際には，迅速に的確に対応できる体制が必要です。学年や校内における連携体制の構築について，心がけたいことや実践したいことは何ですか。また，そのことを進めるうえで大切なことについて，グループで話し合ってください。

▼養護教諭
【課題】
□学校における健康観察は，教育活動全体を通じて，全ての教職員により行われるべきものです。学校における健康観察が適切に行われるために，養護教諭として心がけていることは何ですか。また，そのことを進めるうえで大切なことについて，グループで話し合ってください。

□学校の環境衛生を維持するためには，学校のすべての職員がその重要性を認識し，日常点検を組織的に行っていく必要があります。学校の環境衛生を維持していくために，養護教諭として心がけていることは何ですか。また，そのことを進めるうえで大切なことについて，グループで話し合ってください。

□保健指導は，児童生徒が自身の健康課題に気づき，理解と関心を深め，自ら積極的に解決していこうとする自主的，実践的な態度を育成するために行われるものです。保健指導の実施に当たって，養護教諭として心がけていることは何ですか。また，そのことを進めるうえで大切なことについて，グループで話し合ってください。

◆実技試験(第2次試験)

▼中高英語

英語によるスピーチ，ディスカッション及びマイクロティーチング(※試験はすべて英語で行う)

【課題1】

□自己紹介を含めた1分スピーチ

共通のテーマが与えられ，そのテーマについて，自己紹介を含めたスピーチを行う。

＜テーマ＞

The theme is: “The reason why I want to be an English teacher.”

【課題2】

□90秒スピーチとディスカッション

共通のテーマが与えられ，そのテーマについて各自90秒以内で自分の考えを述べた後，他の受験者と討論する。

＜テーマ＞
The theme is：“What is important to consider when making your English class communicative?”

【課題3】

□マイクロティーチング

一人一人にテーマとして文法事項が与えられ，その文法事項の導入及び練習場面の模擬授業を，他の受験者を生徒役として6分間行う。

＜文法事項＞

・動詞の過去形
・疑問詞 where
・be going to…
・不定詞(副詞的用法)
・現在完了形(継続)
・関係代名詞 that(主格)

〈評価の観点〉

○スピーチとディスカッション

・正確で，適切な英語を使うことができるか。
・自分の考えなどについて，的確に伝えたり，話し合ったり，意見の交換をしたりすることができるか。
・話し手の考えなどを理解しながら，話し合いに参加しているか。

○マイクロティーチング

・導入のアイデアは，生徒が関心をもてるよう工夫されているか。
・文法事項を適切な方法で提示することができるか。
・英語で授業を進めることができるか。

▼中高保体

【課題1】

□器械運動

マット運動は必須，その他3種目の中から1種目選択(男子は平均台運動を除く)

(1)マット運動　6～7個の技を連続で組合せ
(2)鉄棒運動　　上がりと下りを含め，4個の技を連続で組合せ
(3)跳び箱運動　切り返し系と回転系の技をそれぞれ1種目
(4)平均台運動　上がりと下りを含め，8個の技を連続で組合せ
【課題2】
□陸上競技
　ハードル走は必須，その他2種目の中から1種目選択
(1)　ハードル走　50Mハードル走
(2)　走り高跳び　はさみ跳び又は背面跳び
(3)　走り幅跳び　かがみ跳び又はそり跳び
【課題3】
□球技
　次の2種目必須
(1)　ゴール型(バスケットボール)　ボール操作と空間に走り込むなどの動き，仲間と連携した動き，短時間のゲーム
(2)　ネット型(バレーボール)　ボール操作と定位置に戻るなどの動き，仲間と連携した動き，短時間のゲーム
※雨天時等，当日の気象状況によって試験内容が変更されることがある。
〈評価の観点〉
○器械運動，陸上競技，球技
・教材の理解(基本的な動き，技等)
・運動に対する基礎的・基本的な能力(授業への対応能力)
・運動の技能(技のできばえ，技能の程度)
・技能の連続性(素早い判断や，スムーズな動き)

▼中高音楽
【課題1】
□聴音(複旋律)
【課題2】

□新曲視唱及び伴奏付け(初見)

【課題3】

□ピアノによる伴奏および歌唱(暗譜による弾き歌い)

次の7曲の中から1曲選択(3番以上ある曲は3番まで)

(1) 「赤とんぼ」　三木露風　作詞　　山田耕筰　作曲

(2) 「荒城の月」　土井晩翠　作詞　　滝廉太郎　作曲

(3) 「早春賦」　　吉丸一昌　作詞　　中田　章　作曲

(4) 「夏の思い出」江間章子　作詞　　中田喜直　作曲

(5) 「花の街」　　江間章子　作詞　　團伊玖磨　作曲

(6) 「花」　　　　武島羽衣　作詞　　滝廉太郎　作曲

(7) 「浜辺の歌」　林　古溪　作詞　　成田為三　作曲

【課題4】

□ピアノ演奏(暗譜による演奏)

次の5曲の中から1曲選択(繰り返しは省略する。尚，試験時間の関係により途中で演奏を止める場合がある)

(1) J.S.Bach　平均律クラヴィーア曲集第1巻　第6番　ニ短調　BWV851

(2) W.A.Mozart　ピアノ・ソナタ　第8番　イ短調　K.310　第1楽章

(3) L.v.Beethoven　ピアノ・ソナタ　第6番　ヘ長調　Op.10-2　第1楽章

(4) F.Schubert　即興曲集　第1番　D935　Op.142-1　ヘ短調

(5) J.Brahms　2つのラプソディ　Op.79　第2番　ト短調

〈評価の観点〉

○聴音(複旋律)

・正確に音価・音程を捉えて記譜をしているか。

・正しい方法で記譜ができているか。

○新曲視唱及び伴奏付け(初見)

・記譜された旋律を正確に読譜して歌唱し，旋律にふさわしい和声・伴奏型を付けて演奏しているか。

・旋律の全体像をつかみ，音楽の流れにのって豊かに表現しているか。

○ピアノによる伴奏および歌唱(暗譜による弾き歌い)
・歌詞の内容や曲想を生かし，豊かな表現でピアノ伴奏し，歌唱しているか。
・発声や語感・歌詞のニュアンスなど言葉の特性を生かして歌唱しているか。
○ピアノ演奏(暗譜による演奏)
・楽曲の特徴を捉え曲にふさわしい表現を工夫し，豊かな表現で演奏しているか。
・中学校の音楽指導に対応できる，ピアノの基礎的な演奏技能をもっているか。

▼中高美術
【課題1】
□立体造形
課題，材料はその場で各自に与えられる。
【課題2】
□静物淡彩
試験会場建物内で静物を描写する。
〈評価の観点〉
○立体(与えられたテーマを造形ねんどで立体に表現)
・感性や想像力を働かせ，豊かな発想・構想をしているか。
・与えられたテーマに適した表現方法を用い，工夫して表現しているか。
・立体として形体の表し方，意図に応じた材料や用具の扱い方ができているか。
○静物淡彩
・対象を深く見つめ感じ取ったことを基に，心豊かな構想を練っているか。
・多様な表現方法や材料などの生かし方を工夫し表現しているか。
・光と陰，奥行きや広がりを表現するなど，基礎的な技能を身に付けているか。

◆場面指導(第2次試験)　面接官3人　受験者5人　5分

〈実施方法〉

受験者が教師役と児童生徒役になって，「学級担任(又は養護教諭)が教室で学級指導を行う」という設定で行う。教師役の時間は1人5分間である。

指導内容(テーマ)は事前に与えられた10個の中から，当日指示した1つで行う。

小学校は5年生，中学校/高等学校は中学2年生，高等学校(工業)は高校2年生の設定で行う。

特別支援学校及び養護教諭は小学5年生又は中学2年生のどちらかを選択して行う。

受験者は，教師役，児童生徒役の両方を行う。

〈評価の観点〉

7段階評価

○指導力…指導内容を理解し，解決に向けて適切に指導しているか。

＜具体例＞

・状況に応じて発問や展開等を工夫している。
・指導内容に応じて事実の確認や子どもの気持ちを聞くなどして，子ども自身に考えさせたり気づかせたりして指導している。
・子どもの反応等に対して，適切に対応している。

○表現力…指導に必要なコミュニケーション能力が備わっているか。

＜具体例＞

・適切な言葉遣いや話し方で，指導している。
・子どもの発達段階に応じて例示をしたり板書を工夫したりするなど，わかりやすく指導している。
・状況に応じた表情で，指導している。

○意欲・人柄…指導の中に子どもへの愛情が感じられるか。

＜具体例＞
・子どもの心情を受け止めながら指導している。
・子どもが安心して考えることができる雰囲気をつくっている。
・指導全体を通して，子どもをひきつける魅力が感じられる。

▼小学校・中学校/高等学校・高等学校(工業)・特別支援学校
【課題】
□来週から夏季休業が始まります。長期休業中の過ごし方について，指導してください。
□登校中の児童生徒に助けてもらったと地域の方からお礼の電話がありました。このことについて，指導してください。
□クラスの中で物がなくなることが何度かありました。このことについて，指導してください。
□行事に向けた練習や準備で忙しい毎日が続いています。そのため，休み時間後に遅れて教室へ戻ってくる児童生徒がいます。このことについて，指導してください。
□児童生徒同士でGIGA端末を使用したトラブルが起きています。このことについて，指導してください。
□地域住民から児童生徒の自転車の乗り方が危険であると学校へ連絡が来ました。このことについて，指導してください。
□宿泊学習に向けてグループを決めるにあたり，人間関係で配慮を必要とする児童生徒がいます。グループ決めの前に，学級全体に指導してください。
□おしゃべりや寄り道をして児童生徒の帰宅が遅く，心配している保護者から連絡が来ています。このことについて，指導してください。
□運動会(体育祭)が終わりました。練習の成果を発揮できたり，悔しい思いをしたりした児童生徒がいます。運動会(体育祭)のふり返りについて，指導してください。
□近隣の学校から不審者が出たという情報が寄せられました。このことについて，指導してください。

▼養護教諭

【課題】

□明日は身体計測を行います。児童生徒が主体的に受けられるように指導してください。

□明日から夏季休業が始まります。健康で安全に過ごせるよう指導してください。

□風邪をひいている児童生徒が増えてきました。咳エチケットについて指導してください。

□給食の前に手を洗わない児童生徒が増えてきました。給食前の手洗いの必要性について指導してください。

□校内で，インフルエンザの患者が増えてきました。予防について指導してください。

□早寝早起きの大切さについて指導してください。

□なぜ，未成年は飲酒してはいけないのか指導してください。

□ストレスへの対処法について指導してください。

□教室や廊下で走っている児童生徒が目立ちます。室内での安全な過ごし方について指導してください。

□窓を閉め切っている教室があります。換気の必要性について指導してください。

◆個人面接(第2次試験)　面接官3人　受験者1人　25分

〈実施方法〉

複数の試験官で行う。時間は1人25分間程度。

〈評価の観点〉

7段階評価

○社会性

＜具体例＞

・あいさつやマナーなど，社会人としての基本的な素養がある。

・質問の意図を正しく理解し，自分の考えを簡潔に伝えている。

・考え方に柔軟性や適応性があり，職場の教職員等と良好な人間関係を築くことができる。

○教員としての適性

＜具体例＞

・子どもへの愛情があり，子どもとしっかりと向き合って指導・支援しようとしている。

・学び続ける姿勢があり，常に成長しようとする意思がある。

・教育公務員としての責任感と自覚をもっている。

○意欲・人柄

＜具体例＞

・前向きで積極性があり，困難な状況の中でも柔軟に対応しようとしている。

・ものごとを広い視野でとらえ，よりよいものを求めようとする。

・親しみやすい雰囲気をもち，応答から誠実さが感じられる。

▼小学校

【質問内容】

□どうして教員になろうと思ったのか。

→きっかけになった先生はどんな先生か。

□支援学級担当でも問題ないか。

□人と関わる上で大切にしていること。

□実習で難しかったこと。

→どう改善したのか。

□思い出に残っている生徒とそのエピソード。

□参考になった先生の指導。

□自然教室の引率はどうだったか。

□友達は多い，それとも少ないか。

□ストレス解消法はあるか。

2024年度　相模原市

◆模擬授業(第2次試験)

教科等の1単位時間の授業計画を立て，導入から展開にかけての最初の7分間の模擬授業(7分間には準備，片付けの時間は含まないが，それぞれ1分以内で済ませること)を行う。

※指導案は，試験当日に提出する。

※会場は普通教室(普通教室で行う授業を想定すること)

〈評価の観点〉

○姿勢・態度

「児童生徒が安心できるような表情で授業をしているか」などを評価

○社会性・協調性・コミュニケーション能力

「児童生徒の視点に立った授業をしようとしているか」などを評価

○知識・技術

「各学年の発達段階に応じた指導内容となっているか」などを評価

▼小学校全科

□小学校における教科の授業（外国語（英語）含む）（特別の教科 道徳，特別活動，総合的な学習の時間及び外国語活動は除く）

▼小学校　面接官4人　受験者4人　7分

・1人ずつ前に出て，授業した。

・導入からの7分間を授業する。

・みんなICTを使っていた。

・面接官の雰囲気はよかった。

・教具は何も置いてないので，各自定規やマグネットを用意する必要がある。

【質問内容】

□この模擬授業の見どころはどこか。

□自己評価で何点か。

→その理由は。

▼小学校全科(英語コース)
□小学校における外国語活動・外国語（英語）に関する授業

▼小学校全科(特別支援)
□小学校の知的障害又は自閉症・情緒障害の特別支援学級における教科の授業（特別の教科 道徳，特別活動，総合的な学習の時間，自立活動及び外国語活動は除く）

▼中学校
□受験する教科の指導

▼中学校(特別支援)
□中学校の知的障害又は自閉症・情緒障害の特別支援学級における教科の授業（特別の教科 道徳，特別活動，総合的な学習の時間及び自立活動は除く。所有する中学校教諭免許状以外の教科も可とする）

▼養護教諭
□児童，生徒への保健教育に関する授業

◆個人面接(第2次試験)
教科指導及び専門性，教員としての資質適性，人物に関する面接を行う。
〈評価の観点〉
○姿勢・態度
「児童生徒に愛情をもって対応しようとしているか」などを評価
○社会性・協調性・コミュニケーション能力
「同僚，仲間，家庭，地域と連携，協力して取り組もうとしている

か」などを評価
○向上心・使命感
「教科指導について，研究心，探求心をもっているか」などを評価
○知識
「教科に関する基礎的な知識をもっているか」などを評価

▼小学校　面接官4人　30分
【質問内容】
□教師になろうと思ったきっかけ。
□なぜ相模原市なのか。
□大学で一番力入れたこと。
□大学外で頑張ったこと。
□保護者とどう関わるか。
□クレーム対応はどうするか。
□保護者と意見が合わない時はどう対応するか。
□相模原市でしたい実践は何か。
□素敵だと思う先生。
→その姿に近づくためには。
□他県の受験状況について。
□PTAは大事だと思うか。
□学級で大切にしたいこととその理由(3つ)。
【場面指導】
□「Bちゃんに比べて私は何もできない，勉強は何のためにするのか」というAちゃんからの相談にどう声をかけるのか。
・面接官を児童とする。
・実践後，自分の分からない所が分からない子にはどう声掛けするか，という質問あり。

▼中学保体　面接官4人　30分
【質問内容】

□相模原市の求める教師像。
□地域の方に求められるもの。
□地域の方に求めるもの。
□保体の目標について。
□自身の学校の教育目標について。
□コンプライアンスについて。
□自分が熱中しているもの。
【場面指導】
□バスケットボール授業(ゲーム)でBのせいでゲームに負けたとAが怒りBを泣かせた。その後の対応を行いなさい。

◆実技試験(第2次試験)
※今年度の中学技術と中学家庭の実技試験は廃止。
中学校の音楽，美術，保健体育及び英語受験者のみ実施(小学校全科(英語コース)の実技試験はなし)。
〈評価の観点〉
○技能
「中学校の教科指導を行う上で，必要な知識をもっているか」などを評価

▼中学英語
【課題】
□英語コミュニケーション能力(英語教育や英語教授法等についての意欲，知識，技能を含む)

▼中学保体
【課題】
□器械運動と球技

▼中学保体

【内容】

□器械運動(マット)：倒立前転→開脚前転→前転→ジャンプターン→後転→バランス→ターン→ロンダート→伸膝前転

□球技(バスケットボール)：レイアップシュート左右・セットシュート左右

□球技(バレーボール)：アンダーハンドパス30秒→オーバーハンドパス30秒→交互30秒

▼中学音楽

【課題1】

□視唱及び伴奏付け(初見)

【課題2】

□ピアノによる弾き歌い

次の3曲から1曲を選択し，ピアノでの弾き歌い(楽譜を見て演奏も可)

①「早春賦」　吉丸　一昌　作詞　中田　章　作曲

②「浜辺の歌」　林　古溪　作詞　成田　為三　作曲

③「夏の思い出」　江間　章子　作詞　中田　喜直　作曲

※使用する楽譜については中学校の教科書に掲載されているものとし，各自で用意すること

▼中学美術

【課題】

□素描と立体の表現

2023年度　神奈川県

◆模擬授業(第2次試験)

指定されたテーマに沿った1単位時間の授業計画を立て，導入から展開にかけての最初の10分間(準備，片付けを含む)を模擬授業として行う。

〈内容及び留意点〉

○受験する校種等・教科(科目)等の授業を行ってください。

○授業は教室で行います。机やいすの移動，着替えなどはできません。また，会場の電源は使用できません。なお，危険物(火気，劇薬等)の持込は禁止します。

○テーマに沿った1単位時間の授業計画を立て，指導案(注意参照)を作成し，導入から展開にかけての最初の10分間(準備，片付けを含む)を模擬授業として行います。

○指導案は，A4サイズの紙片面1枚にまとめてください。受験区分が英語の方は，表面に英語の指導案，裏面に日本語の指導案を作成し，1枚にまとめてください。

○ペアワーク等，児童・生徒役が対面したり，近づいたりする授業はできません。また，配布物等を児童・生徒役に渡すことはできません。

▼小学校

【模擬授業テーマ】

□確かな学力の向上をめざし，児童の「主体的・対話的で深い学び」が実現するよう工夫された授業

▼小学校　面接官3人　受験者4人　10分

・黒板は使用可，教具は白チョークのみ用意されている。

・課題の選択については自由。

・教科書は，各自持ち込み可。

・受験者が児童役として模擬授業に参加し，当てられたら回答もする。なお，回答する際に，児童役が質問をすることはできない。

・模擬授業に必要なものは持ち込んでよい。

・グループ，ペアワークを行うことはできない。

※面接会場配置イメージ

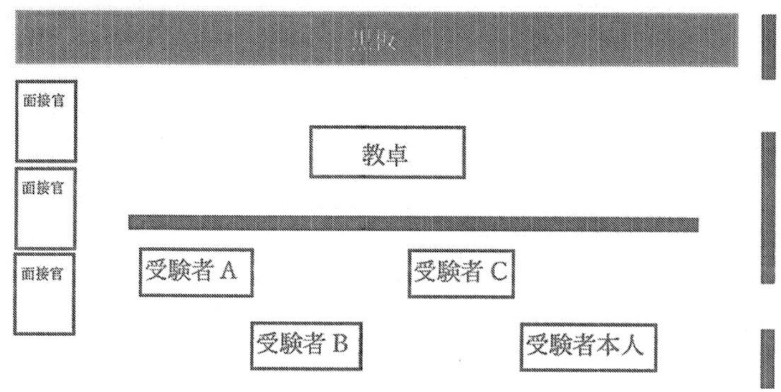

▼小学校　面接官3人　受験者5人　10分

・テーマに合えば，題材，学年は自由。
・準備・片付け含め10分のため，授業時間は9分程度。
・受験者が児童役を担う。
・「やめ」の合図までやる。
・試験会場についてから模擬授業，面接まで時間あった。
・同じグループの人とある程度コミュニケーションをとっておくと，模擬授業もスムーズにできると感じた。

▼小学校　面接官3人　受験者5人　10分

・受験者が児童役を務める。
・科目，単元，学年すべて自由。
・指導案のフォーマットも自由。
・テープの線よりも前には出られない(机間指導禁止)。

▼中学校

【模擬授業テーマ】

□確かな学力の向上をめざし，生徒の「主体的・対話的で深い学び」

が実現するよう工夫された授業

▼中学国語
・他の受験生が生徒役。
・準備，片づけを含めて10分のため，実際の授業は8分程度。
・チョークは一切使わず短冊をどんどん貼っていき，円滑に授業が進められるようにした。

▼中学数学　面接官3人　受験者4人　10分
・4人グループで，1人10分ずつ模擬授業を行う。
・他の受験者が生徒役となり，発問に答える。
・右側に面接官が座っていて，授業を見ている。
・感染対策のために，床にビニールテープが貼ってあり，生徒側と一定の距離が保たれるようになっていた。
・準備，片付けを含めて10分なので，片付けが素早くできるように掲示物を工夫しておくといいと感じた。
・白のチョークしか用意がないので，色のチョークを使いたければ持っていく必要がある。

▼高等学校
【模擬授業テーマ】
□資質・能力を身に付けるためのねらいを明確にした「主体的・対話的で深い学び」が実現するよう工夫された授業

▼高校国語　面接官3人　10分
・始めに受験番号(ここでタイマースタート)，対象学年，単元名／教材名を言う。
・10分すると終了の合図があり，速やかに片付ける。
・パーテーションはないが，生徒との距離を示すテープがあり，それ以上は前に行ってはいけない。

・生徒役への指名は可能。
・面接官は，個人面接のときと同じ。
・授業では許可を当日とる形で電子機器の使用が可能。
・授業で使うために持参したものを入れるトートバッグなどがあると移動しやすい。

▼高校理科(化学)　面接官3人　受験者3人　10分
・受験者5人のグループ×3の予定だったが，自分のグループは2人の欠席者がいたため，3人で行った。
・単元等は自由で，自分は文系高3生を対象とした「酸・塩基・中和」の復習とした。

▼高校地歴(地理)　面接官3人　受験者4人　10分
・受験番号，指導学年，単元を言ってスタート。
・授業時間は，片付け込みで10分間。
・前にラインが引いてあり，そこまでは出てもよい。発問もOK。

▼高校英語　面接官3人　受験者5人　10分
・グループ4人そろって教室へ。荷物は各座席の脇に置く。
・着席後，受験票の確認と顔写真の照合。マスクを外すように指示される。
・その後，面接官から指示を受ける。指示されたこととしては，以下のとおり。
(1)　模擬授業は準備・片づけを含めて10分間。教卓の脇に行き，受験番号を述べた時点からカウント。
(2)　まず受験番号と対象学年，単元名を伝える。その後，模擬授業を開始する。
(3)　生徒役は，先生役が指名した場合にのみ発言可能。自ら挙手などをして，発言することは不可。
・白チョークは教室に用意があるが，それ以外のものは一切ない。

▼特別支援

【模擬授業テーマ】

□児童・生徒のキャリア発達を促すための，各教科等の特質および児童・生徒の発達の段階等に応じた「主体的・対話的で深い学び」の実現に向けた授業

▼養護教諭

【模擬授業テーマ】

□児童・生徒の現状と課題を養護教諭の視点でとらえ，豊かな人間性や健康・体力を育む授業

▼養護教諭　面接官3人　受験者4人　10分

・本時の導入から展開にかけての部分を行う。

・事前にA4で1枚にまとめた指導案を提出する。

◆個人面接(第2次試験)

▼小学校　面接官3人　30分

【質問内容】

□待ち時間がありましたが，何を考えていたか。

□緊張度数の最大が100だとすると今はどれくらいか。

□神奈川県の教員を目指した理由は。

□神奈川県の教育ビジョンで特に大切にしたいことは。

□どんな教員になりたいか。

□長所で成功した経験は。

□短所に気づけた経験は。

→短所をどう克服していくか。

□中学高校と，グループリーダー，パートリーダーをしていたと書かれているが，注意していたことはあるか。

□自分の意見と反対してきた人にはどう対応してきたか。

□中学校の教育実習へ行ってみて，やはり小学校だなと感じたところは。

□指導教員の先生から色々と指導があったと思うが，どんなことが一番印象に残っているか。

□教育実習で一番学んだことは何か。

□不祥事が問題となっているが，どんなことだと思うか。

□もし，先輩教員が管理職に内緒でテストを持ち帰ろうとしている現場に遭遇したらどうするか。

→先輩教員が，もうしないから管理職に報告しないでといったらどうするか。

□ストレスを時々感じると書かれているが，どんな時に感じるか。

→今後どう対処していくか。

□神奈川県では生きる力を大切にしているが，どういったことだと考えるか。

□インクルーシブ教育とはどういったものか知っているか。

→どう指導していくか。

□あなたはどんな学級をつくりたいか。

□心の教育とは何だと考えるか。

【場面指導】

□もし，自分のクラスに不登校の子がいたらどう対応するか。

□もし，いじめが自分のクラスに合ったとき，保護者の方にはどう説明するか。

→管理職にはどう報告するか。

□授業中なのに騒いでいる児童がいる。どう対応するか。

→注意しても落ち着かない児童はどう対応するか。

・フェイスシールドや消毒液など感染対策が徹底されていたため，マスクを外しての面接が可能だった。

※面接会場配置イメージ

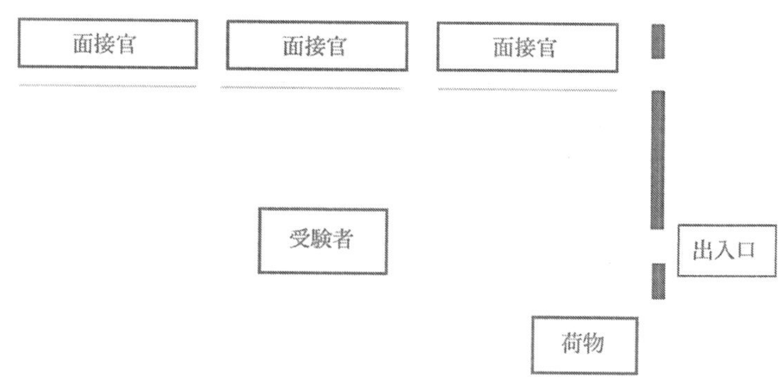

▼小学校　面接官3人　30分

【質問内容】

□昨晩はしっかりと寝られたか。
□会場までどうやって来たか。
□模擬授業の自己採点は。
　→反省点は。
□誰に指導してもらったか。
□卒業研究について。
□短所は何か。
□実習前と後で変化したことは。
□どんな子どもだったか。
□今までで失敗したエピソードは。
□最近の気になるニュースは。
□不祥事についてどう思うか。
□言い残したことはあるか。
□どんな先生になりたいか。

【場面指導】

□不登校の子にどう対応するか。
□どんな学級づくりをしたいか，また，子ども達にどう伝えるか。

▼小学校　面接官3人　30分

【質問内容】

□神奈川県の志望理由。

□小学校の志望理由。

□なぜ中学免許も取得するのか。

□自分の強みは。

→どう教員に活かすか。

□(面接カードから)ストレスをあまり感じないのはなぜか。

□教員になってストレスを感じたらどうするか。

□模擬授業はどのように準備したのか。

→誰かから助けてもらったのか。

□塾(アルバイト)で心掛けていることは何か。

□塾と学校の違いは何か。

□自分が教員になった際，取り組みたいことは。

□アルバイトの失敗など，そこから学んだ教員に活かせそうなことは何か。

□いじめはどういったところから判明すると思うか。

→いじめを目撃したらどうするか。

□主体的な学びのために何を行うか。

□コロナで話し合い活動は難しいが，考えていることはあるか。

【場面指導】

□教室に入ることが難しい子どもにどう接するか。

→保護者にそのことをどのように伝えるか。

□子どもにLINEを聞かれたらどう対応するか。

→どうしても相談したいことがあるから教えてと言われたらどう対応するか。

□叱るときに大切にしたいことは何か。

▼小学校　面接官3人　20分

【質問内容】

□待ち時間何をしていたか。
□昨日は眠れたか。
□教員の志望理由は。
　→他の職と迷わなかったか。
□どんなクラスを作りたいか。
　→具体的に何をするのか。
□長所，短所について。
□模擬授業の感想は。
　→誰に指導してもらっていたか。
□授業で工夫したところは。
□いじめについてどう考えるか。

▼中学国語　面接官3人　30分
【質問内容】
□いつ頃から教員を目指すようになったのか。
□なぜ中学校の教員なのか。
□恩師の授業は具体的にどのようなものか。
□教育実習で印象的だったことは何か。
□部活動での経験，ポジションは何か。
□集団でのトラブルをあなたはどう対処してきたか。
【場面指導】
□長欠や不登校生徒に対してどう対応するか。

▼中学国語　面接官3人　25分
【質問内容】
□志望理由(自治体・校種)について。
□複数免許取得理由について。
□ボランティアの内容と学びについては。
□ストレスを感じる時はどんな時か。
　→解消法は。

□短所について。
□不祥事防止について。
□インクルーシブ教育とは。
□交流および協働学習の意義は。
□小中連携プログラムとは。
□知的障害がある子どもへの支援について。

▼中学数学
【質問内容】
□昨日はよく眠れたか。
□他の受験者の人と話したりしたか。
□教師を志望した理由は。
□ストレスはどんな時に感じるか。
→どのようにストレスを解消しているか。
□どんな力を育成したいか。
□ボランティアサークルではどのような活動をしていたか。
□生徒会長になったのは，立候補したのか，他薦か。
□教員の不祥事についてどう思うか。
→どうしたらなくせるか。
【場面指導】
□先輩教員が体罰をしていたらどう対応するか。

▼高校国語　面接官3人　25～30分
【質問内容】
□待っている間何を考えていたか。
□模擬授業は何点くらいか。
→(80点と答えたとき)残りの点は何が足りなかったか。
□あなたのどんなところが教師に向いているか。
□(部活動について)どんな貢献をし，成果があったか。
□国語の授業で，あなたは国語力を身につけさせるため，どんなことができるか。
□教師になって不安なことは。
□友人からどんな人と思われているか。
□いじめとケンカの違いは何か。
【場面指導】
□暴力的な生徒へ，先生が止めにきて平手打ちをした。この行為についてどう思うか。あなたならどう対応するか。
□生徒の腕につねられた跡があった。話を聞くと，父親が家に帰るとつねるらしい。生徒は，「大したことじゃないから言わないで」と言う。あなたはどうするか。

▼高校化学
【質問内容】
□中学～大学の部活動の経験について。
□塾講師のアルバイト体験について。
→何を学んだか
→どう成長できたか
→どんな苦労をしたか
□理科の実験指導での注意点について。
□教師の不祥事について。
□校務分掌で何をしたいか。
□教師を目指した理由は。
・自己PR所に書いた内容を中心に聞かれた。

▼高校地歴　面接官3人　30分
【質問内容】
□昨日はよく眠れたか。
□サークル活動は野球を続けているということだが，ポジションはどこか。
□大学の学科は公民系だが，なぜ地理を志望。

□ストレス解消は
□傾聴力はどのような場面で大切だと感じたか。
　→傾聴力はどう身に付けたか。
□模擬授業で意識したことは。
□地理の魅力は。
□地理の授業を展開する上で大切なことは。
□地理が苦手な生徒にはどう対応するか。
【場面指導】
□先輩教員が暴力していた。どう対応するか。
□廊下であなたが担当する生徒がうろうろしている。どう対応するか。
□女子生徒が一緒にお出掛けしようと言っている。どう対応するか。
・マスクを取ることが可能。

▼高校英語　面接官3人　25分
【質問内容】
□昨日はよく眠れたか。
□模擬授業ではどのようなことを意識したか。
□神奈川県の志望理由。
　→志望理由に関する具体的な数字やデータは知っているか。
□ストレスを感じるのはどのようなときか。
　→勤務中にストレスを感じたらどうするか。
□部長をやっていて苦労したことはあるか。
□これからの教員に求められることは。
□教員になったら力を入れて取り組みたいことは。
□自己アピール書の掘り下げ(2～3問)。
□先輩教員と意見が合わなかったらどうするか。
□体罰についてどう思うか。
□先輩教員が体罰をしていたらどうするか。
□いじめについてどう思うか。
□教員の長時間労働についてどう思うか。

→どうすれば軽減できると思うか。
□令和の日本型教育について知っていることは。
□気になる教育系のニュースは。

▼養護教諭
【質問内容】
□昨日は寝むれたか。
□控え室ではどう過ごしていたか。
□養護教諭の志望理由。
→教科の先生ではなく，なぜ養護教諭か。
□恩師の先生はどんな先生だったか。
□大学を中退した理由。
□前の職場(障害者施設)で学んだことは。
→(観察力と答えたので)それを教育実習や今の職場でどう活かしているか。
□教育実習で心に残ったこと。
□模擬授業のテーマ設定の理由。
□ストレスを感じるのはどんなときか。
□短所(心配性)についてどう対応しているか。
□信頼される教師とは
□保護者はどんなことを学校に求めているか。
□保護者に信頼されるためにはどうするか。
□地域の人はどんなことを学校に求めている。
□コロナ禍でどんなことに気をつけたいか。
□いじめとケンカの違いは。
□どんな養護教諭を目指すか。
□どんな保健室経営をしたいか。
【場面指導】
□子どもに言い方が怖い先生がいると相談されたときの対応。
→その後，信頼している先輩の先生が強い口調で子供たちを叱責しているのを目撃した時の対応。
→その先生に見たことを黙っていてほしいと言われた時の対応。

◆実技試験(第2次試験)

▼中高英語

【課題】

□英語コミュニケーション能力試験(英語教育や英語教授法等についての意欲，知識，技能を含む)

▼高校英語　試験官3人　受験者1人　15分

【課題】

□あなたは論理・表現Ⅰの授業で，尊敬する人物についてスピーチを行う授業をしている。以下の条件に従い，1分半で授業を準備し，1分半で実践せよ。

条件①　出席確認，号令等は終え，静かに授業を聞く準備ができている。

条件②　スピーチをする際に入れさせたい内容を伝え，その内容をもとにあなたが3文でモデルを示す。

条件③　ペアを作り，スピーチを行うことを指示する。

【質問内容】(すべて英語で質問，回答)

□最も効果的なスピーキングの方法は何か。

□生徒に英語の発音を改善させる方法は何かあるか。

□「いただきます」を英語で説明せよ。

□教師とほかの職業の違いは何か。

□ALTの話す英語がわからないので，英語が嫌いだと言っている生徒がいる。どうするか。

□異文化理解を促進させるために，できることは何か。

▼高校英語　面接官3人　受験者1人　15分

【課題】

□「修学旅行で行きたい場所」について話し合う授業を想定し，その導入の1分半をロールプレイングする。

・面接官は全員日本人。

・受験番号と氏名，生年月日を聞かれる。

・プリントを渡され，1分半の準備時間を与えられる。

・ロールプレイング後，プリントを回収され，質疑応答に移る。

【質問内容】(全て英語)

□生徒のスピーキング能力を上げるにはどうするか。

□単語を調べる時，紙の辞書とインターネットのどちらをよく使うか。それはなぜか。

□生徒のリスニング能力を上げるにはどうするか。

□生徒に「英会話よりも文法の授業をしてほしい」と言われたらどうするか。

□クラスに留学生がいて，その生徒に「お疲れさまです」の意味を伝えたいとしたらどのように言うか。

▼中高音楽

【課題】

□歌唱(楽譜を見て歌うことも可)

・コールユーブンゲン第1巻第39章「短調和音練習，拡張された長調の和音練習」までのうち，当日指定される1曲を歌います(無伴奏，固定ド・移動ドのどちらかで歌うこと)。

□ピアノ演奏(暗譜演奏)

・次の4曲のうち1曲を選択し，ピアノ演奏を行います(繰り返し省略)。

① M.Clementi ソナチネ ヘ長調 Op.36-4 全楽章

② W.A.Mozart ソナタ ハ長調 K.330より1楽章

③ F.Chopin ワルツ 第7番 Op.64-2 嬰ハ短調

④ C.Debussy 夢(夢想) Andantino sans lenteur

□リコーダーによる独奏(暗譜演奏)

・リコーダーはソプラノリコーダー又はアルトリコーダーのいずれかとします。
・演奏する曲は，中学校又は高等学校の音楽の教科書の中から，楽器の特徴を生かした表現が十分にできるものを各自で選曲してください。
・演奏する曲の楽譜を2部用意し，当日持参してください(使用するリコーダーの音域に合わせて移調して演奏する場合は，その教科書の写しも提出すること)。
□弾き歌い(楽譜を見て歌うことも可)
・次の6曲のうち1曲を選択し，ピアノでの弾き歌いを行います(⑤及び⑥については原語又は日本語訳詞のいずれも可とする)。
①「赤とんぼ」三木 露風 作詞／山田 耕筰 作曲
②「夏の思い出」江間 章子 作詞／中田 喜直 作曲
③「早春賦」吉丸 一昌 作詞／中田 章 作曲
④「花の街」江間 章子 作詞／團 伊玖磨 作曲
⑤「Ich liebe dich」K.F.W.Herrosee 作詞／L.v.Beethoven 作曲
⑥「'O sole mio」G.Capurro 作詞／E.di Capua 作曲
・調については自由とします。
・使用する伴奏譜については，①～④は中学校又は高等学校の教科書に掲載されているもの，⑤～⑥は自由とします。

▼中高美術

【課題】

□「素描」鉛筆によるデッサン
□「デザイン」与えられたテーマについて，ポスターカラー等を用いて表現
□「立体」与えられたテーマについて，配付された紙等を用いて立体的に構成

▼高校書道

【課題】
□漢字仮名まじりの書の臨書及び創作
□漢字の書の臨書及び創作
□仮名の書の臨書及び創作
□実用の書

▼中高保体
【選択課題1】
□ハンドボール・バドミントン・ソフトボールの中から1つを選択
【選択課題2】
□柔道・剣道の中から1つを選択
【選択課題3】
□マット運動・ハードル走・水泳(クロール及び平泳ぎ)・現代的なリズムのダンスの中から2つを選択

▼中高技術
【課題】
□「ものづくり」に関する基礎的実技
・中学校学習指導要領「第8節 技術・家庭」より「第2 各分野の目標及び内容」[技術分野]「2 内容」の「A 材料と加工の技術」,「C エネルギー変換の技術」及び「D 情報の技術」に関するもの(中学校技術・家庭科分野の検定済教科書に掲載されている程度の課題,情報の技術に関する実技では,Scratch3.0というプログラミング言語を使用する。)

▼中高家庭
【課題】
□「衣生活」に関する基礎的実技

2023年度　横浜市

◆適性検査　70分以内

□性格検査

□場面適応検査

※webでの実施。

※期日(7/15)までに受験していない場合は，失格となる。

◆個人面接(第2次試験)　面接員2人　30分

面接員2名の評定(A～E)の平均点を得点とする。

評定	A	B	C°	C	C'	D	E
点数	100	80	60	50	40	20	10

※各試験の得点に，受験区分ごとの「評定比率」を掛けて合計する。この合計点を受験者の得点とする。合計点は100点満点とする。

▼小学校

【質問内容】

□なぜ横浜市を志望したのか。

□小・中・高と免許をもっているのになぜ小学校なのか。

□アイ・カレッジに入塾したのはなぜか。

□教師を志望した理由は何か。

□他の職業は考えなかったのか。

□あなたはどんな小学生であったか。

□あなたのクラスはどんなクラスであったか。

□自分の学びが児童生徒に還元されているのを実感した具体的な場面は。

□学校現場で見た先生のすごいなと思った行動は何か。

□学校現場を見て先生方が大変そうだなと思ったことは何か。

□学校現場でのボランティア経験が豊富で様々なことを知っていると思うが，自分の知っていることで対応できない場合はどうするか。

□なぜイギリスに留学に行ったのか。
→イギリスと日本の教育で違う所はどんな所か。
□あなたが1年次の学習支援で足りていないと思った力とは。
→その力をアイ・カレッジでどのように身に付けたか。
□あなたが学級担任をもった時，どんなことを大切にしたか。
□教員は業務が多く一人一人をしっかり見るのは難しいが，どのように取り組むか。
□短所に「考え込む所」とあるが，あなたが児童を指導している中でどう指導するか困ったとき，自分はどうなってしまうと考えるか。

【場面指導】

□あなたのもとに，6年生が2年生を連れてきて「図書館で走り回っていて，言うことを聞かないです」と言った。この後の対応を2分間行ってください。

・入室後からマスクを外し，個人面接はマスクをとって行われる。
・個人面接は，面接シートからの質問が中心であった。
・場面指導を行う際は，マスクを着けて行う。
・面接教室は，面接官の前にパーテーションがあり，距離は少し遠かった。

※面接会場配置イメージ

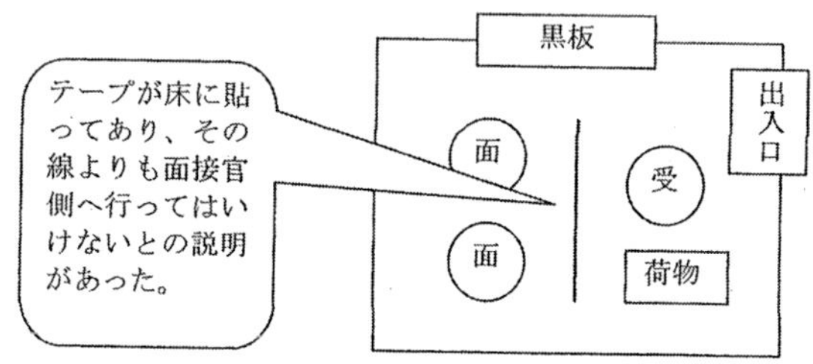

▼小学校

【質問内容】

□横浜市を志望した理由。
□教員の志望動機。

□なぜ小学校教員を目指すのか。
□これまでで，一番大変だった経験は。
□自分自身の長所は。
・基本全て事前に提出した面接カードを基に，質問が構成されていました。
【場面指導】
□算数の授業中にクラスの男子児童が，「僕もう終わった！余裕！！」と大声で言っています。どう対応しますか。

▼小学校
【質問内容】
□大学で行っているサークル，ボランティアの内容。
□卒論に向けてどんな研究をしているか。
□上記2つで，ゼミやサークルでどんな立場か，人間関係はどうか。
□教員になって，子どもから「授業つまらない」と言われたら。
□学年主任とベテラン教諭がもめている。どう対応する。
□あと半年しかないが教員になる上で不安なことは。
【場面指導】
□掃除の時間，クラスの大半が雑巾を投げて遊んでいる。あなたはそのクラスの担任ではない。どう対応するか。
・子どもの学年，実態などの設定はすべて自由。そこにいると思って1人芝居をする(面接官は見ているだけ)。終了後，「特に気をつけたこと」に関する質疑応答あり。

▼中学数学
【質問内容】
□教員を目指したきっかけについて。
□現在活動している学校ボランティアについて。
□大学や自身の友人について。
□教育実習について。

・基本，面接カードの内容を元に行われた。

【場面指導】

□部活動の生徒から，先生の指導が厳しすぎると言われた。どう対応するか。

・考える時間は与えられず，課題を言われた後，すぐに実演する。

・目の前に生徒がいる設定で，面接官に止められるまで行う。

▼中学英語

【質問内容】

□面接カードに記載された内容の深堀が中心。

【場面指導】

□ある生徒がイヤホンとスマホを授業中に取り出し，音楽を聴きはじめた。注意しても誰にも迷惑かけてないじゃないかと反発。あなたはどう対応するか。

・場面指導後，どういう意図だったか，などの質問をされた。

▼中高保体

【質問内容】

□志望理由。

□自己肯定感の育成のために学級でしたいことは。

□教職員で，苦手な先生等はいないのか。

□教員は忙しいが，どのように自分をマネジメントしていくか。

□横浜以外に受験はしていないのか。

【場面指導】

□昼食時，放送(音楽)が嫌で音声をオフにした生徒に対してどう対応するか。

・考える時間はなく，お題を読まれてすぐ開始した。

▼中高音楽

【質問内容】

□遠方からの受験だが，どのように来たのか。
□教師を目指したきっかけは。
□なぜ自己有用感，自己肯定感が必要か。
□(事前の面接カードから)どんな個性や経験か。
□なぜ横浜市なのか。
□地元を離れることに不安はないか。
□横浜の教育で知っていることは。
□なぜ教師を目指す人が少ないのか。
□長所・短所の具体エピソードについて。
・面接カードに書いた内容からの質問が多いので，逆算しながら記入した方がよい。

【場面指導】
□いつも元気にあいさつして登校するAが，今日はうつむいて何も言わず通り過ぎた。どう対応するか。

▼養護教諭

【質問内容】
□緊張しているか。
□控室ではどのように過ごしていたか。
□(面接カードを見て)病棟は何科か。
□なぜ看護師から養護になりたいのか。
□なぜ横浜なのか，他でもよかったのでは。
□健康に過ごすために行っていること，気をつけていることは。
□どんな養教になりたいか。
　→信頼を得るには。
□リストカットしていると打ち明けた子に対する対応。
□保護者にとっては，10年目も1年目も同じ養教とみられるが，その点についてどう考えるか。
□養教は一人職であるが，その点についてどう思うか。
□どのような保健室にしたいか。

□“学び続ける”とは具体的に。

【場面指導】

□体育の授業中にとび箱で誤って落ちてしまい，右腕をぶつけた生徒がいた。その生徒が，保健室に来た時の対応。

・質問：腕の他にどこをぶつけることが考えられるか。

・質問：頭をぶつけたときの対応はどうするか。

□寝不足だと言い，保健室に来た児童への対応。

・質問：なぜ後日また保健室に来るようにと言ったのか。

・自分で，寝不足の原因はゲームを夜遅くまでやっているからだと設定し，演技指導した。

▼養護教諭

【質問内容】

□面接カードの内容から深掘りされる質問が中心。

□部活の顧問になれるか，運動部でなく文化部でもできるか。

【場面指導】

□バスケの試合で友達の手が目に当たった子どもが来室したときの対応。

□腹痛で毎日来室する子どもへの対応。

□登校中，不審者に追いかけられ，泣きながら来室してきた子どもへの対応。

◆模擬授業　面接員2人　15分

面接員2名の評定(A～E)の平均点を得点とする。

評定	A	B	C°	C	C’	D	E
点数	100	80	60	50	40	20	10

※各試験の得点に，受験区分ごとの「評定比率」を掛けて合計する。この合計点を受験者の得点とする。合計点は100点満点とする。

※養護教諭は模擬対応(場面指導)を行う。

▼小学校

【模擬授業テーマ】

□「月」「読書」「チームワーク」の中から1つを選ぶ。

・テーマは試験当日に発表される。

・上記3つのテーマから1つを選び，自分で教科・学年・単元を設定して行う。

【質問内容】

□あなたはこの7分間で子どもたちにどのような資質能力を見つけさせたいと思ったのか。

□導入で月の色を聞いたときに，子どもから見ていないと言われたらどう対応するか。

□この後の授業の流れを教えてほしい。

・机で5分間の構想を行う。机には，テーマが書かれた紙と鉛筆2本がある。時間は面接官が測る。

・5分後，紙だけをもって教卓に行き，「選んだテーマ・教科・学年・単元」について言った後，授業を開始する。教卓の上には，キッチンタイマーがあり，7分設定して自分でボタンを押す。

・タイマーが鳴ったら，授業をやめ，面接官からいくつか質問される。

・テープが床に貼ってあり，その線よりも面接官側へ行ってはいけないとの説明があった。

・チョーク白2本，黄色1本のみ用意されていた。

・授業中は面接官を児童生徒役に見立て，必ず一回は指名する事。それ以外は，エアーでやる。

▼小学校

【模擬授業テーマ】

□「飼育」・「広さ」・「人権週間」の中から1つ選んで授業を行いなさい。

・テーマが渡され，授業構想5分。A4の紙1枚が渡され，そこにメモをとってもよい。

・学年・テーマを言って7分の授業を行う。仮想の子どもを登場させてもよいが，面接官A，Bそれぞれ1度ずつは発言させる。

▼小学校

【模擬授業テーマ】

□「随筆」・「観察の仕方」・「選挙」の中から1つ選んで授業を行いなさい。

・「模擬授業実施の流れ」が書かれた紙を控室で見ることができる。試験前にもその内容を再度確認された。

・あいさつ等，授業の内容に関係のないものは必要ないと言われた。

▼小学校

【模擬授業テーマ】

□3つのキーワードのうち1つ以上を使って授業を行いなさい。

キーワード：図書館／言葉づかい／面接

▼中学数学

【模擬授業テーマ】

【課題】

□「平方根」「相似」「公徳心(道徳)」から1つを選択し，授業を行う。

・当日出される3つのテーマから1つを選択し，5分間授業の構成を考える時間が与えられる。

・構想の際は，試験室にあるA4の白紙と鉛筆のみ使用できる。

・テーマは人によって異なる。

▼中学英語

【模擬授業テーマ】

□「小学校」「思い出」「防災」の3つの中から1つ選ぶ。

・自分でタイマーを押す

・メモ用紙と鉛筆の用意あり。

・黒板使用可。最後，退室前に消す。白チョークと黄チョーク数本ずつが用意あり。
・模擬授業後，意識したことは何かなどの質問をされた。

▼中高保体
【模擬授業テーマ】
□「健康と環境」「運動の多様性」「道徳関係の題」の3つの中から1つ選ぶ。
・面接官A，Bそれぞれに1度以上発問や話しかけなければならない。

▼中高音楽
【模擬授業テーマ】
□「声の特性と音楽」「日本の民謡」「道徳」から1つ選択。
・テーマが難しいので，いろんな教材で練習した方がよい。
・2人しか面接官はいないが，教室全体を意識して行った。

◆実技試験
各実技試験の総合得点(音楽：15点満点，美術：50点満点，保健体育：30点満点，英語：20点満点)をAからEの5段階で評定し，得点化する。

評定	A	B	C	D	E
点数	100	80	60	20	10

▼中高英語
【課題】
□プレゼンテーションにおける英語運用能力試験
・成人の英語のネイティブスピーカーを想定して，当日提示された課題に対してプレゼンテーションを行う。

▼中学英語

【課題】

□写真2枚のうち1枚を選び，説明(状況をのべる)1分程度＋ストーリ創作2分の合計3分間，英語でプレゼンする。

・カメラに向かって名前は日本語で言う。

・考える時間3分，白紙と鉛筆でメモ可。本番もメモを見てよいが，見過ぎると駄目と言われた。

・写真は，①ピザを店で食べている女性2人(笑顔)，②ポップコーンを持って悲しそうな女性とその女性をなぐさめている女性2人(計3人)であった。

▼中高保体

【課題】

□器械運動　マット，鉄棒，平均台，跳び箱のいずれか

□陸上競技　ハードル走，走り幅跳び，走り高跳びのいずれか

□水泳　泳法はクロール，平泳ぎ，背泳ぎ，バタフライのいずれか

□球技　ゴール型，ネット型，ベースボール型のいずれか

□武道　柔道，剣道のいずれか1種目を選択

□ダンス　創作ダンス，フォークダンス，現代的なリズムのダンスのいずれか

※種目及び泳法は上記から当日指示される。

▼中高保体

【課題】

□バレー(オーバー・アンダー混合パス)

□マット(倒立含む5種目)

□柔道(ペア投げ技1つ→受け身)

□ハードル(インターバルは選べる)

□水泳(クロール25m→平泳ぎ25m)

□創作ダンス(5分考える→2分くらいの演技)

▼中高音楽

【課題1】

□自らのピアノ伴奏による歌唱(弾き歌い)

・次の曲の中から任意の一曲を選び演奏する。

①「荒城の月」土井晩翠作詞　滝廉太郎作曲

②「早春賦」　吉丸一昌作詞　中田章作曲

③「花の街」　江間章子作詞　團伊玖磨作曲

○伴奏は原曲あるいは教科書によることを原則とするが，各自の声域に合わせて移調したり，多少の編曲をしたりしてもかまわない。

○楽譜を見て演奏してよい。楽譜については各自で用意する。

【課題2】

□アルト・リコーダーによる演奏(リコーダー演奏)

・次の曲の中から任意の一曲を選び演奏する。

①　G.Ph.テレマン作曲　ソナタ　ヘ長調「忠実な音楽の師」TWV41:f1　第1楽章Triste (繰り返しなし)

②　N.シェドヴィル(伝ヴィヴァルディ)作曲「忠実な羊飼い」作品13 ソナタ　第3番　ト長調　第1楽章Preludio Andante (繰り返しなし)

③　G.F.ヘンデル作曲　ソナタ　ハ長調　作品1-7　HWV365　第4楽章a Tempo di Gavotta (繰り返しなし)

○無伴奏とする。

○楽譜を見て演奏してもよい。楽譜及びアルト・リコーダーについては各自で用意する。

【課題3】

□任意の楽器による独奏又は独唱(暗譜による演奏)

・任意の一曲を選び，独奏又は独唱する。

○楽器については受験者が試験会場に搬入可能な次のものとする。和楽器，管楽器(リコーダー以外)，弦楽器(ギターや二胡を含む)，打楽器，アコーディオン，ピアノ(設置してあるものを使用)

○楽器を当日又は事前に試験会場へ，自家用車等で搬入することはできない。

○2～3分程度の楽曲(楽曲の一部を抜粋してもよい)とする。また，原曲に伴奏のある曲でも，試験は無伴奏で行う。
○当日使用する楽曲の楽譜を3部持参する。
○電子楽器は使用できない。
※弾き歌い，リコーダー演奏，暗譜による演奏ともに，時間の関係で途中までの演奏となることがある。

▼中高美術
【課題】
□授業を想定した平面及び立体作品の制作
・平面作品　画用紙等に着彩して表現(水彩絵の具，アクリル絵の具等の画材を持参のこと)
・立体作品　紙粘土等，与えられた材料を使っての表現

◆指導案(特別選考①②④)
次の【課題1】，【課題2】のうち，どちらか一つを選び，条件1～3のすべてに応える指導案を作成しなさい。

【課題1】
条件1　単元の学習内容を，SDG s (持続可能な開発目標)の視点に発展的につなげる活動を含む教科の単元構成であること。
条件2　単元構成3時間以上，内1時間を本時とすること。
条件3　①単元名，②単元設定の理由，③児童生徒の実態(授業クラスを想定)，④単元の目標，⑤単元の構成(指導計画)，⑥本時の展開，⑦評価，の7項目を記載すること。とりわけ，⑤については詳しく記述すること。
【課題2】
条件1　「防災」をテーマとして，地域の実態を踏まえた「課題発見・解決へのみちすじ」を考える能力の育成を目指した総合的な学

習(探究)の時間の単元構成であること。

条件2　単元構成3時間以上，内1時間を本時とすること。

条件3　①単元名，②単元設定の理由，③児童生徒の実態(授業クラスを想定)，④単元の目標，⑤単元の構成(指導計画)，⑥本時の展開，⑦評価，の7項目を記載すること。とりわけ，⑤については詳しく記述すること。

＜解答にあたっての留意点＞

・指導案で扱う校種は，受験区分に合わせて，次のとおりとし，校種の欄に記入する。
　・小学校区分においては小学校
　・中学校・高等学校区分においては中学校又は高等学校
　・特別支援学校区分においては特別支援学校の小学部又は中学部
　・養護教諭区分においては小学校，中学校，特別支援学校の小学部又は中学部
　・高等学校(商業)区分においては高等学校

・教科・領域の欄については，課題1を選択した場合は，「課題1(作成する指導案の教科)」，課題2を選択した場合は，「課題2(総合)」とそれぞれ記入する。

・学年，人数の欄については，指導案で扱う学級を想定し，それぞれ記入する。

・児童生徒の学年，児童生徒数等は，自由に設定する。

・「単元」については，各教科・領域等を関連させ，横断的・総合的な単元としてもよい。

・授業時間(本時)は，小学校段階45分間，中学校段階50分間，高等学校段階50分間と仮定する。

・表や項目は自由に記載してよい。その際，定規の使用は可。

・指導案は表面の枠内に収める。枠外や裏面への記載はできない。

・問題の内容に関する質問は一切受け付けない。

2023年度　川崎市

◆集団討論(1次試験)　受験者10人　35分

〈実施方法〉

与えられたテーマについて10人程度のグループで討論を行う。進行は試験官が行う。時間は1グループ35分間。

〈評価の観点〉

7段階評価

○意欲…討論に積極的に臨んでいるか。

＜具体例＞

・前向きな姿勢で考えたり，意見を述べたりしている。

・討論を通して，課題についての思考を深めている。

・自分の意見を論理的にわかりやすく述べている。

○対人関係能力…他者と協力し，討論を円滑に進める能力があるか。

＜具体例＞

・場や目的に応じた発言ができる。

・多様な見方や考え方を受止め，関連づけて意見を述べている。

・態度や言葉に他者への気遣いや配慮がある。

○人柄・適性…教員としてふさわしい姿勢・視点をそなえているか。

＜具体例＞

・明るく朗らかで，言動からまじめさや誠実さが感じられる。

・ものごとに対して，広い視野で考えることができる。

・子どもを大切にしていることが伝わってくる。

▼小学校・中学校・高等学校・高等学校(工業)・特別支援

【課題】

□かわさき教育プランでは，文化財の保護・活用の推進が基本政策の一つとしてあげられています。文化財も含め，市内に多数ある様々な施設を活用した教育活動について心がけたいことや実践したいことは何か。また，そのことを進めるうえで大切なことについて，グループで話し合うこと。

□かわさき教育プランでは，家庭・地域の教育力を高めることが基本政策の一つとしてあげられています。地域の教育力を学校での教育活動に活用する上で心がけたいことや実践したいことは何か。また，そのことを進めるうえで大切なことについて，グループで話し合うこと。

□「かわさきGIGAスクール構想」では，今年度からステップ2の学びとして，端末を活用した授業改善に取り組んでいます。あなたが，心がけたいことや実践したいことは何か。また，そのことを進めるうえで大切なことについて，グループで話し合うこと。

▼養護教諭

【課題】

□養護教諭は，専門的立場から一般教員の行う日常の教育活動にも積極的に協力する役割を持つとされています。養護教諭として，心がけていることや実践していることは何か。また，そのことを進めるうえで大切なことについて，話し合うこと。

□児童生徒の心身の健康の保持増進のために，地域の関係機関と連携する際，養護教諭がコーディネーター的な役割を果たす必要があります。心がけていることや実践していることは何か。また，そのことを進めるうえで大切なことについて，話し合うこと。

□養護教諭は，各教科・領域の学習にゲストティーチャーとして，児童生徒の心身の健康や体力，栄養に関する指導を行うことがあります。その際，養護教諭として，心がけていることや実践していることは何か。また，そのことを進めるうえで大切なことについて，話し合うこと。

◆実技試験(第2次試験)

▼中高英語

英語によるスピーチ，ディスカッション及びマイクロティーチング

【課題1】

□自己紹介を含めた1分スピーチ

共通のテーマが与えられ，そのテーマについて，自己紹介を含めたスピーチを行う。

＜テーマ＞

The theme is: “The reason why I want to be a teacher in Kawasaki.”

【課題2】

□90秒スピーチとディスカッション

テーマが与えられ，そのテーマについて自分の考えを述べた後(90秒)，そのテーマについて，他の受験者と討論する。

＜テーマ＞

The theme is: “What are important things to develop junior high school students? communication abilities?”

【課題3】

□マイクロティーチング

一人一人にテーマとして文法事項が与えられ，その文法事項の導入及び練習場面について，他の受験者を生徒役として6分間模擬授業を行う。

＜文法事項＞

・It is ～(for 人)to～.

・助動詞 will

・比較表現(比較級)

・受動態

・現在完了(経験)

・後置修飾(～ing)

〈評価の観点〉

○スピーチとディスカッション

・正確で，適切な英語を使うことができるか。

・自分の考えなどについて，的確に伝えたり，話し合ったり，意見の

交換をしたりすることができるか。
・話し手の考えなどを理解しながら，話し合いに参加しているか。
○マイクロティーチング
・導入のアイデアは，生徒が関心をもてるよう工夫されているか。
・文法事項を適切な方法で提示することができるか。
・英語で授業を進めることができるか。

▼中高保体
【課題1】
□器械運動
　マット運動は必須，その他3種目の中から1種目選択(男子は平均台運動を除く)
(1)マット運動　6～7個の技を連続で組合せ
(2)鉄棒運動　　上がりと下りを含め，4個の技を連続で組合せ
(3)跳び箱運動　切り返し系と回転系の技をそれぞれ1種目
(4)平均台運動　上がりと下りを含め，8個の技を連続で組合せ
【課題2】
□陸上競技
　ハードル走は必須，その他2種目の中から1種目選択
(1)　ハードル走　50mハードル走
(2)　走り高跳び　はさみ跳び又は背面跳び
(3)　走り幅跳び　かがみ跳び又はそり跳び
【課題3】
□球技
　次の2種目必須
(1)　ゴール型(バスケットボール)　ボール操作と空間に走り込むなどの動き，仲間と連携した動き
(2)　ネット型(バレーボール)　ボール操作と定位置に戻るなどの動き，仲間と連携した動き
※雨天時等，当日の気象状況によって試験内容が変更されることがあ

る。

〈評価の観点〉

○器械運動，陸上競技，球技

・教材の理解(基本的な動き，技等)

・運動に対する基礎的・基本的な能力(授業への対応能力)

・運動の技能(技のできばえ，技能の程度)

・技能の連続性(素早い判断や，スムーズな動き)

▼中高保体

【課題1】

□器械運動

(1) マット　男：前方倒立回転跳び→跳び前転→前転→倒立前転→ロンダート・伸膝後転→後転倒立

女：跳び前転→前転→倒立前転→伸膝前転→ロンダート→開脚後転→伸膝前転

(2) 跳び箱　切り返し・回転から1種

(3) 鉄棒

(4) 平均台

□陸上

(1) ハードル走　50mハードル走(幅・高さは選択)

(2) 走り高跳び又は走り幅跳び

□球技

(1) バスケ　ドリブルシュート，ランニングシュート，リバウンド，ツーメン，ゲームなど

(2) バレー　対人パス(オーバー・アンダー)，スパイク，ゲームなど

▼中高音楽

【課題1】

□聴音(複旋律)

【課題2】

□視唱及び伴奏付け(初見)

【課題3】

□ピアノによる伴奏および歌唱(暗譜による弾き歌い)

次の7曲の中から1曲選択(3番まである曲は3番まで)

(1) 「赤とんぼ」　三木露風　作詞　山田耕筰　作曲

(2) 「荒城の月」　土井晩翠　作詞　滝廉太郎　作曲

(3) 「早春賦」　吉丸一昌　作詞　中田　章　作曲

(4) 「夏の思い出」江間章子　作詞　中田喜直　作曲

(5) 「花の街」　江間章子　作詞　團伊玖磨　作曲

(6) 「花」　武島羽衣　作詞　滝廉太郎　作曲

(7) 「浜辺の歌」　林　古溪　作詞　成田為三　作曲

【課題4】

□ピアノ演奏(暗譜による演奏)

次の5曲の中から1曲選択(繰り返しは省略する。尚，試験時間の関係により途中で演奏を止める場合がある)

(1) J.S.Bach　平均律クラヴィーア曲集第1巻　第6番　ニ短調　BWV851

(2) W.A.Mozart　ピアノ・ソナタ　第8番　イ短調　K.310　第1楽章

(3) L.v.Beethoven　ピアノ・ソナタ　第6番　ヘ長調　Op.10-2　第1楽章

(4) F.Schubert　即興曲集　第1番　D935　Op.142-1　ヘ短調

(5) J.Brahms　2つのラプソディ　Op.79　第2番　ト短調

〈評価の観点〉

○聴音(複旋律)

・正確に音価・音程を捉えて記譜をしているか。

・正しい方法で記譜ができているか。

○視奏(初見)

・記譜された旋律を正確に読譜して歌唱し，旋律にふさわしい和声・伴奏型を付けて演奏しているか。

・旋律の全体像をつかみ，音楽の流れにのって豊かに表現しているか。

○ピアノによる伴奏および歌唱(暗譜による弾き歌い)
・歌詞の内容や曲想を生かし，豊かな表現でピアノ伴奏し，歌唱しているか。
・発声や語感・歌詞のニュアンスなど言葉の特性を生かして歌唱しているか。
○ピアノ演奏(暗譜による演奏)
・楽曲の特徴を捉え曲にふさわしい表現を工夫し，豊かな表現で演奏しているか。
・中学校の音楽指導に対応できる，ピアノの基礎的な演奏技能をもっているか。

▼中高美術
【課題1】
□立体造形
課題，材料はその場で各自に与えられる。
【課題2】
□静物淡彩
試験会場建物内で静物を描写する。
〈評価の観点〉
○立体(与えられたテーマを油粘土で立体に表現)
・感性や想像力を働かせ，豊かな発想・構想をしているか。
・与えられたテーマに適した表現方法を用い，工夫して表現しているか。
・立体として形体の表し方，意図に応じた材料や用具の扱い方ができているか。
○静物淡彩
・対象を深く見つめ感じ取ったことを基に，心豊かな構想を練っているか。
・多様な表現方法や材料などの生かし方を工夫し表現しているか。
・光と陰，奥行きや広がりを表現するなど，基礎的な技能を身に付けているか。

◆場面指導(第2次試験)　面接官3人　受験者5人　5分

〈実施方法〉

受験者が教師役と児童生徒役になって，「学級担任(又は養護教諭)が教室で学級指導を行う」という設定で行う。教師役の時間は1人5分間である。

指導内容(テーマ)は事前に与えられた10個の中から，当日指示した1つで行う。

小学校は5年生，中学校/高等学校は中学2年生，高等学校(工業)は高校2年生の設定で行う。

特別支援学校及び養護教諭は小学5年生又は中学2年生のどちらかを選択して行う。

受験者は，教師役，児童生徒役の両方を行う。

〈評価の観点〉

7段階評価

○指導力…指導内容を理解し，解決に向けて適切に指導しているか。

＜具体例＞

・状況に応じて発問や展開等を工夫している。
・指導内容に応じて事実の確認や子どもの気持ちを聞くなどして，子ども自身に考えさせたり気づかせたりして指導している。
・子どもの反応等に対して，適切に対応している。

○表現力…指導に必要なコミュニケーション能力が備わっているか。

＜具体例＞

・適切な言葉遣いや話し方で，指導している。
・子どもの発達段階に応じて例示をしたり板書を工夫したりするなど，わかりやすく指導している。
・状況に応じた表情で，指導している。

○意欲・人柄…指導の中に子どもへの愛情が感じられるか。

<具体例>
・子どもの心情を受け止めながら指導している。
・子どもが安心して考えることができる雰囲気をつくっている。
・指導全体を通して，子どもをひきつける魅力が感じられる。

▼小学校・中学校・高等学校・高等学校(工業)・特別支援
【課題】
□新しい学級になり，係活動を全員で分担することになった。このことについて，指導しなさい。
□一部の児童生徒に対して，からかうような言動が見られる。このことについて，指導しなさい。
□地域の清掃活動に積極的に参加している児童生徒がいる。このことについて，指導しなさい。
□来月から全校であいさつ運動を行うことになった。このことについて，指導しなさい。
□GIGA端末を使った学習の際に，使い方のルールを守れない児童生徒が見られる。このことについて，指導しなさい。
□今日から後期が始まる。児童生徒にとって充実した学校生活となるよう指導しなさい。
□冬休みが終わり，学校生活が再開した。生活リズムの乱れから，学習時間中眠そうにしている児童生徒が目立つ。このことについて，指導しなさい。
□明日，校外学習で福祉施設に行く。このことについて，指導しなさい。
□長期入院により欠席していた児童生徒が来週から登校できるようになった。このことについて，指導しなさい。
□来週から，卒業式に向けた練習が始まる。このことについて，指導しなさい。

▼小学校

・事前に与えられた10のテーマから1つを当日に指示され，場面指導を行う。
・受験者は5人で，1人が先生役，その他4人が児童役をやる。
・場面指導の後に個人面接があるが，教師になりきること，明るく大きな声で演じたことが，評価された。
・指導に伴う状況については，受験者が設定する。
・黒板，または，ホワイトボードは使用可。チョークは白・赤・黄の3本が用意されている。ホワイトボードマーカーは黒・赤・等の3本が用意されている。ただし，チョーク，ホワイトボードマーカー以外の物を使用・提示したり，事前に用意したメモを見ながら指導したりすることはできない。
・いすの配置を変更することはできない。

▼小学校
・個人面接と同じ面接官が担当。
・児童役のときは積極的に参加した方がよいと感じた。
※面接会場配置イメージ

受験者

○　○　○　○ ←残りの受験者(児童役)

○　○　○ ←面接官(かなり離れている)

▼中高保体
・教室で学級全体に向けた指導場面としての設定(普通級の設定)。
・10個のテーマの中から1つ選んで実施(試験開始直前にくじでカードを選ぶ)。
・小5，中2に対しての指導という設定。
・ホワイトボードの使用OK，指示があれば生徒役が発言したり，質問したりしてよい。
※面接会場配置イメージ

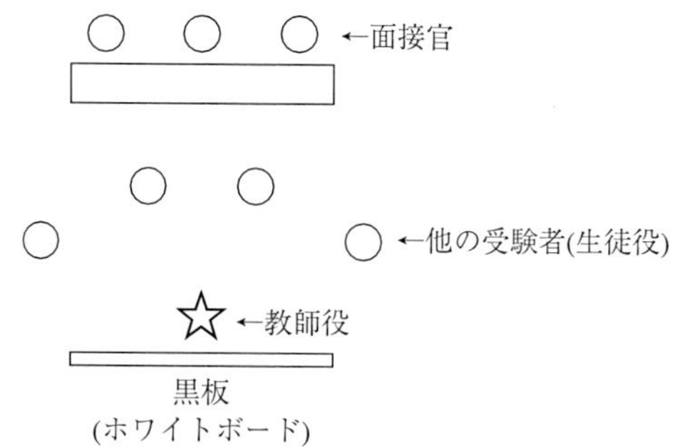

▼養護教諭

【課題】

□宿泊学習に向けて，毎日の健康チェックが来週から始まる。このことについて指導しなさい。

□雨の日が続いている。学校内での安全な過ごし方について指導しなさい。

□暑い日が続いている。熱中症の予防について指導しなさい。

□来週から冬休みに入る。健康で安全に過ごせるように指導しなさい。

□新年度になり，健康診断が来週から始まる。様々な健康診断を主体的に受けることができるように指導しなさい。

□未成年の喫煙について指導しなさい。

□怪我をした時や具合が悪い時の保健室の利用の仕方について指導しなさい。

□明日は歯科健診がある。主体的に健診を受けられるよう指導しなさい。

□来週から給食が始まる。学級に食物アレルギーの子が在籍している。周囲が正しく理解できるよう指導しなさい。

□思春期の心と体の変化について，不安や悩みに対処できるように指導しなさい。

◆個人面接(第2次試験)　面接官3人　受験者1人　25分

〈実施方法〉

　複数の試験官で行う。時間は1人25分間程度。

〈評価の観点〉

7段階評価

○社会性

＜具体例＞

・あいさつやマナーなど，社会人としての基本的な素養がある。

・質問の意図を正しく理解し，自分の考えを簡潔に伝えている。

・考え方に柔軟性や適応性があり，職場の教職員等と良好な人間関係を築くことができる。

○教員としての適性

＜具体例＞

・子どもへの愛情があり，子どもとしっかりと向き合って指導・支援しようとしている。

・学び続ける姿勢があり，常に成長しようとする意思がある。

・教育公務員としての責任感と自覚をもっている。

○意欲・人柄

＜具体例＞

・前向きで積極性があり，困難な状況の中でも柔軟に対応しようとしている。

・ものごとを広い視野でとらえ，よりよいものを求めようとする。

・親しみやすい雰囲気をもち，応答から誠実さが感じられる。

▼小学校

【質問内容】

□川崎市出身だが，どこ小学校出身か。

□教師志望になったきっかけは。

□中学，高校も免許を持っているが，なぜ小学校志望か。

□教育実習は中学の何学年を担当したか。

□教育実習の小学校はどこだったか。
□教育実習などで印象に残ったことは。
→逆にうまくいかなかったことは。
→その授業について指導教員からアドバイスをもらったか。
□実習は附属小だったが，特に川崎市の小学校に関わった経験はあるのか。
□面接表の自己PRの中で一番大事にしたいことは。
□自分のよさは。
□場面指導は途中で終わった感があったが，落としどころはどんな予定であったか。
□地域の清掃などの活動に参加しているか。
□川崎市のよさは。
□ストレス解消法は。
□教師は夜遅くまで業務が続くことが多いが，それでも教師をやるか。
□趣味に空手とあるが，始めたきっかけは。
□友達に自分はどんな人だと言われるか。
□他の自治体を併願しているか。
・一次試験の際に提出したに面接表を基に，面接の際に質問された。

▼小学校
【質問内容】
□緊張しているか。
□前日はどこかに泊まったか。
□教員を目指したきっかけは。
→その後，その先生(自分の恩師について話したため)と会ったり話したりしたか。
→嬉しかったか。
□川崎市をどう知ったか。
→来たことはあるか。
→人は多かったか。

→川崎市を志望した理由は。

□基本理念から川崎市がどんな子どもを育てたいという思いがあると思ったか。

□教育ボランティアでどんな支援をしたか。

→どんな授業で子どもが褒められて嬉しそうな様子を感じたか，1つ具体例を挙げて。

□教育実習の時期と担当学年は。

→何が一番大変だったか。

→授業の質を高めるために，授業の中でも何を一番(板書，発問など)高めたいか。

→教員になるにあたって足りないと思う力は。

→印象に残った子どもはいるか，1人挙げて。

□川崎市ではどんな教育資源が活用できるか，具体的に。

□塾で教えるのと学校で教えるのとでは，何が違うと感じたか。

□ストレス解消法はあるか。

□吹奏楽部での担当楽器は。

→この経験(部活)をどのような形で教えるか。

→心を一つにするための教育法は。

□面接カードに書かれた強みは周りからも言われてきたことか。

→いつ，どんなときか。

□ストレスがかかりやすいか，かかりにくいか。

□地元を離れて働くことに対して両親はどのような反応だったか。

□なぜ地元の自治体は受験しなかったか。

□特別支援学級への配属の話が来たらどうするか。

□大学院への進学は考えているか。

・面接の雰囲気は圧迫面接のような空気はなく，ありのままの自分を見てもらえた印象。

・面接カードからの質問が多い印象。

・マスクは外して実施。アクリル板(パーテーション)のついた机が用意されていた。

▼中高保体

【質問内容】

□今日の交通手段は。

□最寄りの駅はどこか。

□特別支援級でもよいか。

□現職について。

□どうして川崎市を受験したのか。

→併願しているか。

□(講師経験のこと)何年生を見ていたか。

□保護者とどう関わるか。

□全体への指導は得意か。

□教育実習ではどこに行ったか。

→何年生を担当したか。

□周りからどんな人と言われるか。

□長所，短所は。

□今までの人生で失敗したことは。

□専門競技は。

・場面指導の試験後に面接試験が行われ，面接官は①教育委員会の方，②保体科の校長，③教務主事の先生の3名が担当(毎年この3名とのこと)。

・面接官との距離は思ったよりも近かった。

・マスクをとるように指示され，受験者はマスクなしで面接実施。

・①→③の試験管に順々に質問される(5～8分ずつくらい)。

2023年度　相模原市

◆模擬授業(第2次試験)

教科等の1単位時間の授業計画を立て，導入から展開にかけての最初の7分間の模擬授業(7分間には準備，片付けの時間は含まないが，それぞれ1分以内で済ませること)を行う。

〈評価の観点〉
○姿勢・態度
○社会性・協調性・コミュニケーション能力
○知識・技術

▼小学校　面接官4人　受験者4人　7分
・指導案(略案，A4両面)を持参し，その単元の導入部分7分間の授業を行う。
・他の受験生3人が児童役となり，4人1組で模擬授業を行う。
・児童役を指名したり，発言させたりすることができる。
・ICT使用可。
・準備は1分，「名前，受験番号，模擬授業の教科，学年，単元」を言った後に7分間の授業がスタートし，面接官の合図で終わりとなる。

▼小学校　面接官4人　受験者4人　7分
・小学校における教科(特別の教科道徳，特別活動，総合的な学習の時間，外国語活動は除く)の授業の導入。
・1単位時間分の授業計画を立て，導入から展開までの7分間行う。
・準備，片付けは，それぞれ1分以内に行う。
・自分も含めて受験者4人で教室に入る。
・教師役でない時間は，児童役として他の受験者の授業に参加する。

◆個人面接(第2次試験)
教科指導及び専門性，教員としての資質や適性，人物に関する面接を行う。
〈評価の観点〉
○姿勢・態度
○社会性・協調性・コミュニケーション能力
○向上心・使命感

○知識

▼小学校　面接官4人　30分

【質問内容】

□昨日は眠れたか。

□模擬授業は緊張したか。

□模擬授業は，なぜこの単元にしたか。

→先生方には見てもらったか。

→どんなアドバイスをもらったのか。

→今日の模擬授業の良かったところと課題点は。

→風船とペットボトルを使ったマジックはどうやって見つけたのか。

→本時を通して何を身に付けることを重視したのか。

→その目標を達成するためにどんな工夫をしたのか。

□具体的にボランティアでどんな特性を見出したのか。

→どんな場面でどんな風に対応したのか。

□教師になったら，児童の様々な特性をどう生かしていこうと思っているのか。

□来年教師になったらどんな学級づくりをしていくか，3つ答えろ。

□相模原で過ごしてきているのか。

□地方から来た友人に対して，1日相模原市を紹介するとしたらどこに連れて行くか。

□どうして特別支援教育についてのゼミを選んだのか。

□交流級の児童がいる場合，学級経営で重要なことは何か。

□もし児童から「先生そんなのわかっているよ!」と導入の段階で答えが出てきてしまったらどう対応するか。

□授業づくりで大切にしていることを3つ答えろ。

□教育実習で，素敵だなと思った先生はどんな先生か。

□教師になったら何を実践してみたいか。

□地域の行事に参加したことあるか。

→その時は何か役職についていたのか。
→その経験をどう生かすか。
→そのような地域の活動にどのように教師として関わっていくのか。
□中学，高校で頑張ったことは。
→どう頑張ったのか。
→そこでの経験を教師になった際にはどう生かしていくか。
【場面指導】
□あなたは小学5年生の担任です。最近給食の残りが多いことが問題となっています。栄養教諭や養護教諭からは，容姿を気にしていてしっかり食べていない児童が多いと伝えられています。あなたは，朝の会でこの内容についてどのように話しますか。
・30秒構想時間が与えられ，その後1分間の実演をした。
・実演後，「どのようなことに気を付けて実演したか」と質問された。

▼小学校　面接官4人　30分
【質問内容】
□控室ではどう過ごしていたか(子どもからの色紙を見ていた，と答えた)。
→色紙にはなんて書いてあったか。
□模擬授業は自己評価で何点か。
→模擬授業は何回くらい練習したか。
□教育実習は何年生だったか。
→クラスは何人だったか。
→実際に実習でやったとき子どもの反応はどうだったか。
→全校は何人いるのか。
→先生たちの人数も少ないと思うが，他の先生たちの様子はどうだったか。
→実習での思い出エピソードは。
→実習に行って先生になりたいという思いは変わったか。

□どんな先生になりたいか。
□児童から信頼されるには。
□他の先生から信頼されるには。
□自分のどこが教師に向いているか。
→具体的なエピソードはあるか。
□教師に向いていないところはどこか。
→具体的なエピソードはあるか。
□自己アピール書に「悩み事の相談をされた」とあるが，具体的にどんな相談をされたのか。
→その時の対応は。
→不登校ボランティアでも悩み事の相談をされたのか。
→その対応は。
→その時に気をつけたことは。
□自己アピール書に書いていないことで教員になるために努力していることは(体力をつけるためにランニングをしていると答えた)。
→ランニング仲間がいるのか。
→週にどのくらいどこを走るのか。
□子供一人一人と向き合うためにどうしているか。
→具体的にどんな会話をしたのか。
□自分とは趣味のジャンルが合わない子には，どう話しかけるか。
→そういう子もいたか。
□地域と学校の連携はなぜ必要なのか。
→そこに保護者も加わるが，なぜ学校地域保護者連携が必要なのか。
→保護者にはどんなイメージがあるか(学校での子どもの様子が気になる，うまくやっていけてるいか不安と答えた)。
→なぜそう思ったのか，そういう場面が実際にあったのか。

【場面指導】

□小6女の子の保護者から「娘がダイエットをしていて家でご飯を全然食べない」と相談された。自分は担任で，その子が学校で顔色が悪いと気付いている状況。保護者(面接官)との対応を1分間で話す。

◆実技試験(第2次試験)

中学校の音楽，美術，保健体育，技術，家庭及び英語受験者のみ実施(小学校全科(英語コース)の実技試験はなし)。

〈評価の観点〉

○技能

▼中学英語

【課題】

□英語コミュニケーション能力(英語教育や英語教授法等についての意欲，知識，技能を含む)

▼中学保体

【課題】

□器械運動

□球技

▼中学家庭

【課題】

□衣生活に関する実技

▼中学技術

【課題】

□「材料と加工の技術」と「情報の技術に関する実技」(試験では，Scratch3.0というプログラミング言語を使用する)

▼中学音楽

【課題1】

□視唱及び伴奏付け(初見)

【課題2】

□ピアノによる弾き歌い

次の3曲から1曲を選択し，ピアノでの弾き歌い(楽譜を見て演奏も可)

① 「赤とんぼ」　三木露風　作詞　山田耕作　作曲
② 「浜辺の歌」　林古溪　作詞　成田為三　作曲
③ 「夏の思い出」　江間章子　作詞　中田喜直　作曲

※使用する楽譜については中学校の教科書に掲載されているものとし，各自で用意すること

▼中学美術

【課題】

□素描と立体の表現

●書籍内容の訂正等について

弊社では教員採用試験対策シリーズ（参考書，過去問，全国まるごと過去問題集），公務員試験対策シリーズ，公立幼稚園・保育士試験対策シリーズ，会社別就職試験対策シリーズについて，正誤表をホームページ（https://www.kyodo-s.jp）に掲載いたします。内容に訂正等，疑問点がございましたら，まずホームページをご確認ください。もし，正誤表に掲載されていない訂正等，疑問点がございましたら，下記項目をご記入の上，以下の送付先までお送りいただくようお願いいたします。

① **書籍名，都道府県（学校）名，年度**
（例：教員採用試験過去問シリーズ　小学校教諭 過去問　2025 年度版）
② **ページ数**（書籍に記載されているページ数をご記入ください。）
③ **訂正等，疑問点**（内容は具体的にご記入ください。）
（例:問題文では“ア～オの中から選べ”とあるが，選択肢はエまでしかない）

〔ご注意〕
○ 電話での質問や相談等につきましては，受付けておりません。ご注意ください。
○ 正誤表の更新は適宜行います。
○ いただいた疑問点につきましては，当社編集制作部で検討の上，正誤表への反映を決定させていただきます（個別回答は，原則行いませんのであしからずご了承ください）。

●情報提供のお願い

協同教育研究会では，これから教員採用試験を受験される方々に，より正確な問題を，より多くご提供できるよう情報の収集を行っております。つきましては，教員採用試験に関する次の項目の情報を，以下の送付先までお送りいただけますと幸いでございます。お送りいただきました方には謝礼を差し上げます。
（情報量があまりに少ない場合は，謝礼をご用意できかねる場合があります）。

◆あなたの受験された面接試験，論作文試験の実施方法や質問内容
◆教員採用試験の受験体験記

送付先	
	○電子メール：edit@kyodo-s.jp ○FAX：03-3233-1233（協同出版株式会社　編集制作部 行） ○郵送：〒101-0054　東京都千代田区神田錦町 2-5 協同出版株式会社　編集制作部 行 ○HP：https://kyodo-s.jp/provision（右記の QR コードからもアクセスできます）

※謝礼をお送りする関係から，いずれの方法でお送りいただく際にも，「お名前」「ご住所」は，必ず明記いただきますよう，よろしくお願い申し上げます。

教員採用試験「過去問」シリーズ

神奈川県・横浜市・
川崎市・相模原市の
論作文・面接 過去問

編　集　　© 協同教育研究会
発　行　　令和6年3月10日
発行者　　小貫　輝雄
発行所　　協同出版株式会社
〒101-0054　東京都千代田区神田錦町2－5
電話　03－3295－1341
振替　東京00190－4－94061
印刷所　　協同出版・POD工場

落丁・乱丁はお取り替えいたします。